幼児教育の指導法

師岡　章

（改訂版）幼児教育の指導法（'22）

©2022　師岡　章

装丁・ブックデザイン：畑中　猛

m-12

まえがき

　幼児は入園を機に，家庭では体験することができないさまざまな事柄に出会う中で成長・発達し，卒園後は小学校へと巣立っていきます。その間，幼稚園の教師は，幼児のよりよい成長・発達を促すため，さまざまな働きかけを行います。しかし，昨日うまく関われたからといって，翌日も同じ方法が成功する保障はありません。なぜなら，幼児も教師も一人の人間であり，機械のように決まった動きをするわけではないからです。それゆえ，「教育は答えのない世界」などと言われることも多いわけです。この点を自覚せず，特定の方法論や指導法に答えを求め，固執していくと，いわゆるマニュアル主義に陥ることになります。とはいえ，何の手がかりもなければ，今度は場当たり主義に陥ってしまいます。そこで大切になるのが，教師が幼児とともに生活をつくり出そうとする中で，日々の実践をしっかり振り返り，より適切な指導法を求め，考え続ける姿勢です。

　こうした課題意識のもと，本印刷教材は，『幼稚園教育要領』に示された幼稚園教育の目標を達成するために指導する事項となる保育内容の指導法を理解することを目標として編集しました。同時に，幼児期の発達特性を踏まえた教育の方法や技術について，情報機器及び視聴覚教材の活用法も含めて理解できることも意図しました。このように，本書は，保育内容の指導法，及び幼児期の発達特性を踏まえた教育の方法に関し，情報機器の活用を含めて学習するための印刷教材です。

　具体的には，第1章から第3章において，幼児期の教育の基本を理解するため，『幼稚園教育要領』に示されている幼児期の教育の基本や保育内容の考え方，さらに最新の発達心理学の知見を踏まえた幼児期の発

達特性を取り上げます。

　第4章から第5章においては，保育方法の基本として，『幼稚園教育要領』が求めている「環境を通して行う教育」「遊びを通しての総合的な指導」の意義と，それらを展開する際の要点を取り上げます。

　第6章から第7章においては，保育実践の現状と課題を把握するため，現在，幼稚園現場で導入されている海外の保育方法や，採用されている保育形態の状況を概観し，その成果と課題を示します。

　第8章から第10章においては，保育内容の指導法を検討するため，現行の『幼稚園教育要領』から示された「幼児期の終わりまでに育ってほしい姿」に関わる事項ともなる「規範意識の芽生えの育成」や「協同的な遊びの展開」を取り上げます。また，幼稚園現場で保育内容として大きなウェートを占めている行事活動の指導法についても検討します。

　第11章から第12章においては，情報化社会の到来を踏まえ，国が保育内容の指導法の一環として学習することを求めている情報機器の操作に関して，その種類や活用法を取り上げます。

　第13章から第14章においては，現在，連携が求められている小学校教育との関係を取り上げ，交流活動の展開の仕方や学びの連続性を図る際の留意点を検討します。

　そして，最終第15章では，幼児期の教育を展開する上で不可欠な教師間の連携と，保育内容の指導法を改善する際の要点を取り上げます。

　以上の内容を通して，学生諸君が幼児期の教育を展開する方法の要点を習得することを願っています。

　なお，本書は，『就学前の子どもに関する教育，保育等の総合的な提供の推進に関する法律』（いわゆる『認定こども園法』）改正に伴う「幼稚園教諭免許状や保育士資格の取得特例制度」に基づいて設置された科目「幼児教育の指導法」の印刷教材です。改正『認定こども園法』は，2015（平

成27）年度から「学校及び児童福祉施設としての法的位置付けを持つ単一の施設」として新たな「幼保連携型認定こども園」をスタートさせました。この「幼保連携型認定こども園」では，「幼稚園教諭免許状」と「保育士資格」を併有する「保育教諭」を配置することが求められています。しかし，幼稚園・保育所で働く教職員のうち，1/4程度はいずれかの免許・資格しか持っていませんでした。そこで，国は新たな「幼保連携型認定こども園」への円滑な移行を推進するため，2015（平成27）年度から，「幼稚園教諭免許状」または「保育士資格」の取得条件の特例を設けました。取得特例の期間は当初5年間でしたが，2019（令和元）年度に公布された『地域の自主性及び自立性を高めるための改革の推進を図るための関係法律の整備に関する法律』により，『認定こども園法』及び『教育職員免許法』が改正され，取得特例の期日も，10年間（令和6年度末）に延長となりました。本科目は，そのうち「幼稚園教諭免許状の取得特例制度」に対応したものです。そのため，本書は学校教育としての幼稚園を対象とし，「幼児」「幼児期の教育」「教師」という用語を使用しています。しかし，就学前の子どもの健全育成を幅広く捉えれば，「幼児」は「子ども」，「幼児期の教育」は「保育」，「教師」は「保育者」と読み替えても差し支えないものです。この点も踏まえて，学習を進めていただくことを望みます。

　本書は，印刷教材として作られていますが，放送教材（ラジオ）の番組がこれと並行して組まれています。ラジオの放送内容も生かして学習を進めてください。

　最後になりましたが，印刷教材の編集にご尽力いただいた放送大学教育振興会出版部，および大内和代氏に感謝申し上げます。

　　2021年12月

師岡　章

目次

1 幼児期の教育の基本（1）
―『幼稚園教育要領』が示す保育の基本

師岡　章

《目標とポイント》　幼児期の教育の基本について，『教育基本法』及び『学校教育法』などの法令，並びに『幼稚園教育要領』に基づいて理解する。特に，『幼稚園教育要領』第1章総則を通して，幼稚園教育において基本として重視すべき事項について理解を深める。
《キーワード》　教育基本法，学校教育法，幼稚園教育要領，幼児期の教育の目標，幼稚園教育の基本，環境を通して行う教育，幼児期にふさわしい生活の展開，遊びを通しての総合的な指導，一人一人の発達の特性に応じた指導

1. 幼児期の教育の目標

　満3歳以上の幼児が通う幼稚園は，『学校教育法』に定められた学校，つまり教育機関である。1998（平成10）年度以降，在園児数は保育所を下回る状況となっているが，2020（令和2）年度時点でも，全国9,698園（国立49園，公立3,251園，私立6,398園）で1,078,496人の幼児を受け入れ，幼児教育を実施している重要な場である。したがって，幼稚園の教師は学校の教員として関連法令を熟知した上で，幼児期の教育にあたることが求められる。そこで，幼稚園教育に関する主たる法令として『教育基本法』『学校教育法』『幼稚園教育要領』を取り上げ，幼児期の教育に求められる目標を概観してみる。

（1）『教育基本法』に示された幼児期の教育の目的

　『教育基本法』は『日本国憲法』の精神に則り，1947（昭和22）年に制定された後，2006（平成18）年12月の改正を経て，わが国の教育の基本を定めている法律である。教育機関である学校としての幼稚園も，当然，この『教育基本法』を踏まえて幼児期の教育を担う必要がある。

　では，『教育基本法』はわが国の教育の目的や理念をどのように規定しているのであろうか。

　まず，「第1章　教育の目的及び理念」は，「教育の目的」を以下のように規定している。

> 第一条　教育は，人格の完成を目指し，平和で民主的な国家及び社会の形成者として必要な資質を備えた心身ともに健康な国民の育成を期して行われなければならない。

　また，「教育の目標」を以下のように規定している。

> 第二条　教育は，その目的を実現するため，学問の自由を尊重しつつ，次に掲げる目標を達成するよう行われるものとする。
> 　一　幅広い知識と教養を身に付け，真理を求める態度を養い，豊かな情操と道徳心を培うとともに，健やかな身体を養うこと。
> 　二　個人の価値を尊重して，その能力を伸ばし，創造性を培い，自主及び自律の精神を養うとともに，職業及び生活との関連を重視し，勤労を重んずる態度を養うこと。
> 　三　正義と責任，男女の平等，自他の敬愛と協力を重んずるとともに，公共の精神に基づき，主体的に社会の形成に参画し，その発展に寄与する態度を養うこと。
> 　四　生命を尊び，自然を大切にし，環境の保全に寄与する態度を養うこと。

> 五　伝統と文化を尊重し，それらをはぐくんできた我が国と郷土を
> 　愛するとともに，他国を尊重し，国際社会の平和と発展に寄与す
> 　る態度を養うこと。

　このように，『教育基本法』は教育を「人格の完成」を目指す営み，つまり人の性格や品格，また独立した個人としての人間性の完成を目指して行われる営み，と規定している。そして，その個人を「平和で民主的な国家及び社会の形成者」となる「国民」として育成することを，わが国の「教育の目的」としている。また，この「教育の目的」を実現するため，第2条に「知・徳・体の調和のとれた発達を基本としつつ（第1号）」，「個人の自立（第2号）」，「他者や社会との関係（第3号）」，「自然や環境との関係（第4号）」，「日本の伝統や文化を基盤として国際社会を生きる日本人（第5号）」，という5つの観点から具体的な「教育の目標」を定めている。

　こうしたわが国における教育全般に関する目的，及び目標を踏まえた上で，2006（平成18）年12月の改正では，以下に示すように，新たに「幼児期の教育」に関する規定も設けられた。

> 第十一条　幼児期の教育は，生涯にわたる人格形成の基礎を培う重要
> 　なものであることにかんがみ，国及び地方公共団体は，幼児の健や
> 　かな成長に資する良好な環境の整備その他適当な方法によって，そ
> 　の振興に努めなければならない。

　このように『教育基本法』は，幼児期の教育を「生涯にわたる人間形成の基礎を培う重要なもの」と位置づけた。したがって，幼児期の教育を担う幼稚園及び教師は，その重要性を自覚した上で，幼稚園修了後の教育も視野に入れ，「良好な環境の整備」や「その他適当な方法」に

よって，「幼児の健やかな成長」を促していかねばならない。

（2）『学校教育法』に示された幼稚園教育の目的

　1947（昭和22）年に制定された『学校教育法』は，『教育基本法』に基づき，学校の種類ごとの目的や教育の目標等を定めた法律である。

　この『学校教育法』において，幼稚園は以下の表に示す通り，制定当時からしばらくの間，学校種の規定順において最後に位置づけられていた。しかし，2006（平成18）年12月の『教育基本法』改正を踏まえ，2007（平成19）年6月の一部改正において，学校種の規定順において最初に規定されることになった。

2007年6月の『学校教育法』一部改正における幼稚園の規定順の変更

改正前	改正後
第一条　この法律で，学校とは，小学校，中学校，高等学校，中等教育学校，大学，高等専門学校，特別支援学校，及び幼稚園とする。	第一条　この法律で，学校とは，幼稚園，小学校，中学校，高等学校，中等教育学校，特別支援学校，大学及び高等専門学校とする。
第七章　幼稚園（第七十七条―第八十二条）　※注：下線筆者	第三章　幼稚園（第二十二条―第二十八条）　※注：下線筆者

　このように，幼稚園は『学校教育法』の位置づけ上も，その後の教育の基礎を培う重要な学校として明確に規定されたわけである。

　では，『学校教育法』は幼稚園の目的や目標をどのように規定しているのであろうか。

　まず，第22条には，幼稚園の目的が以下のように規定されている。

> 第二十二条　幼稚園は，義務教育及びその後の教育の基礎を培うもの
> として，幼児を保育し，幼児の健やかな成長のために適当な環境を
> 与えて，その心身の発達を助長することを目的とする。

　また，第23条では，第22条の規定を踏まえ，幼稚園教育の目標を以
下のように規定している。

> 第二十三条　幼稚園における教育は，前条に規定する目的を実現する
> ため，次に掲げる目標を達成するよう行われるものとする。
> 　一　健康，安全で幸福な生活のために必要な基本的な習慣を養い，
> 　　身体諸機能の調和的発達を図ること。
> 　二　集団生活を通じて，喜んでこれに参加する態度を養うとともに
> 　　家族や身近な人への信頼感を深め，自主，自律及び協同の精神並
> 　　びに規範意識の芽生えを養うこと。
> 　三　身近な社会生活，生命及び自然に対する興味を養い，それらに
> 　　対する正しい理解と態度及び思考力の芽生えを養うこと。
> 　四　日常の会話や，絵本，童話等に親しむことを通じて，言葉の使
> 　　い方を正しく導くとともに，相手の話を理解しようとする態度を
> 　　養うこと。
> 　五　音楽，身体による表現，造形等に親しむことを通じて，豊かな
> 　　感性と表現力の芽生えを養うこと。

　このように，『学校教育法』は幼稚園教育の目的を「義務教育及びそ
の後の教育の基礎を培う」ものと規定している。つまり，幼稚園は，幼
児が卒園後に就学する小学校・中学校の義務教育，及び，高等学校，そ
して大学等の高等教育といったその後の教育を視野に入れ，「幼児の保
育」にあたることを求めているわけである。

　そして，この幼稚園教育の目的を実現するため，第23条に「幼児の基本的生活習慣や身体諸機能の調和的発達（第1号）」，「集団生活に参加する態度と規範意識の芽生えの育成（第2号）」，「社会生活や生命や自然に対する興味と思考力の芽生えの育成（第3号）」，「言葉の使い方や話を理解する態度の育成（第4号）」，「豊かな感性と表現力の芽生えの育成（第5号）」，という5つの観点から具体的な「幼稚園教育の目標」を定めているわけである。幼稚園，及び幼稚園の教師は，こうした目標を達成するよう努めなければならない。

（3）『幼稚園教育要領』に示された幼稚園教育の基本

　『幼稚園教育要領』は『教育基本法』『学校教育法』，及び『学校教育法施行規則』に基づき，1956（昭和31）年に当時の文部省から初めて刊行された。その後，1度目の改訂となる1964（昭和39）年から規範性を有する基準として告示化された。以来，1989（平成元）年，1999（平成11）年，2008（平成20）年3月，2017（平成29）年3月の5度目の改訂に至るまで，文部科学大臣により告示され，幼稚園教育の基本に関する国の基準を示すものである。

　この『幼稚園教育要領』は，第1章総則の冒頭において，幼稚園教育の基本を以下のように示している。

　幼児期の教育は，生涯にわたる人格形成の基礎を培う重要なものであり，幼稚園教育は，学校教育法に規定する目的及び目標を達成するため，幼児期の特性を踏まえ，環境を通して行うものであることを基本とする。

　このように『幼稚園教育要領』は，幼児期の教育が『教育基本法』が求める「生涯にわたる人格形成の基礎を培う」ものであることを前提と

した上で，『学校教育法』第22条が規定する目的を達成するため，「幼児期の特性を踏まえ，環境を通して行うものであることを基本とする」と規定している。『幼稚園教育要領解説』は，この幼稚園教育の基本を「環境を通して行う教育」と要約している。

　続いて，この幼稚園教育の基本である「環境を通して行う教育」に関連して重視すべき事項として，『幼稚園教育要領』は前述した文言を受け，以下の3点を示している。

　このため教師は，幼児との信頼関係を十分に築き，幼児が身近な環境に主体的に関わり，環境との関わり方や意味に気付き，これらを取り込もうとして，試行錯誤したり，考えたりするようになる幼児期の教育における見方・考え方を生かし，幼児と共によりよい教育環境を創造するように努めるものとする。これらを踏まえ，次に示す事項を重視して教育を行わなければならない。

1　幼児は安定した情緒の下で自己を十分に発揮することにより発達に必要な体験を得ていくものであることを考慮して，幼児の主体的な活動を促し，幼児期にふさわしい生活が展開されるようにすること。

2　幼児の自発的な活動としての遊びは，心身の調和のとれた発達の基礎を培う重要な学習であることを考慮して，遊びを通しての指導を中心として第2章に示すねらいが総合的に達成されるようにすること。

3　幼児の発達は，心身の諸側面が相互に関連し合い，多様な経過をたどって成し遂げられていくものであること，また，幼児の生活経験がそれぞれ異なることなどを考慮して，幼児一人一人の特性に応じ，発達の課題に即した指導を行うようにすること。

　『幼稚園教育要領解説』は，以上のうち，第1号を「幼児期にふさわしい生活の展開」，第2号を「遊びを通しての総合的な指導」，第3号を「一人一人の発達の特性に応じた指導」と要約している。

　このように，『幼稚園教育要領』は，幼稚園教育に対して「環境を通して行う教育」が基本であることを示した上で，「幼児期にふさわしい生活の展開」，「遊びを通しての総合的な指導」，「一人一人の発達の特性に応じた指導」の3つの事項を重視して展開することを求めているわけである。

2. 幼稚園教育の基本としての「環境を通して行う教育」

　『幼稚園教育要領』が規定する幼稚園教育の基本である「環境を通して行う教育」は，どのような趣旨で規定されたものであろうか。この点について，『幼稚園教育要領解説』を通して概観してみる。

(1) 幼児期の発達特性と幼児期の教育の基本

　いずれの学校種においても，対象となる子どもの発達特性を踏まえ，その教育を展開することは不可欠である。この原則は，幼児期の教育を対象とする幼稚園においても堅持すべきものである。

　では，幼児期の子どもはどのような発達の特性を持つのであろうか。

　この点について『幼稚園教育要領解説』は，序章の「第2節　幼児期の特性と幼稚園教育の役割」の「1幼児期の特性」において，幼児期の発達の特性として，特に留意しなければならない主なものを6点あげている。要約すれば，以下のようになろう。

○身体の著しい発育，及び運動機能の急速な発達に伴い，活動性が著

　しく高まる時期

○大人への依存を基盤としつつ自立へ向かう時期

○生活経験を手掛かりにイメージを形成し，それに基づいて物事を受け止めながら，次第に他の幼児と一緒に活動を展開できる時期

○信頼や憧れをもって見ている周囲の対象の言動や態度などを模倣したり，自分の行動にそのまま取り入れたりすることが多い時期

○環境と能動的に関わりながら，周りの物事に対処し，人々と交渉する際の基本的な枠組みとなる事柄についての概念を形成する時期

○他者との関わり合いの中で，様々な葛藤やつまずきなどを体験することを通して，やってよいことや悪いことの基本的な区別ができるようになる時期。また，互いの思いを主張し合い，折り合いを付ける体験を重ねることを通して，きまりの必要性などに気付き，自己抑制ができるようになる時期

　このように，幼児期の子どもは，周囲の環境に自発的・能動的に関わるという直接的・具体的な体験を通して成長・発達していく時期なのである。そのため，幼児期の教育は，より豊かな直接的・具体的な体験が得られる環境をいかに構成していくが重要となる。「環境を通して行う教育」とは，こうした幼児期の発達特性を踏まえたものなのである。

（2）幼児の主体性と教師の意図

　『幼稚園教育要領解説』は，第1章総説の「第1節　幼稚園教育の基本」において，「環境を通して行う教育」は，「幼児の主体性と教師の意図がバランスよく絡み合って成り立つものである」と指摘している。つまり，「一人一人の幼児が教師の援助の下で主体性を発揮して活動を展開していくことができるような幼児の立場に立った保育の展開」とし

て,「環境を通して行う教育」を位置づけているわけである。

　この指摘の前提には,教師は幼稚園として設定する教育目標や教育内容に基づき,意図的・計画的に環境を構成するが,その環境に自発的・能動的に働きかけ,活動を展開していく主体は一人一人の幼児である,との認識がある。そのため,『幼稚園教育要領解説』は「幼児をただ遊ばせているだけ」の放任的な保育を許容していない。また,教師主導で一方的に保育を展開することも否定している。

　このように,「環境を通して行う教育」は幼児の主体性,または教師の意図のいずれか一方に偏るものではなく,両者のバランスを取る中で展開すべきものである。

(3)「環境を通して行う教育」の特質

　『幼稚園教育要領解説』は,第1章総説の「第1節　幼稚園教育の基本」において,「環境を通して行う教育」の特質として4点をあげている。要約すれば,以下のようになろう。

○幼児の関わりたいという意欲から発してこそ,環境との深い関わりが成り立つ。この意味では,幼児の主体性が何よりも大切にされなければならない。

○生活に必要なものや遊具,自然環境,教師間の協力体制など幼稚園全体の教育環境が,幼児にふさわしいものとなっているかどうかも検討しなければならない。

○教師の関わりは,基本的に間接的なものとしつつ,長い目では幼児期に学ぶべきことを学ぶことができる援助も重要である。また,意欲とともに試行錯誤も認め,時間を掛けて取り組めるようにすることも大切である。

> ○教師自身も環境の一部である。教師がモデルとして物的環境への関わりを示すことで，充実した環境との関わりが生まれてくる。

　このように「環境を通して行う教育」は，「環境の中に教育的価値を含ませながら，幼児が自ら興味や関心をもって環境に取り組み，試行錯誤を経て，環境へのふさわしい関わり方を身に付けていくことを意図した教育」であると同時に，「幼児の視点から見ると，自由感あふれる教育」といった特質を持つものである。

3. 幼稚園教育の基本に関連して重視する事項

　『幼稚園教育要領』が幼稚園教育の基本に関連して重視する3つの事項は，具体的にどのような点に留意し，展開すべきものなのであろうか。この点について，『幼稚園教育要領解説』を通して概観してみる。

（1）幼児期にふさわしい生活の展開

　『幼稚園教育要領解説』は，「幼児期にふさわしい生活の展開」に関して，「教師との信頼関係に支えられた生活」と「興味や関心に基づいた直接的な体験が得られる生活」，「友達と十分に関わって展開する生活」の3点から，その要点を解説している。

　このうち，「教師との信頼関係に支えられた生活」は，幼児期が自分でやりたいという気持ちが強まる一方で，周囲の大人に支えられたいという気持ちも持っている時期であることを踏まえた指摘である。つまり，幼児は教師との信頼関係に支えられて自立へ向かうため，これを重視すべき，と説いているのである。

　次に，「興味や関心に基づいた直接的な体験が得られる生活」は，幼

児の生活が興味や関心に基づく自発的な活動からなっていることを踏まえた指摘である。そのため、幼児が主体的に環境と関わり、十分に活動し、充実感や満足感を味わうことを大切にすべき、と説いている。

最後に、「友達と十分に関わって展開する生活」は、幼児期が自分以外の幼児の存在に気づき、友達と遊びたいという気持ちが高まり、関わりが盛んになることを踏まえた指摘である。そのため、友達と十分に関わり、相互に刺激し合い、様々なものや事柄に対する興味や関心、また意欲を高めていく生活を大切にすべき、と説いている。

（２）遊びを通しての総合的な指導

『幼稚園教育要領解説』は、「遊びを通しての総合的な指導」に関して、「幼児期における遊び」と「総合的な指導」の２点からその要点を解説している。

このうち、「幼児期における遊び」は、自発的な活動としての遊びが幼児の成長や発達にとって重要な体験が多く含まれる幼児期特有の学習であることを踏まえた指摘である。そのため、幼稚園教育は、遊びを通しての指導を中心に行うことが重要、と説いている。

次に、「総合的な指導」については、幼児期には諸能力が個別に発達するのではなく、相互に関連し合い、総合的に発達していくことを踏まえた指摘である。そのため、幼児の主体性を大切にする指導は、自ずから総合的なものとなる、と説いている。

（３）一人一人の特性に応じた指導

『幼稚園教育要領解説』は、「一人一人の特性に応じた指導」に関して、「一人一人の発達の特性」と「一人一人に応じることの意味」、「一人一人に応じるための教師の基本姿勢」の３点からその要点を解説して

いる。

このうち，「一人一人の発達の特性」は，幼児一人一人を独自の存在と見れば，その発達の姿は必ずしも一様ではないことを踏まえた指摘である。そのため，教師は一人一人の発達の特性と発達の課題を把握し，その幼児らしさを損なわないように指導することが大切，と説いている。

次に，「一人一人に応じることの意味」は，ただ単に一人一人の要求に応えればよいのではなく，幼児の内面を理解した上で，必要な経験が得られる援助をすべき，という指摘である。ただし，活動形態を個々ばらばらにすることではなく，一人一人の発達の特性を生かした集団をつくり出すことを常に考えることが大切，と説いている。

最後に，「一人一人に応じるための教師の基本姿勢」は，教師が必ずしも自覚していない仕方で幼児に関わることがあることを踏まえた指摘である。そのため，教師には幼児の行動に温かい関心を寄せる，心の動きに応答する，共に考えるなどの基本的な姿勢で保育に臨むことが重要，と説いている。なお，障害のある幼児など，特別な配慮を必要とする幼児を指導する場合には，その幼児の障害の状態や特性，および発達の程度などに応じて，発達を全体的に促していくことも求めている。

学習課題

1　幼児期の教育の目標について，法的規定を踏まえ，まとめてみよう。
2　『幼稚園教育要領』が求める幼稚園教育の基本をまとめてみよう。
3　『幼稚園教育要領』が求める幼稚園教育の基本に関して重視すべき
　　3つの事項の要点をまとめてみよう。

参考文献

・中央教育審議会『幼稚園，小学校，中学校，高等学校及び特別支援学校の学習指
　導要領等の改善及び必要な方策等について（答申）』2016年12月
・文部科学省『幼稚園教育要領解説』フレーベル館，2018年

2 | 幼児期の教育の基本（2）
―『幼稚園教育要領』と保育内容

師岡　章

《**目標とポイント**》　幼児期の教育の目的や目標，また幼稚園教育の基本を踏まえて設定すべき保育内容に関する理解を深める。特に，『幼稚園教育要領』に示されている5領域の趣旨や，特質について検討する。
《**キーワード**》　保育内容，6領域，5領域，心身の健康に関する領域「健康」，人との関わりに関する領域「人間関係」，身近な環境との関わりに関する領域「環境」，言葉の獲得に関する領域「言葉」，感性と表現に関する領域「表現」，子どもの発達を見る視点，幼稚園教育において育みたい資質・能力，幼児期の終わりまでに育ってほしい姿

1.「5領域」とは何か

　『幼稚園教育要領』は「第2章　ねらい及び内容」において，5つの領域を示している。これらは「5領域」と呼ばれ，幼児期の教育を展開する際，設定すべき保育内容に関わる重要な事項である。そこで，その趣旨や性格について，『幼稚園教育要領解説』を通して概観してみる。

（1）「5領域」導入の経緯
　『幼稚園教育要領』の「第2章　ねらい及び内容」に示されている5領域とは，具体的には以下の通りである。
　　○心身の健康に関する領域「健康」
　　○人との関わりに関する領域「人間関係」

　○身近な環境との関わりに関する領域「環境」

　○言葉の獲得に関する領域「言葉」

　○感性と表現に関する領域「表現」

　この5領域が『幼稚園教育要領』において初めて示されたのは，1989（平成元）年の2回目の改訂時である。以来，現行の『幼稚園教育要領』を示した2017（平成29）年の5度目の改訂時まで5領域は変更なく維持されている。

　では，1989（平成元）年の2回目の改訂時，どのような経緯で5領域は導入されることになったのであろうか。

　ちなみに，1956（昭和31）年に初めて刊行された『幼稚園教育要領』は，1度目の改訂となる1964（昭和39）年まで，領域として「健康」「社会」「自然」「言語」「音楽リズム」「絵画製作」の6つを提示していた。いわゆる6領域である。当時の文部省は，これらについて「領域は小学校の教科とはその性格を大いに異にする」と説明していた。

　しかし，一部の幼稚園ではこの点を理解せず，6領域を教科的に取り扱う傾向が見られた。例えば，領域「健康」を小学校の教科「体育」と同種のものと解釈し，クラス全員を集め，マット運動や跳び箱指導を一斉活動として展開するわけである。幼稚園によっては外部から体育講師を招き，体育指導をより重視するケースも見られた。このように，幼稚園によっては教師が主導する一斉活動を6領域別に設定し，それを「主活動」などと呼び，保育内容の中心に位置づけたわけである。その結果，自発的な遊びも軽視されていった。こうした状況に対し，当時の文部省内に設けられた「幼稚園教育要領に関する調査研究協力者会議」も，1986（昭和61）年の報告書『幼稚園教育の在り方について』において，「一部の園で本来の保育の在り方からみて適切とはいえない取り組みがある」と指摘せざるを得なかった。

　5領域はこうした6領域への誤解を取り除き，幼稚園教育を『教育基本法』や『学校教育法』が示す幼児期の教育の目的，目標に基づく展開へと改善するために示されたものである。

（2）子どもの発達を見る視点としての「5領域」

　1989（平成元）年の『幼稚園教育要領』改訂で初めて提示された5領域の取り扱いについて，当時の文部省が編集した『幼稚園教育指導書増補版』は，以下のように解説している。

> 　幼稚園教育要領第2章の各領域にまとめて示している事項は，教師が幼児の生活を通して総合的な指導を行う際の視点であり，幼児の関わる環境を構成する場合の視点でもあると言うことができる。
>
> 　その意味から，幼稚園教育における領域は，それぞれが独立した授業として展開される小学校の教科とは異なるので，領域別に教育課程を編成したり，特定の活動と結びつけて指導したりするなどの取扱いをしないようにしなければならない。

　このように，5領域は教科として捉え，特定の活動に結びつける枠組みとして示されたものではなく，「幼児の生活を通して総合的な指導を行う際の視点」，あるいは「幼児の関わる環境を構成する場合の視点」である。

　こうした「視点」としての5領域について，1989（平成元）年当時，文部省の幼稚園課教科調査官として改訂の中心的な役割を果たした岸井勇雄は，編著『改訂幼稚園教育要領の展開－基礎的実践的研究』（明治図書）において，「幼児期に育つもの（＝育てるべきもの）を洗い出し，総括した中で示したもの」と述べている。また，各領域の関係について，図2-1のように整理している。

　つまり，岸井によれば，幼児の育ちは文字通り「まるごと」のものであり，その内部を分けて考えることはできない。しかし，発達の諸側面をしっかりとらえる分析的な視点も必要であり，その最小限の区分けとして示したのが5領域，ということなのである。

　そのため，5領域は現行の『幼稚園教育要領解説』でも「幼児の発達の側面からまとめ」たものと，解説されているのである。

　このように，5領域は「子どもの発達を見る視点」と捉えるべきものであり，「望ましい経験」として設定され，教師が指導しなければならない活動内容の枠組みと誤解された6領域とは，まったく異なるコンセプトによって示されたものである。

図2-1　5領域の関係

幼児期に育つもの
＝幼児期に育てるべきもの

出典：岸井勇雄編著『改訂幼稚園教育要領の展開－基礎的実践的研究』明治
　　図書，1989，139頁

（3）具体的な保育内容の設定

　5領域が「子どもの発達を見る視点」であり，教育課程も領域別に編成するものではないとすれば，具体的な保育内容は各幼稚園が実態に即して，独自に設定していかねばならない。

　こうした保育内容を園独自に設定した一例として，大場牧夫が主事として保育をリードしていた桐朋幼稚園の取り組みを紹介しておく。

　大場らの桐朋幼稚園は，教師からの「働きかけの構造」に注目し，図2-2のように園生活を構造的に整理し，教育課程を編成した。

図2-2　大場牧夫の園生活の構造（1992年版）

出典：大場牧夫他編『保育内容総論‐保育内容の構造と総合的理解』萌文書林，1992年，63頁

このうち，「園生活の主体的活動の分野」として設定されている，「主体的な生活にかかわる総合的な経験や活動」「遊びとしての総合的な経験や活動」「題材による主体的・総合的な経験や活動」の3つの層が保育内容である。桐朋幼稚園の実践は，これら3つの層が相互に密接に関連しながら展開されていく。そして，「育ちの諸側面」また「育ちへの視点」として5領域が活用され，「生活の環境」を整えながら，幼児の「主体性」と「集団性」を高める実践が構想されているわけである。

　こうした例を参考に，各幼稚園，また教師は具体的な保育内容を独自に設定していくことが望まれている。

2. 領域の「ねらい」と「内容」

　5領域は「ねらい」と「内容」によって構成されている。この「ねらい」と「内容」はどのような観点から設定されているのであろうか。また，5領域が示す「ねらい」と「内容」を踏まえるとき，保育内容の指導法はどのような点に留意すべきであろうか。この点を概観してみる。

（1）心情・意欲・態度としての「ねらい」

　『幼稚園教育要領』は第2章「ねらい及び内容」の冒頭，「この章に示すねらいは，幼稚園教育において育みたい資質・能力を幼児の生活する姿から捉えたものであり」と述べている。このうち，「幼稚園教育において育みたい資質・能力」とは，現行の『幼稚園教育要領』において，はじめて提示されたものであり，具体的には以下の3点である。

> 1　幼稚園においては，生きる力の基礎を育むため，この章の第1に示す幼稚園教育の基本を踏まえ，次に掲げる資質・能力を一体的に

育むよう努めるものとする。

(1) 豊かな体験を通じて，感じたり，気付いたり，分かったり，できるようになったりする「知識及び技能の基礎」

(2) 気付いたことや，できるようになったことなどを使い，考えたり，試したり，工夫したり，表現したりする「思考力，判断力，表現力等の基礎」

(3) 心情，意欲，態度が育つ中で，よりよい生活を営もうとする「学びに向かう力，人間性等」

　このように，『幼稚園教育要領』は「生きる力の基礎」の育成を期待する中，「幼稚園教育において育みたい資質・能力」（3つの柱）を提示している。そのうち「学びに向かう力，人間性等」では「心情」「意欲」「態度」の育成を重視している。5領域ごとに示される「ねらい」も，この「心情」「意欲」「態度」の3つの観点から構成されているわけである。

　このうち，「心情」とは，一般に「心の中で感じていること」，あるいは「心中の思い」を指す言葉である。つまり，「心情」とは，楽しい気分になるなど，幼児の内面の動きを指すわけである。

　次に「意欲」とは，一般に「ある物事をなしとげようと思う積極的な気持ち」を指す言葉である。つまり，「意欲」とは，初めてのことでもやってみようという気持ちを持つなど，「心情」と同様，幼児の内面の動きを指す観点と言える。

　最後に「態度」とは，一般に「ある物事に対した時の心の動きが，表情や身ぶり，言葉などに現れ出たもの」，あるいは「ある物事に即応した心身の構え」を指す言葉である。つまり，「態度」とは，幼児の内面の動きを示す「心情」「意欲」とは異なり，興味・関心を持ったものに実際に

触れてみるなど，内面の動きが表に現れ出たものを指す観点と言える。

　このように，『幼稚園教育要領』が示す5領域の「ねらい」とは，幼児の内面の動きを重視する「心情」「意欲」の育ちと，表に現れ出る「態度」によって構成されている。いずれも小学校以降の教科学習において，ペーパーテストでその学習成果を数値で測定できるものとは質が異なり，教師が幼児に対して受容的・肯定的に理解することを通して把握できるものである。幼児期の教育は，教師がこうした観点を持つことによって展開することが求められているわけである。

（2）「ねらい」を達成するために指導する事項としての「内容」

　『幼稚園教育要領』は第2章「ねらい及び内容」の冒頭，前述の「ねらい」の説明に続き，「内容は，ねらいを達成するために指導する事項である」と述べている。また，『幼稚園教育要領解説』では，「内容」について，「（ねらいを）達成するために教師が幼児の発達の実情を踏まえながら指導し，幼児が身に付けていくことが望まれるものを「内容」とした」と解説している。

　このように，『幼稚園教育要領』の「内容」は，「心情」「意欲」「態度」の3つの観点から構成されている「ねらい」を達成するために，幼稚園修了までに身に付けてほしい姿を示したものである。なお，現行の『幼稚園教育要領』では，「ねらい」と「内容」に基づく活動全体を通して「幼稚園教育において育みたい資質・能力」が育まれている幼児の幼稚園修了時の具体的な姿として，新たに「幼児期の終わりまでに育ってほしい姿」（10の姿）も示した。10の姿の概要は以下の通りである。

　3　次に示す「幼児期の終わりまでに育ってほしい姿」は，第2章に
　　示すねらい及び内容に基づく活動全体を通して資質・能力が育まれ

ている幼児の幼稚園修了時の具体的な姿であり，教師が指導を行う
際に考慮するものである。

(1) 健康な心と体

(2) 自立心

(3) 協同性

(4) 道徳性・規範意識の芽生え

(5) 社会生活との関わり

(6) 思考力の芽生え

(7) 自然との関わり・生命尊重

(8) 数量や図形，標識や文字などへの関心・感覚

(9) 言葉による伝え合い

(10) 豊かな感性と表現

「ねらい」を達成するために指導する事項としての「内容」を実践と
して展開する場合，この「幼児期の終わりまでに育ってほしい姿」にも
留意することが大切となる。

ただ，『幼稚園教育要領解説』は，5領域に示す事項は「幼稚園教育
の全体を見通した「ねらい」や「内容」であるので，これによって幼稚
園教育において指導すべき具体的な方向を捉えながら，幼児の実情や地
域の実態などに応じて，幼稚園は具体的なねらいや内容を組織すること
が必要である」と述べている。つまり，『幼稚園教育要領』は「ねらい
を達成するために指導する事項」として「内容」を示してはいるが，そ
の姿は全般的なものであり，具体的な事柄は各幼稚園，また教師が考え
ていくことを求めているわけである。

ちなみに，法的な文書が作成される際，あえて具体的な事柄を明記せ
ず，根本となるものや，おおよその内容を示すことを「大綱化」と言

う。『幼稚園教育要領』もその一種であり，あえて，具体的な事柄を示さず，幼稚園教育の根幹となるものを明記するだけにとどめているわけである。そのため，各幼稚園や教師に対して，具体的な「ねらい」や「内容」の組織が求められるのも当然の要請なのである。

　したがって，各幼稚園，また教師は，園が位置する地域，また在園している幼児の実情をしっかり把握した上で，その実情に即して『幼稚園教育要領』が示す「内容」を具体化し，保育に臨む必要がある。

3.　保育内容の今日的課題

　現行の『幼稚園教育要領』は2017（平成29）年の改訂時，5領域の「ねらい」を「幼稚園教育において育みたい資質・能力」を幼児の生活する姿から捉えたもの，「内容の取扱い」を幼児の発達を踏まえた指導を行うに当たって留意すべき事項として新たに示すとともに，指導を行う際に「幼児期の終わりまでに育ってほしい姿」を考慮することを新たに示した。これらは，『幼稚園教育要領解説』において「改訂の要点」として明記されており，保育を展開する際，今日的な保育課題として自覚すべき事柄である。以下，その要点を概観してみる。

（1）領域「健康」で重視される保育課題
　領域「健康」の「改訂の要点」は，以下の通りである。

> 　見通しをもって行動することを「ねらい」に新たに示した。また，食べ物への興味や関心をもつことを「内容」に示すとともに，「幼児期運動指針」（平成24年3月文部科学省）などを踏まえ，多様な動きを経験する中で，体の動きを調整するようにすることを「内容の取扱

い」に新たに示した。さらに，これまで指導計画の作成に当たっての留意事項に示されていた安全に関する記述を，安全に関する指導の重要性の観点等から「内容の取扱い」に位置付けた。

　このように，領域「健康」では，「幼児期の終わりまでに育ってほしい姿」として「健康な心と体」の育成が期待されている点を踏まえ，食べ物への興味や関心を高める食育をさらに充実させることを求めている。
　また，青少年期に顕著となる体力や運動能力の低下が，すでに幼児期から始まっていることを踏まえ，多様な動きを経験する中で，体の動きを調整するようにすることを重視している。
　さらに，安全に関する指導の重要性も指摘している。

（2）領域「人間関係」で重視される保育課題
　領域「人間関係」の「改訂の要点」は，以下の通りである。

工夫したり，協力したりして一緒に活動する楽しさを味わうことを「ねらい」に新たに示した。また，諦めずにやり遂げることの達成感や，前向きな見通しをもつことなどを「内容の取扱い」に新たに示した。

　このように，領域「人間関係」では，「幼児期の終わりまでに育ってほしい姿」として「自立性」や「協同性」の育成が期待されている点を踏まえ，自らの興味・関心に基づく自発的な活動だけでなく，他の幼児と目的を共有し，工夫，協力して遊ぶ体験や活動を展開することを求めている。つまり，子ども同士の協同性を伸ばすことが課題となるのである。

（3）領域「環境」で重視される保育課題

　領域「環境」の「改訂の要点」は，以下の通りである。

> 　日常生活の中で，我が国や地域社会における様々な文化や伝統に親しむことなどを「内容」に新たに示した。また，文化や伝統に親しむ際には，正月や節句など我が国の伝統的な行事，国歌，唱歌，わらべうたや伝統的な遊びに親しんだり，異なる文化に触れる活動に親しんだりすることを通じて，社会とのつながりの意識や国際理解の意識の芽生えなどが養われるようにすることなどを「内容の取扱い」に新たに示した。

　このように，領域「環境」では，「幼児期の終わりまでに育ってほしい姿」として提示された「道徳性・規範意識の芽生え」や「社会生活との関わり」の育成を踏まえるとともに，『幼稚園教育要領』改訂の基本方針のひとつとして重視された「伝統や文化に関する教育の充実」も視野に入れ，様々な文化や伝統に親しむことを求めている。さらに，社会とのつながりの意識や国際理解の意識の芽生えなどを養うことも求めている。つまり，遊びや行事の中で，わが国の伝統的な文化や異文化に触れていく体験を重視しているわけである。

（4）領域「言葉」で重視される保育課題

　領域「言葉」の「改訂の要点」は，以下の通りである。

> 　言葉に対する感覚を豊かにすることを「ねらい」に新たに示した。また，生活の中で，言葉の響きやリズム，新しい言葉や表現などに触れ，これらを使う楽しさを味わえるようにすることを「内容の取扱い」に新たに示した。

　このように，領域「言葉」では，「幼児期の終わりまでに育ってほしい姿」として提示された「言葉による伝え合い」の育成を踏まえるとともに，『幼稚園教育要領』改訂の基本方針のひとつとして重視された「言語能力の確実な育成」も視野に入れ，言葉に対する感覚を豊かに育むことを求めている。

　そのためには，教師や他の幼児など，他の人の話を注意して聞くとともに，心動かされる体験をして，その感動や思い，考えを言葉に表すことも重視される。そして，自らの感動や思い，考えが教師や友達に伝われば，改めて他の人の話に耳を傾ける姿勢も高まる。こうした体験を「言葉による伝え合い」を重視する中で充実させていくことが求められているのである。

（5）領域「表現」で重視される保育課題

　領域「表現」の「改訂の要点」は，以下の通りである。

> 　豊かな感性を養う際に，風の音や雨の音，身近にある草や花の形や色など自然の中にある音，形，色などに気付くようにすることを「内容の取扱い」に新たに示した。

　このように，領域「表現」では「幼児期の終わりまでに育ってほしい姿」として提示された「豊かな感性と表現」の育成とともに，「自然との関わり・生命尊重」の視点も踏まえ，身近な自然現象や自然物との出会いを通して，豊かな感性を育成することを重視している。

　幼児期においては，生活の中で音楽や，身体による表現，絵画，造形などに親しむことが大切であり，こうした体験を通して，豊かな感性と自分なりの表現は培われる。教師によっては，表現された結果，つまり作品の出来映えにこだわるケースも見られるが，ここでは表現する過程

に価値を見出すことを求めているわけである。表現する過程が大切にされれば，幼児の表現意欲もより高まるはずである。教師は，作品の出来映えよりも，表現していく過程で発揮される想像力や工夫にこそ目を向け，支えていくことが課題となるわけである。

学習課題

1　「5領域」の性格について，まとめてみよう。
2　「ねらい」及び「内容」とは何を指すかについて，まとめてみよう。
3　幼児期の保育内容として具体的に設定すべき種類を考えてみよう。

参考文献

・大場牧夫・民秋言・吉村真理子編『保育内容総論－保育内容の構造と総合的理解』萌文書林，1992 年
・岸井勇雄『改訂幼稚園教育要領の展開－基礎的実践的研究』明治図書，1989 年
・文部省『幼稚園教育百年史』ひかりのくに，1979 年
・文部省『幼稚園教育指導書増補版』フレーベル館，1989 年
・文部科学省『幼稚園教育要領解説』フレーベル館，2018 年
・幼稚園教育要領に関する調査研究協力者会議報告書『幼稚園教育の在り方について』文部科学省，1986 年

3 | 幼児期の教育の基本（3）
―幼児期の発達特性の理解

佐久間路子

《**目標とポイント**》 幼児期の教育を展開していく上で，踏まえておくべき幼児期の特徴と発達特性の理解を深める。さらに一人一人の発達の特性を踏まえた指導のあり方について理解する。
《**キーワード**》 幼児期の発達特性，幼稚園の生活，自己抑制，他者の心の理解，発達の個人差，一人一人の発達の特性，発達の課題

1. 幼児期の特徴と幼稚園での生活

　幼児期の教育の基本について学ぶ上で，幼児期の特徴や発達の特性について理解することは不可欠である。本節では，幼児期を満3歳から就学までの時期と定義し，誕生からの発達を踏まえた上で，幼児期の特徴を述べる。さらに幼稚園での生活と幼児期の発達のとらえ方について，『幼稚園教育要領解説』に基づき概観する。

（1）幼児期の特徴

　幼児期について述べる前に，まずは満3歳までの発達について考えてみたい。近年，胎児や乳児を対象にした研究が進み，有能な胎児・乳児の姿が明らかになっている（詳細は「板倉，2007」など参照）。妊娠7ヶ月頃には，母親のおなかの中の胎児は，外界のさまざまな音を聞いており，誕生前にはすでに感覚器官が発達していることがわかっている。また乳児は，人が発するさまざまな刺激を好み，人の声や人の顔に積極的

に注意を向けるという特徴があり，乳児が周りの世界や人を認識する力は，0歳代に著しく発達していく。また周りの大人との1対1の関係から，他者と一緒にものを見ること（共同注意）ができるようになり，さらに物を介したコミュニケーションができるようになる。そして1歳の誕生日を迎える頃には，初めての言葉を発するようになる。同時期に，イメージする力（表象能力）が発達し，過去に体験したことを再現すること（延滞模倣）や，積み木を車のように動かして遊ぶなど，象徴機能が発達してくる。運動面においても，自分の足で立って，移動をすることができるようになる。このように，子どもが環境や人と関わる力は，1歳代にその基礎は十分にできているのである。そして3歳までに，例えば話し言葉の発達では助詞を用いて，より長い文章を話せるようになるなど，より複雑かつ高度な力を身に付けていく。

　それでは幼児期の特徴はどのように説明できるだろうか。『幼稚園教育要領解説』では，「広がり」という言葉を用いて，「生活の場の広がり」「他者との関係の広がり」「興味や関心の広がり」という3点から幼児期の特徴を述べている。まず幼児期には運動機能と活動意欲の高まりとともに，行動範囲が家庭の外へと広がりを見せ始める。特に幼稚園生活が始まることで，幼児の生活の場は大きく広がっていく。また幼稚園での集団生活は，家庭での保護者などとの関係から，同年代の幼児との関係へと，他者との関係を広げていく。一緒に遊んだり，言葉を交わしたり，時に自己主張のぶつかり合いを重ねながら，友達関係が育まれる。そして，一人で活動するよりも，友達と一緒に活動することの楽しさに気付き，友達がいることの大切さに気付くようになる。最後に「興味や関心の広がり」である。乳児期から子どもは，周りの世界に対して，手が届くものを触ろうとしたり，歩けるようになると近づいていって確かめたり，自ら積極的に探索活動を行っている。幼児期になると，生活

の場が幼稚園へ広がり，幼稚園の環境の中で好奇心や探求心を呼び起こされるようなさまざまな事象や現象に出会う。そして興味や関心は，友達や教師と感動を共有したり，その対象に関わって活動を展開することによって広げられ，高められていく。また対象と十分に関わり合い，好奇心や探求心を満足させながら，自分でよく見たり取り扱ったりすることによって，思考力の基礎を培っていく。

（2）幼稚園の生活

　次に幼稚園での生活の特徴について，『幼稚園教育要領解説』に基づき，説明する。

　まず1点目として，「同年代の幼児との集団生活を営む場であること」である。幼稚園において，幼児は他の多数の幼児との集団生活を通して，物事の受け止め方や気持ちなどいろいろな点で，自分と他の幼児とが異なることに気付くようになる。また他の幼児と共に活動することの楽しさを味わいながら，集団生活を営む上でのきまりがあることを知り，その必要性についての理解が育まれる。

　2点目は「幼児を理解し適切な援助を行う教師とともに生活する場であること」である。生まれてから保護者と一緒に過ごしてきた幼児にとって，幼稚園での生活は，初めて保護者から離れて過ごす体験となり，幼児は期待と同時に不安感や緊張感を抱いていることが多い。教師は，まずは1対1の関係の中で，幼児の行動を温かく見守り，信頼関係を結んでいくことが大切である。さらに幼児の発達の実情や生活の流れなどに即して，適切な援助をしていくことが大切である。

　3点目は「適切な環境があること」である。幼稚園には，教育的な配慮の下に幼児が友達と関わって活動を展開するのに必要な遊具や用具，素材，十分に活動するための時間や空間，自然や動植物などのさまざま

な環境が用意されている。このような環境の下で，直接的・具体的な体験を通して一人一人の幼児の発達が促されていく。環境は単に存在しているだけでは，必ずしも幼児の発達を促すものになるとは限らない。教師は，幼児にとって発達に必要な体験が得られる適切な環境を構成していかなければならない。そのために教師は，幼児が環境と出会うことで，どのような意味を見出し，どのような興味・関心を抱き，関わろうとしているのかを理解する必要がある。

（3）発達のとらえ方

　『幼稚園教育要領解説』には，発達について以下のように記述されている。「人は生まれながらにして，自然に成長していく力と同時に，周囲の環境に対して自分から能動的に働きかけようとする力を持っている。自然な心身の成長に伴い，人がこのように能動性を発揮して環境と関わり合うなかで，生活に必要な能力や態度などを獲得していく過程を発達と考えることができよう。」

　この記述は，周りから教えられて発達していくという受動的なとらえ方ではなく，自分から能動的に働きかける力を重視している点，また個人内で発達が生じるのではなく，環境に関わり合う中で能力などを獲得していく過程を発達ととらえている点が特徴的である。これは幼児期の教育が，環境を通して行うものであり，幼児の主体的かつ自発的な活動を促すことを重視していることと密接な関連がある。そして幼児期の発達を促すためには，能動性が十分に発揮できるような配慮と，幼児の興味や関心に応じて必要な刺激が得られるような応答性のある環境が必要なのである。

2.　幼児期の発達特性

　『幼稚園教育要領』第1章の第3の3（1）に「自我が芽生え，他者の存在を意識し，自己を抑制しようとする気持ちが生まれる幼児期の発達の特性を踏まえ」という記述がある。そこで本節では，幼児期の発達特性を理解するために，(1)自己主張・自己抑制の発達，(2)他者の心の理解の発達と，それらの発達と関連する (3)協同性を支える力の発達という3つの観点に着目し，解説していく。

（1）自己主張・自己抑制の発達

　2歳前後に，運動面や認知面などさまざまな能力が発達し，自分の力でできることが増えてくると，自分でやりたいという思いも強くなり，自分の思いを他者に向かって主張しはじめる。自己主張や反抗が顕著になるこの時期は，第一次反抗期と呼ばれる。ただし自分の思いは，いつも叶えられるわけではなく，大人から禁止されることが増えていく。自己と他者とがぶつかり合う体験を通して，他者の思いと自分の思いとの違いに気づくようになる。

　幼児期になると，集団生活を体験する中で，自分の思いを主張するだけでなく，相手にあわせて自分の思いや気持ちを抑える力も伸びていく。幼児期の自己主張・実現的側面と自己抑制的側面の発達に関する研究（柏木，1988）では，2つの側面で異なる発達過程が明らかになっている。自己主張・実現的側面は，「いやなことや他と違う意見をはっきり言える」「やりたい遊びに他の子を誘って遊べる」などで，3歳から4歳後半にかけて急激に増加し，その後はあまり変化しない。一方，自己抑制的側面は，「ほしいものを待てる」「きまり・ルールを守る」「くやしいことや悲しいことに感情を爆発させない」などで，3歳から小学校入

学まで，一貫して伸び続ける。これら2つの側面は，自己制御機能と呼ばれる。集団の中で他者と協調的に過ごしていくためには，適切に自己を主張することと，自分の思いを抑えることの2つの側面をバランスよく発達させること，つまり自己を適切に制御する力を育てることが重要である。

　近年の脳科学や認知神経科学の進展に伴い，目標に向けて思考や行動を制御する認知メカニズムである実行機能の発達が注目されている（森口，2012）。実行機能は，脳の前頭前野に神経基盤を持つ。前頭前野は幼児期に成熟が進んでいくため，幼児期に自分の行動や気持ちを抑える力が伸びていくことと，密接な関連があると考えられている。脳の成熟という側面と，幼稚園における集団生活の中で，自分の気持ちと他者の気持ちに折り合いをつける経験を重ねていくことが相まって，自己制御機能は，幼児期に著しい発達をみせると考えられる。

（2）他者の心の理解の発達

　人は，他者の視線や表情，行動から，他者の心の状態を推測したり，行動を予測したりすることができる。人は，他者や自分の心の働きに関する知識や認知的な枠組みを持っていると仮定されており，それは「心の理論」と呼ばれる。では，幼児は他者の行動の背景にある心の状態を推測することができるのだろうか。他者の心の状態が自分と同じ場合は，他者の心の状態を想像することは比較的簡単である。しかし実生活では，自分と他者の考えが異なることも多々起こりうる。例えば，同じ遊びをしていても，他者が自分とは異なるイメージを持って遊んでいる場合もあるだろう。また目の前で起こったことを自分は知っていても，その場にいなかった他者は知らないというように，立場によって知っていることと知らないことがあるという違いも実生活ではよくある。「心

の理論」に関する研究によると，他者の立場から，他者が自分とは異なる思い込みをしていることを理解できるのは，4歳頃であることが示されている（詳細は「子安，2000」参照）。つまり，他者の心の状態を推測する能力は，幼稚園に入園した時期はまだ発達の途中であり，その後に理解が進んでいくということになる。

　自分と他者の考えにずれがあるという状況は，幼児同士のいざこざの原因としてよく挙げられる。そこで，具体的にいざこざの事例をもとに，他者の心の理解の発達について考えてみたい。

事例1　**砂場でのいざこざ（3歳児クラス）**

　A子とB男が同じ砂場で池を作って遊んでいる。A子は池を広げようと考えて，砂を掘っている。その横でB男は頑丈な土手を作ろうと，砂を掘って，土手を固めている。しばらくして，A子は池を広げようとB男が作った土手をくずしてしまった。A子はB男も池を広げようとしていると思っていたらしい。B男はせっかく作った土手を壊され「やめて！」とA子に対して強い怒りを示した。A子はB男に怒鳴られたことに驚いた様子で，呆然と立ちすくむ。その場にいた教師は，A子にむかって「B男くんは土手を作ってたんだって，お水はここまででいいんだって」と伝える。そしてB男に対して「A子ちゃんは池をもっと広げたいなぁって思ったんだよね」とA子の思いをB男に伝える。それから「じゃあ，こっちの方を広げて，ここはしっかりした土手を作ろうか。先生はショベルカーになるぞ」とB男の指示に従って，土手を直す。

　（新訂 事例で学ぶ保育内容＜領域＞人間関係，萌文書林：P.62を参照の上，作成）

　事例1では，砂を掘るという行為自体は同じでも，それぞれは異なる

イメージをもって遊んでおり，A子がB男の作った土手を壊してしまったときに，イメージのずれが明確になっている。A子はB男も同じように池を広げたいと思っていたからの行動ではあったが，B男に怒鳴られて，立ちすくんでしまう。このようないざこざは，3歳児クラスの子どもにとって，自分と他者の思いの違いに気付く体験となる。そしてこの気付きを促すには，教師の援助が不可欠である。互いに違う考えを持っていることを，それぞれの立場を代弁しながら丁寧に伝えることで，幼児は他者が自分とは異なる考えを持つこと，その思いを相手に伝えていくことの必要性を学んでいくのである。

　次に5歳児の事例をもとに考えてみよう。

事例2　ブロックの片付けでのいざこざ（5歳児）

　C介は，教室の片隅で，ブロックを使ってロボットを作っていた。するとホールからC介を呼ぶ声がしたので，ブロックを作りかけで置いたまま，ホールに向かった。その直後，担任教諭が教室内の子どもに，お片付けの時間になったので遊びをやめて片付けをするように声をかけた。教室にいる子どもたちは，それぞれ自分で遊んでいたものを片付けはじめ，D代はC介が置いたままにしたブロックをせっせと片付け始めた。そこに教室に戻ってきたC介は，ブロックを片付けているD代に向かって，「どうしてオレのロボットを壊すんだ」と怒り出した。D代は「いまお片付けの時間なんだよ。だしっぱなしだから片付けたのに」と言い返した。C介が教室内を見渡すと，他の子どもたちは遊びをやめて片付けをしており，そこでC介は今が片付けの時間であることに気づいた。D代がわざと壊したのではないことには納得した様子であったが，片付けられたブロックを見て「せっかく作ったのに…」

> と残念そうにつぶやいていた。
> 　（実習生が観察したエピソードより，筆者が一部改変）

　事例2も，お互いに違う考えを持っているために起こったいざこざである。C介はせっかく作ったのにD代に壊されたと思っているが，D代にしてみれば，だしっぱなしにしてあるから片付けたのであり，壊したと怒られる筋合いのない話である。ここではD代が今はお片付けの時間であり，わざと壊したのではないことを直接C介に伝えている。C介がD代の行為を誤解していることに気付き，D代は自分がなぜそうしたのかを伝え，互いの思いを調整することができている。幼児は他者が自分とは異なる思いを持っている際に，いつも上手に思いを伝えられるとは限らないが，このようないざこざを体験することで，異なる思いを持つことがあることに気付き，さらにその違いを調整する力を持つようになるのである。

（3）協同性を支える力の発達

　「幼児期の終わりまでに育ってほしい姿」の一つに「協同性」がある。「協同性」は，「友達と関わる中で，互いの思いや考えなどを共有し，共通の目的に向けて，考えたり，工夫したり，協力したりし，充実感をもってやり遂げるようになる」と示されている。幼児同士が協同して遊ぶことには，先に述べたように幼児期において自己主張・自己抑制の発達と他者の心の理解の発達が進んでいくことが大きく影響していると言える。例えば，イメージを共有したり，協力したりするための話し合いについて考えてみよう。話し合いをすることは，自分の意見を言う，人の話を聞く，わからないことを質問する，それぞれの意見を調整するなど，複雑な過程を含んでいる。そしてその過程には，自己を抑制し，他

者の思いを推測することが含まれていることがわかる。さらに協同性を支える力には，上記以外にも目標達成という未来を予想する力や，それに向けて現在の活動に集中して取り組む力も関連するだろう。幼児は「こうしたい」「こうなるといいな」という目標や期待を持ち，それに向けて工夫したり，試行錯誤をして遊びを展開していくのである。

3. 一人一人の発達の特性に応じた指導

　これまで幼児期の特徴と発達の特性について述べてきたが，幼児と実際に関わる上で理解しなければならないのは，目の前にいる一人一人の幼児の発達の特性であろう。本節では，発達の個人差について解説をし，一人一人の発達の特性に応じた指導について考えていきたい。

（1）発達の個人差

　前節で発達の特性を概説したように，それらの発達の諸側面は，それぞれが独立して発達するものではなく，相互に関連し合っている。幼児期はさまざまな側面が発達していくが，誰しもが同じ時期に同じ速さで発達していくわけではない。発達の順序はほぼ共通しているが，幼児一人一人の成長の進み方があり，個人差が見られるのである。その個人差の要因としては，生育・生活環境（例：入園までの家庭の状況や現在の家庭の状況），生理的条件（例：排泄時間の間隔や眠りの深さなど），身体的な条件（例：体格など），さらには気質や性格なども関連するだろう。

　また幼稚園のクラス集団は，4月生まれから3月生まれまで1年の幅がある。幼児期の1年の発達の差は非常に大きく，クラス集団内での年齢による発達の差が明確に現れる場合もある。

　さらに個人差といった場合，他児との違いだけでなく，個人内の差もある。得意・不得意，好き・きらい，発達が先に進む領域・遅れている領域など，個人内に発達に偏りが見られることもある。幼児の発達を捉える上では，一般的な発達を理解するとともに，個人差の要因や個人内差を念頭に置き，一人一人の発達の状況を丁寧に捉えることが必要である。

（2）一人一人の発達の特性および発達の課題

　幼児期の教育は集団生活を通して行われるものであるが，集団として画一的に指導するのではなく，「幼児一人一人の特性に応じ，発達の課題に即した指導を行う（『幼稚園教育要領』第1章第1　3）」ことが重視されている。そこで『幼稚園教育要領解説』に基づき，幼児一人一人の特性と発達課題について説明をしていく。

　幼児は，一人一人の家庭環境や生活経験も異なり，一人一人の環境の受け止め方や見方，環境への関わり方が異なっている。物怖じせず積極的に環境を探索する幼児もいれば，時間をかけて丁寧に環境と関わろうとする幼児もいるだろう。幼児期の教育においては，先に述べたように，幼児が自ら主体的に環境と関わり，自分の世界を広げていく過程そのものを発達と捉えている。そのため教師は，「幼児一人一人の発達の特性（その幼児らしい見方，考え方，感じ方，関わり方など）を理解し，その特性やその幼児が抱えている発達の課題に応じた指導をすることが大切である。」と説かれている。

　ここでいう「発達の課題」とはどのようなことを意味するのであろうか。発達の課題とは「その時期の多くの幼児が示す発達の姿に合わせて設定されている課題のことではない。発達の課題は一人一人の発達の姿を見つめることにより見いだされるそれぞれの課題である。」「したがっ

て，発達の課題は幼児の生活の中で形を変え，いろいろな活動の中に表現される。」と解説されている。

「2（2）他者の心の理解の発達」で挙げたいざこざの事例を思い出しながら，幼児にとって発達の課題を具体的に考えてみよう。自分と他者の思いのずれが生じているような状況で，そのずれ自体に気付いていない幼児もいるだろう。一方で，思いのずれには気付いていても，自分の思いをうまく表現することができない幼児もいるかもしれない。前者にとっては，思いのずれに気付くことが発達の課題であり，後者にとっては自分の思いを表現することが，発達の課題になっているのである。

（3）一人一人に応じることの意味と教師の関わり

次に発達の課題に応じた指導について解説する。教師は，それぞれの幼児の姿を把握し，その発達の課題に応じた指導をすることが大切である。先に挙げた例から具体的に考えてみよう。自分と他者の思いのずれに気付いていない幼児には，互いの思いを代弁することでずれに気付かせるような関わりが，自分の思いをうまく表現することができない幼児には，勇気を出して自分の思いを伝えることを励ますような関わりが求められるのである。

また教師は「幼児の具体的な要求や行動の背後にある，意欲や意思の強さの程度，心情の状態（明るい気分，不満に満ちた状態など）などの幼児の内面の動きを察知し」「その幼児にとってどのような経験が必要かを把握することが大切」であると解説されている。

幼児一人一人に応じるということは，教師が一人一人の幼児の姿を丁寧に把握し，適切に応答することが求められる。丁寧かつ適切にと書くと簡単なように思われがちであるが，教師自身が幼児を理解することについて高い自覚を持ち，目の前にいる幼児に対する深い理解に基づいた

臨機応変な対応という高度な関わりが求められているのである。

学習課題

1 幼児期の特徴について，乳児期や児童期と比較して，幼児期ならではの特徴と他の時期との発達の連続性についてまとめてみよう。
2 幼児期の発達の特性について，本章で述べた3つの観点や，その他の観点から整理してみよう。
3 一人一人の発達に応じた指導について，具体例を挙げながらまとめてみよう。

参考文献

・板倉昭二『心を発見する心の発達』京都大学学術出版会，2007年
・柏木惠子『幼児期における「自己」の発達：行動の自己制御機能を中心に』東京大学出版会，1988年
・子安増生『心の理論：心を読む心の科学』岩波書店，2000年
・無藤隆監修・岩立京子編『新訂 事例で学ぶ保育内容〈領域〉人間関係』萌文書林，2018年
・森口祐介『わたしを律するわたし：子どもの抑制機能の発達』京都大学学術出版会，2012年
・文部科学省『幼稚園教育要領解説』フレーベル館，2018年

4 | 保育方法の基本（1）
—環境を通して行う教育

| 師岡　章

《目標とポイント》　保育の基本である「環境を通して行う教育」に関する理解を深める。特に，「環境を通して行う教育」を展開する際，把握しておくべき環境の種類や，保育環境を計画的に構成する上での留意点について検討する。

《キーワード》　環境を通して行う教育，人的環境，物的環境，自然環境，社会環境，間接的教育法，直接的教育法，計画的な環境の構成

1.「環境を通して行う教育」の意義

　『幼稚園教育要領』は，幼稚園教育の基本を「環境を通して行う教育」と規定している。では，この「環境を通して行う教育」はどのような価値や意味を持つものなのであろうか。この点について，『幼稚園教育要領解説』を踏まえて検討してみる。

（1）人間の発達と環境の役割

　一般に，発達とは一人の人間が年齢を重ねるごとに，身体・精神・人格面で自然に成熟していく過程を指すとともに，環境に適応しながら，学習によって知識や技術を獲得し，行動を進歩させたり，認識を増大させていく過程をも指す概念である。つまり，生得的に有する素質の成熟と，生後に与えられた環境との相互作用によって発達は形成されていくわけである。このように，人間が発達する上で環境が果たす役割は大き

く，どのような環境に出会うかによって，成長の姿も異なっていく。

　このうち幼児期は，運動機能が著しく向上することに伴い，行動範囲が広がり，さまざまな事柄に挑戦する意欲を高める時期である。幼児は，こうした意欲をもとに周囲の環境に自発的・能動的に働きかけ，さまざまな体験をしていく。こうした直接的・具体的な体験の質が向上するためには，良質な環境との出会いが不可欠となる。つまり，幼児にとって興味・関心の幅が広がったり，自信が得られるような体験を導く環境を用意していくことが大切なのである。「環境を通して行う教育」とは，こうした環境が果たす役割の重要性に着眼した方法原理である。したがって，幼児期の教育を担う教師は，こうした環境が果たす役割の重要性を自覚し，よりよい直接的・具体的な体験を促す環境を幼児の周囲に用意していかねばならない。

（2）幼児を取り巻く環境の変化

　幼児の発達にとって重要な役割を果たす環境は，近年，急速に変化している。特に，幼児の生活に身近な家庭や地域社会の変化は著しい。こうした変化について，現行の『幼稚園教育要領』が改訂される際，基盤となった2016（平成28）年12月に中央教育審議会が取りまとめた『幼稚園，小学校，中学校，高等学校及び特別支援学校の学習指導要領等の改善及び必要な方策等について（答申）』は，少子化，都市化，情報化などの進行を指摘している。

　このうち，晩婚化や夫婦あたりの子どもの数の減少傾向などに起因する少子化の進行は，兄弟数の減少にもつながっている。その結果，家庭内で兄姉が弟妹の面倒を見る中で思いやりの心を育んだり，弟妹が兄姉を憧れの存在と見なし，成長していく機会が減少している。

　また，人口移動や開発による都市化の進行は，自然と触れあう機会だけ

でなく，戸外遊びや家族以外の人と関わる機会などの減少にもつながっている。こうした中，命の大切さに気づいたり，知的好奇心が芽生える機会が奪われている。室内での生活が増える中，体力の低下も懸念されている。

　さらに，インターネットや携帯電話の普及などによる情報化の進行も，幼児の生活に大きな影響を与えている。特に，親が持つスマートフォンやタブレット型端末などの情報機器が発する刺激は，バーチャル（仮想）でありながら，リアリティを感じさせ，幼児を魅了する。その結果，直接体験から疎遠となり，豊かな感性や想像力が育まれる機会も奪われている。

　こうした現代社会特有の変化が幼児の発達に対しても悪しき影響を与えているとすれば，幼稚園への入園を機に，よりよい直接的・具体的な体験が展開されるような環境に出会わせていく必要がある。時代によって変化する家庭環境や地域社会の状況に追随することなく，幼稚園に入園したからこそ味わえる環境を豊かに用意し，幼児の世界を広げていくことが課題となる。「環境を通して行う教育」への注目は，こうした時代の要請にも応えるものである。

（3）間接的教育法としての「環境を通して行う教育」

　「環境を通して行う教育」とは，教師が幼児の周囲に豊かな環境を用意し，その環境に幼児自身が自発的・能動的に働きかけ，さまざまな体験をする中で成長・発達していくことを意図した方法論である。つまり，教師の役割は豊かな環境を構成することが主となり，その環境にどう働きかけるかは，幼児自身に委ねられるわけである。したがって，「環境を通して行う教育」は，教師の関わりを基本的に間接的なものにとどめる方法と言える。

　こうした「環境を通して行う教育」を幼児期の教育の基本に据えるということは，幼児期の教育を担う教師に対し，教育方法の捉え方につい

て発想転換を求めるものである。なぜなら，一般的に教師が子どもの教育を展開する場合，主として想定される方法は，言葉による直接的な働きかけだからである。幼児期の教育も決して例外ではなく，しばしば教師による「言葉かけ」が重視されてきたのも，こうした直接的な働きかけを主と捉える傾向が強かったからである。しかし，「環境を通して行う教育」は，こうした直接的な働きかけとは異なり，間接的なものである。

　こうした『幼稚園教育要領』が求める「環境を通して行う教育」を，桒原昭徳はその著『間接教育の構造－倉橋惣三の幼児教育方法』（ぎょうせい）において「間接教育」と呼び，その端緒を倉橋惣三の幼児教育方法論に見出している。桒原によれば，倉橋は「先生たちの仕事＝直接，幼児を保育する」という狭義の保育の一方で，「園芸主任の仕事＝間接に幼児を保育する」という広義の保育を重視した。そして，後者の論こそ，今日でいう「環境づくり」である，と論じている。

　このように，倉橋の幼児教育方法論においても，すでに「環境づくり」を重視する視点があり，「環境を通して行う教育」はそれをより前面に出した間接的教育法と言えるものである。つまり，言葉かけを主とする直接的教育法とは異なるスタンスに立つ方法を，幼児期の教育では基本に据えることを求めているわけである。こうした間接的教育法と直接的教育法の違いを図示すると，図4-1のようになる。

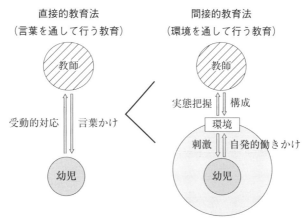

図4-1　直接的教育法と間接的教育法の違い

　もちろん，幼児期の教育においても，言葉で直接指導していく場面は
あり，その方法が全面的に否定されているわけではない。例えば，大き
なけがをしそうな場面に遭遇すれば，教師は「危ないから，やめておこ
う」と言葉かけしなければならない。しかし，環境に自発的・能動的に
働きかけ，さまざまな体験をする中で成長・発達していくという幼児期
の発達特性を踏まえれば，やはり幼児期の教育は間接的教育法である
「環境を通して行う教育」を中心に展開すべきである。直接的教育法で
ある「言葉を通して行う教育」は，どうしても教師が主導し，幼児は受
動的に対応するという傾向を持つだけに，その点を克服するためにも中
心に据えるべき方法である。

　このように「環境を通して行う教育」は，幼児期の発達特性を踏まえ，
教育の方法原理を間接的教育法に置くことを求めるものである。

2.「環境を通して行う教育」における環境の捉え方

　「環境を通して行う教育」を展開する上で，環境をどのように捉えるか
といった問題は，実践のあり方を大きく左右する。そこで，18ページの
第1章2の（3）で取り上げた「環境を通して行う教育」の特質を踏まえな
がら，環境の種類や，環境の捉え方を検討してみる。

（1）環境の種類

　環境には多様な種類がある。一般的かつ代表的なものをあげれば，
「文化環境」「自然環境」「社会環境」の3種類であろう。

　このうち，「文化環境」とは，衣服，食事，住居，書物，テレビ，ビデ
オ，パソコンなど，人間が作り出してきたあらゆる物を指す。また，「自
然環境」とは，動植物をはじめ，山，川，海，湖，太陽，雲，気象など

である。さらに，「社会環境」とは，親，兄弟，親戚，友達，教師，地域といった人々や，それらの人々が生み出し共有している価値観や規範，あるいは展開している社会事象などを指す。

　ただ，『幼稚園教育要領解説』は，第2章「ねらい及び内容」の第3節「環境の構成と保育の展開」において，環境の種類として「物的環境」と「人的環境」，「自然環境」と「社会環境」をあげている。

　このうち，「物的環境」とは，園内の遊具や用具，素材といった物と，場や空間を指す，としている。また，「人的環境」とは，担任の教師だけでなく，周りの教師や友達すべてを指す，としている。なお，「自然環境」は，前述した3種類と同じ内容を指すが，「社会環境」は園内の人間関係を「人的環境」と独立させていることを踏まえると，地域の人々や，社会の価値観や規範，社会事象といった園外の環境を指している，とみられる。

　このように，『幼稚園教育要領解説』は幼児，また園内の生活実態に即して，一般的な見方とは若干異なる種類を示している。そして，園内の保育環境といった場合，「物的環境」や「自然環境」をイメージする教師が多いことを踏まえ，「人的環境が果たす役割は極めて大きい」「担任の教師だけでなく，周りの教師や友達全てを指し，それぞれが重要な環境となる」と，人的環境の重要性を指摘している。

　いずれにしても，こうした，多様な環境が幼児を取り囲み，物事の捉え方や行動に影響を与えている。「環境を通して行う教育」を展開する際は，まず，こうした園内外に見られる環境を幅広く捉えていく必要がある。

（2）幼児及び教師と環境の関係

　「環境を通して行う教育」を展開する際，幼児，また教師が環境とどのような関係にあるかについても理解しておくことが重要となる。

　この点について，「環境を通して行う教育」を「間接教育」と位置づ

ける桒原昭徳は，前掲著において，倉橋惣三の幼児教育方法論のうち，「園芸主任の仕事＝間接に幼児を保育する」という「環境づくり」論が，①「教育者－設備－子ども」関係，②「教育者－子ども－子ども」関係，③「教育者－遊戯－子ども」関係，の3つから成り立っていると指摘している。その上で，この3つの関係を次のように一般化している。

　①「教育者－物（モノ）－子ども」関係

　②「教育者－人（ヒト）－子ども」関係

　③「教育者－事（コト）－子ども」関係

　このように，桒原は「環境を通して行う教育」は，園具や遊具，素材といった「物（モノ）」，他の幼児や教師などの「人（ヒト）」，遊びや活動といった出来事，事柄としての「事（コト）」の3つの環境が互いに絡み合う中で展開されている，と主張している。「物（モノ）」「人（ヒト）」「事（コト）」は，それぞれ「物的環境」「人的環境」「事的環境」と言い換えることができるが，桒原はこの3つの環境が幼児と教師の間に存在していることを指摘しているわけである。そして，「環境を通して行う教育」は，各環境が教師からは意図的に設定されていくものであると同時に，幼児からも自発的・能動的に働きかけられるものであるといった相互的な関係にある，と説く。

　こうした幼児だけでなく，教師の存在も視野に入れ，環境との関わりを把握する試みは，「環境を通して行う教育」を展開する上で大いに参考にすべきものである。また，『幼稚園教育要領解説』が提示していない「事的環境」を加味している点も注目すべきものである。「環境を通して行う教育」を「物（モノ）」「人（ヒト）」「事（コト）」の3つの窓口から捉え，いずれの環境にも幼児と教師の双方が関係しているという指摘は，その実践の幅をさらに広げていくことになろう。

（3）人的環境としての教師

　前述したように，『幼稚園教育要領解説』は，人的環境を重視している。なかでも，環境と関わる教師の姿勢が幼児に大きな影響を与えることを指摘し，教師自身が人的環境であることを自覚し，適切なふるまいを展開することを求めている。

　なぜなら，幼児は幼稚園への入園を機に新しい環境に出会うが，その関わり方はわからないことが大半であり，戸惑い，不安も多いからである。こうしたとき，幼児は環境への関わり方を教師の姿を見て学んでいく。

　例えば，入園当初，教師が朝一番に出会った幼児や保護者に，目を見て元気よく「おはようございます」と声をかけ続ける姿を見て，幼児も気持ちのよい朝のあいさつの仕方を覚えていく。また，入園前に自然と触れ合う機会がなかった幼児は虫に出会うと怖がるが，教師が楽しそうに手に取る姿を示していけば，次第に自分でも触れてみようとする。一方，もし，こうした対応をしない教師がいるとすれば，幼児も状況に応じて進んで朝のあいさつをしなかったり，虫嫌いも改善されないだろう。

　このように，教師がなにげなく発する言葉や振る舞いは，幼児の育ちを大きく左右するわけである。そのため，『幼稚園教育要領解説』は教師が「幼児のモデル」でもあると指摘し，人的環境として幼児に見られる立場であることを自覚し，適切な刺激を与える存在となることを求めているわけである。

　したがって，教師は自らを人的環境として認識し，物や場，幼児や他の教師，自然などをどう捉え，どう関わっているかを振り返り，その改善に努めることが不可欠となる。保育・教育現場では，教師の資質として豊かな人間性，確かな生活力が求められてきたが，「環境を通して行う教育」は，改めてその姿勢が問われる教育方法なのである。

3. 計画的な環境の構成

　周囲の環境に働きかけ，そこで得られた体験を通して生きる力の基礎を身に付けていくのは幼児自身であるが，その環境を用意するのは教師である。そこで，幼児にとって豊かな体験ができる環境を構成する際の視点について検討してみる。

（1）計画的な環境の構成の重要性

　環境というと所与の物，つまり，すでに与えられている物であり，意図的に整える，あるいは整えられる物ではないという認識を持つケースがある。自然環境，あるいは幼稚園の園舎といった構造物などはその典型かもしれない。確かに，環境によっては教師が手を加えることが簡単ではないものも多い。しかし，こうした点を強調するあまり，保育室のピアノ1つとっても「移動させようとは思わない（移動するものではない）」と捉えるとしたら，幼児の世界も広がらない。

　また，幼児の自発性を尊重するあまり，環境への働きかけを幼児の自由に任せているのみのケースも見られる。しかし，初めて出会う環境，あるいは不慣れな環境に対するとき，幼児によってはその関わり方が不適切なケースも見られる。その結果，幼児の育ちが望ましい方向に向かわないとすれば，それは「自由の尊重」ではなく「放任」に過ぎない。

　『幼稚園教育要領』は，こうした状況が見られることも踏まえ，第1章総則の第1節「幼稚園教育の基本」において，環境を構成する際の姿勢として，以下の点を強調している。

> 　教師は，幼児の主体的な活動が確保されるよう幼児一人一人の行動の理解と予測に基づき，計画的に環境を構成しなければならない。

　この点を『幼稚園教育要領解説』は「計画的な環境の構成」と要約した上で，展開する際の留意すべき事項として，以下の点を指摘する。

> 　幼児が必要な体験を積み重ねていくことができるように，発達の道筋を見通して，教育的に価値ある環境を計画的に構成していかなければならない。
>
> 〜　（中略）　〜
>
> 　しかし，幼児の活動の展開は多様な方向に躍動的に変化するものであり，常に見通しと一致するわけではない。したがって，計画を立てて環境を構成すればそれでよいというわけではない。常に活動に沿って環境を構成し直し，その状況での幼児の活動から次の見通しや計画をもち，再構成し続けていくことが必要となるのである。

　このように「計画的な環境の構成」とは，教師が「環境を通して行う教育」を展開する主体であることを自覚した上で，育つべき主体である幼児にとってふさわしい環境を明確な意図を持って構成していくこと。さらに，一度構成した環境を固定的に捉えず，幼児の実態に即して，柔軟に再構成し続けていく姿勢を求めるものである。

　したがって，教師は「環境を通して行う教育」における環境が，まず自らの教育的な意図を込めたものであることを認識しておく必要がある。その上で，環境が幼児にとって必要な体験が生み出される状況をつくると同時に，幼児の活動に沿って変化していくものであることも自覚しておくことが大切となる。

（2）物的な環境構成のポイント

　教師が，教育的な意図を持って園内の保育環境として計画的に構成すべきものとして，園内の遊具や用具，素材といった物，また場や空間と

いった物的環境は重要である。

　こうした物的環境を構成する際，教師はまず幼児一人一人の興味・関心や，取り組み方を把握しておく必要がある。その上で，興味・関心や発達状況に即して物の選択や空間の設定をしていかねばならない。

　例えば，入園当初は園生活に不慣れな分，園内の遊具に進んで関わろうとしない姿が見られる。幼児同士もつながりも少なく，一人遊びも多い。こうした状況を把握した場合，教師は家庭で楽しんできた遊びが再現できるような遊具を用意しておくべきだろう。また，一人遊びがしやすい空間設定も求められるだろう。

　このように，教師は遊具や用具，素材といった物の質や量，また場や空間の質や広さを，幼児の興味・関心の程度や体験の度合い，また認識や技術の発達状況に即して選択，調整，修正していくことが求められる。

（3）人的な環境構成のポイント

　園内の保育環境として，もう一つ重視すべきものとして，周囲の幼児や園の全教職員といった園内の大人たち，また，その人々が醸し出す雰囲気なども含めた人的環境がある。園内の大人たちの姿勢については，前節の「人的環境としての教師」で触れているので，ここでは周囲の幼児のあり方について，そのポイントを述べておく。

　ある幼児が日常的に出会う幼児は，基本的にクラスメートである。とすれば，クラス編制は人的環境のあり方を大きく左右する。特に，クラスの年齢構成や人数規模は幼児の行動に大きな影響を与える。

　例えば，幼稚園は，原則として発達状況の差が少ない同一年齢でクラスを編制する。しかし，近年，兄弟数の減少を踏まえ，異年齢クラスを編制するケースも見られる。また，異年齢クラスの編制までは踏み込まないが，定期的にクラスを超えた異年齢交流を展開する園もある。さら

に，人数については『幼稚園設置基準』が「1学級の幼児数は，35人以下を原則とする」と定めているが，3歳児のみ20人前後にとどめている園もある。このように，クラスも多様な編制方法がある。幼児の発達状況，あるいは生活実態を踏まえ，クラスの質と規模をどのように選択していくかは，「環境を通して行う教育」を展開する際，重要なポイントとなる。

　さらに，クラスメートとの出会いをどのように組織するかという点においては，クラス内のグループ編成も大きな課題となる。

　例えば，幼稚園によっては，3・4歳児の入園初期は，グループを編成しないケースがある。また，グループを編成する場合も，時期や年齢によって人数を変化させる教師もいる。さらに，編成したグループの継続期間やグループづくりも多様である。こうしたグループづくりも，幼児の発達状況や幼児同士の人間関係，また活動の展開などを踏まえ，適切に組織していくことが大切となる。

学習課題

1 「環境を通して行う教育」の意義と特質をまとめてみよう。
2 幼児の生活環境として重視すべき種類についてまとめてみよう。
3 物的・人的環境を計画的に構成する際の留意点を考えてみよう。

参考文献

・倉橋惣三『幼稚園保育法真諦』東洋図書，1934 年
・栗原昭徳『間接教育の構造 – 倉橋惣三の幼児教育方法』ぎょうせい，2004 年
・中央教育審議会『幼稚園，小学校，中学校，高等学校及び特別支援学校の学習指
　導要領等の改善及び必要な方策等について（答申）』2016 年 12 月
・文部科学省『幼稚園教育要領解説』フレーベル館，2018 年

5 | 保育方法の基本（2）
―遊びを通しての総合的な指導

| 師岡　章

《**目標とポイント**》　幼児の自発的な活動として重要である遊びの意義と指導・援助の原則についての理解を深める。特に，遊びと学習の関係，教師の多様な役割について検討する。
《**キーワード**》　遊び，学習，指導・援助，教師の役割

1．遊びとは何か

　第1章で示したように，『幼稚園教育要領』は幼児期の教育において「遊びを通しての総合的な指導」を重視することを求めている。この指導を展開する上で，何を遊びと捉えるかは重要な課題となる。そこで，まず人間全般における遊びの定義や意義について確認しておく。

（1）遊びの定義

　オランダの文化史家であるホイジンガ（Huizinga, J.）は，その著『ホモ・ルーデンス』（中公文庫）において，「面白さ」の追求こそが遊びの本質であるとした上で，遊びを以下のように定義した。
　「遊びとは，あるはっきり定められた時間，空間の範囲内で行われる自発的な行為もしくは活動である。それは自発的に受け入れた規則に従っている。その規則はいったん受け入れられた以上は絶対的拘束力をもっている。遊びの目的は行為そのもののなかにある。それは，緊張と歓びの感情を伴い，またこれは〈日常生活〉とは，〈別のもの〉と

いう意識に裏づけられている。」

このホイジンガの定義は，一般に「自由な活動」「時間的・空間的に分けられた活動」「ルールのある活動」「没利害的な活動」「非日常的な活動」の5点に要約され，人間全般において，遊びとは何を指すかという問いに対し，一定の答えを示すものとなっている。

このように，人間にとって遊びとは，まず遊ぶ本人が自発的に取り組む自由な活動を指すわけである。また，遊ぶ本人は何かを得るために遊ぶのではなく，遊ぶこと自体を目的にしていること。さらに，自由ではあるが決して無秩序ではなく，遊びに伴うルールに基づき面白さを追求していること。それゆえ，非日常的な体験も味わえるといった特質を持つ活動，と理解すべきものなのである。

（2）遊びの教育的意義

ホイジンガが定義するように，遊びは面白さを追求する「没利害的な活動」であり，遊ぶ本人も富や名声を得るために遊ぶわけではない。もちろん，ある学習課題をあらかじめ設定して取り組むこともない。そのため，富や名声を得たり，学習課題に取り組む「利害的な活動」は，一般に仕事，あるいは勉強と呼ばれる。このように，遊びは仕事や勉強とは質的に異なる活動なのである。

ただ，こうした特徴を強調すると，人によっては遊びを無意味なものと見なすケースもあるだろう。こうした認識に立つと，人間のよりよい成長・発達を促す営みである教育においては，無意味な遊びよりも，教育的に有意義な活動を優先させるようになるだろう。

しかし，人間が成長・発達していく上で，遊びは本当に無意味なものなのであろうか。こうした問いに対し，柴谷久雄はその著『遊びの教育的役割』（黎明書房）の中で，子どもの教育を考える上で，遊びが持つ

教育的意義として以下の3点をあげ，その重要性を強調している。

「子どもの遊びは文化創造のための自然的かつ基礎的な訓練である。」

「子どもの遊びは人間や人間生活に関する自然的かつ基礎的な学習の場である。」

「遊びは人生の一般教養課程である。」

このように柴谷は，遊びとは決して無意味なものではなく，結果として文化を創造していく力や，人間らしい生き方やあり方などを習得，また学習していくものとなる，と主張しているわけである。それゆえ，遊びを「人生の一般教養課程」とも位置づけている。

現在，国は教育の目標として「生きる力」の育成を掲げているが，遊びはこうした力量を自然な形で学び取る機会なのである。「生きる力の基礎」を培う幼児期の教育を担う教師も，遊びに見られるこうした教育的意義を積極的に見出し，遊びを重視した保育実践を展開していくべきである。

（3）遊びの種類

一言で遊びといっても，その内容は多岐にわたる。内容が異なれば，面白さや魅力も違ってくる。遊びに教育的意義を見出し，その体験を重視する上で，こうした遊び内容の違いを自覚しておくことも大切となる。

こうした遊び内容の違いについて，フランスの社会学者であるカイヨワ（Cailoois, R.）はその著『遊びと人間』（岩波書店）において，「競争（アゴーン）」「偶然（アレア）」「模擬（ミミクリー）」「眩暈（イリンクス）」の4種類を提案している。

このうち，競うことを楽しむ「競争（アゴーン）」は，「サッカーやチェスやビー玉をして遊ぶ」ことを指している。また，偶然性を楽しむ

「偶然（アレア）」は「ルーレットや宝籤で遊ぶ」こと。そして，「模擬（ミミクリー）」は「海賊遊びをしたり，ネロやハムレットを真似て遊ぶ」こと，「眩暈（イリンクス）」は回転や落下など急激な運動によって，自分の中に混乱狼狽の有機的状態を作る遊びをする」ことを指している。さらに，カイヨワはこれら4種類の遊びを「騒ぎ」と「ルール」という2つの極から捉えることも提案し，一方の極を「パイディア（子どもらしさ）」，もう一方の極を「ルドゥス（気晴らし）」と呼び，その全体像を典型的な遊び例の紹介も含めて，表5-1のように整理した。

表5-1　遊びの配分

	アゴーン（競争）		アレア（機会）	ミミクリー（模擬）	イリンクス（眩暈）
パイディア	ルールのない	競争	番決め唄	子供の物真似	子供のくるくる回り
喧騒		闘争	表か裏か	幻想の遊び	回転木馬
混乱		など		人形遊び	ブランコ
哄笑	陸上競技		賭け	玩具の武具	ワルツ
凧揚げ			ルーレット	仮面，変装	
穴送り	ボクシング，ビリヤード				ポラドレス，祭りの見物
ペイシェンス	フェンシング，チェッカー		宝籤（単式，複式，繰越式）		スキー
クロスワード・パズル	サッカー，チェス			演劇	登山
ルドゥス	スポーツ競技一般			一般のスペクタクル芸術	綱渡り

（注意）どの欄においても，いろいろな遊びは，大体のところ，上から下へ，パイディアの
　　　　要素が減り，ルドゥスの要素が増す順序に従って並べてある。
出典：カイヨワ（清水幾太郎・霧生和夫訳）『遊びと人間』（岩波書店，1970年，55頁）

　こうしたカイヨワの整理は，遊びの質的な違いを理解する上で参考になるとともに，発達に応じて遊びが変化することも気付かせてくれる。遊びを幅広く理解する際の視点として役立ててほしい。

2. 幼児期における遊びの意義

　「遊びを通しての総合的な指導」を展開する際，幼児期特有の遊びの特徴を踏まえておくことも大切である。そこで，次に幼児期の発達特性を踏まえ，幼児期特有の遊びの特徴や種類，また保育的意義を検討していく。

（1）幼児期の遊びの特徴

　第1章及び第3章で述べたように，幼児期は運動機能の急速な発達に伴い，活動性が著しく高まる時期である。また，興味・関心を持つ周囲の物的環境や，憧れを感じる人的環境に進んで働きかける姿も増える時期でもある。このように，幼児期は周囲の環境に自発的・能動的に働きかけ，その直接的，かつ具体的な体験を通して成長・発達していく時期であり，その働きかけを体現している活動こそが遊びである。

　こうした幼児期の遊びの特徴について，小川博久はその著『21世紀の保育原理』（同文書院）の中で，前述したホイジンガの定義を踏まえ，「遊びの自発性」「遊びの自己完結性」「遊びの自己報酬性」「遊びの自己活動性（自主性）」の4点に整理している。

　このうち，「遊びの自発性」とは，遊び手である幼児が自ら選んで取り組む活動であることを指している。つまり，幼児にとっての遊びとは，教師の指示や命令によって展開される活動，あるいは与えられた活動ではなく，自発的に開始される活動である。幼稚園によっては，教師が教育的な意図に基づき設定した一斉活動を「○○遊び」と称することもあるが，幼児の遊びはこうした一斉活動とは似て非なるものである。したがって，幼稚園で一般的に使用されている用語を使えば「自由遊び」こそが幼児の自発性を示す遊びであり，「遊びを通しての総合的な

指導」も，この「自由遊び」を対象に展開すべきものである。

　次に，「遊びの自己完結性」とは，遊ぶこと自体が目的となっていることを指している。つまり，幼児も何かを得るために遊びに取り組むのではなく，遊びたいから遊ぶのである。そのため，幼児の遊びは自らの興味・関心によって開始され，その思いが充足されれば終了となる。したがって，「遊びの自己完結性」とは，幼児にとっての遊びが自己目的的な活動であることを示唆するものである。

　さらに，「遊びの自己報酬性」とは，遊び自体が楽しいとか，喜びという感情に結びつく活動であることを指している。もちろん，遊びの途中には緊張や葛藤も見られるが，幼児は遊ぶ中でそれらを乗り越え，最終的には満足感や充足感を得るわけである。だからこそ，幼児は遊びを繰り返し楽しむわけである。

　最後に，「遊びの自己活動性（自主性）」とは，自ら行動を起こし参加することで幼児の遊びが展開されることを指している。つまり，幼児自身の意思に基づく行動が，遊びの重要な要素となっているわけである。したがって，仮にトラブルが生じても，それは遊び手である幼児自身の問題であり，その解決を自ら取り組まない限り，楽しさや喜びの感情を味い続けることはできない。そのため，幼児も楽しみたいことであれば，教師に支えられなくともあきらめず，遊びを継続させるための行動を起こしていくわけである。

　以上，幼児の遊びは「自発」「自己」「自主」といった点が特徴となっている。そのため，大人ほど遊び自体が持つルールや，伝承されてきた遊びの型を踏まえて行動することなく，優先されるのは遊び手である幼児自身の興味・関心となる。幼児の遊びを観察していると，名前が付けようのない遊びもたくさん見られるが，こうした状態は幼児期の遊びの特徴をよく表していると言えよう。

　なお，小川は，幼児の場合，大人ほど各特徴が遊びの中ではっきりと形を見せることはないことも指摘している。幼児の遊びを観察していると，何を楽しんでいるのか，読み取りにくい遊びもたくさん見られるが，こうした姿もまた幼児期特有の遊びの特徴なのである。

（2）幼児期の遊びの種類

　子ども全般の遊びについても，これまでさまざまな分類が試みられてきた。

　例えば，西頭三雄児はその著『遊びと幼児期』（福村出版）において，子どもの遊びを分類した研究には，心的諸機能に基づく活動を中心とした分類と，他の遊びには見られない形式に基づく形態を中心とした分類，という2つの方向があることを指摘している。そして，前者の代表例として，クレパレード（Claparede, E.）の「A　運動的遊び」「B　感覚的遊び」「C　知的遊び」の3分類や，ビューラー（Buehler, Ch.）の「A　機能的遊び」「B　虚構的遊び」「C　受容的遊び」「D　構成的遊び」の4分類を紹介している。また，後者の代表例として，シュルツ（Schultze, W.）の「伝統的遊び」と「自由に考案される遊び」の2分類を紹介している。

　ただ，子どもの遊びを考える場合，年齢による変化も考慮しなければならない。こうした子どもの発達と遊びの関係を整理した代表者はピアジェ（Piaget, J.）である。その著『遊びの心理学』（黎明書房）によれば，ピアジェは出生時から2歳までの遊びを「機能的遊び」あるいは「実践の遊び」，2歳から7歳までの遊びを「象徴的遊び」，7・8歳から11・12歳の遊びを「ルールのある遊び」と位置付けた。したがって，ピアジェに従えば，幼児期の遊びは「象徴的遊び」，つまり模倣や想像，そして虚構の世界を楽しむごっこ遊びが，発達的な特徴を示す遊びとい

うことになる。

　しかし，幼児も「象徴的遊び」であるごっこ遊びだけを楽しんでいる
わけではない。そこで，幼稚園現場では，幼児が実際に遊ぶ姿を踏ま
え，より細かな分類が試みられてきた。

　例えば，安部幼稚園（神奈川県横浜市）園長の安部富士男はその著
『幼児に土と太陽を』（あゆみ出版）の中で，幼児の遊びを以下の6種類
に分類している。

　「機能遊び」＝さまざまな感覚運動的な側面をもつ活動
　「対象遊び」＝対象（もの）に左右されて展開される活動
　「虚構遊び」＝つもりや見立てなどイメージを楽しむ活動
　「役割遊び」＝イメージに即した役割になって楽しむ活動
　「構成遊び」＝物やガラクタなどを組み合わせる活動
　「ルールのある遊び」＝ルールに基づき競い合うことを楽しむ活動

　これ以外にも，幼稚園現場によっては，遊びの人数に基づく分類とし
て「一人遊び」や「平行（並行）遊び」「集団遊び」，また，遊ぶ場所の
違いを踏まえて「室内遊び」と「戸外遊び」に分類する見方もある。

　このように，幼児期の遊びにしぼっても，その種類は実に多様であ
る。また，分類の視点によっても，さまざまな遊び内容が想定されるこ
とがわかる。いずれかが妥当な分類ということではないが，幼児の遊び
を丁寧に理解する際の視点として活用できるはずである。

（3）幼児期の遊びの保育的意義

　「遊びを通しての総合的な指導」を展開するためには，幼児の遊びに
ついて，保育上，積極的な意義があることを見出しておく必要がある。

　この点について，『幼稚園教育要領解説』は以下のように述べている。

　遊びにおいて，幼児が周囲の環境に思うがままに多様な仕方で関わるということは，幼児が周囲の環境に様々な意味を発見し，様々な関わり方を発見するということである。

〜（中略）〜

　これらの意味や関わり方の発見を，幼児は，思考を巡らし，想像力を発揮して行うだけでなく，自分の体を使って，また，友達と共有したり，協力したりすることによって行っていく。さらに，遊びを通じて友達との関わりが深まってくるにつれて，ときには自分の思いや考えを意識して表現し，相手に伝えたり，互いの考えを出し合ったりするようになっていく。

　そして，このような発見の過程で，幼児は，達成感，充実感，満足感，挫折感，葛藤などを味わい，精神的にも成長する。

　このように，自発的な活動としての遊びにおいて，幼児は心身全体を働かせ，様々な体験を通して心身の調和のとれた全体的な発達の基礎を築いていくのである。その意味で，自発的活動としての遊びは，幼児期特有の学習なのである。

　このように『幼稚園教育要領解説』は，自発的な活動としての遊びを「幼児期特有の学習」と位置付け，遊びが「心身の調和のとれた全体的な発達の基礎」を築くことを強調している。そして，その内実として思考力や想像力，運動能力，社会性などが育まれること。また，達成感，充足感，満足感，挫折感，葛藤などを味わい，精神的な成長も促されることを指摘している。したがって，「遊びを通しての総合的な指導」とは，こうした多様な成長・発達の側面を総合的に捉え，その成長・発達を適切に促す方法と理解すべきものである。

3. 遊びへの関わり

　「遊びを通しての総合的な指導」を展開する上で教師が果たすべき役割は，幼児の自発的な活動である遊びが生み出される物的・空間的環境を構成することと，その環境の下で幼児と適切に関わることである。前者については第4章で触れているので，本節では後者について，『幼稚園教育要領解説』が示す教師の5つの役割を手がかりに検討する。

（1）理解者
　『幼稚園教育要領解説』は，まず教師に遊んでいる幼児の行動と内面を理解する者となることを求めている。適切な関わりを行うためには，確かな幼児理解が不可欠である。幼児の理解者としての役割を果たすとは，このことをしっかり担おうということである。

　ただ，幼児を丁寧に理解するためには遊びに直接関わらず，見守るという姿勢が重要となる。これまで教師の関わりは，直接幼児に接する側面から論じられることが多かった。しかし，理解者という役割は直接関わらず，幼児一人一人をじっくり観察し，行動の意味や内面を読み取り，育ちと課題を整理することによって果たしうるものである。また，幼児同士の関係，つまり集団の状態の把握も求められる。したがって，教師は見守りも関わり方の1つと捉え，幼児理解に努める必要がある。幼児の遊びへの直接的な関わりも，こうした幼児理解を前提に展開されるだけに，大切にすべき役割である。

（2）共同作業者
　しかし，見守るだけでは遊びそのものを理解できないことも多い。
　そこで，『幼稚園教育要領解説』が次に強調している役割が共同作業

者である。つまり，教師としての立場を脇に置き，幼児と同じ遊びをすることを求めているわけである。こうした共同作業者としての役割を果たすことにより，教師は幼児の興味・関心の所在が肌で感じ取れる。また，身近にいるからこそ，幼児の表情や手の動きなど，身体を通して表現される内容にも気づくはずである。このように，共同作業者としての役割は，遊び理解をより深めるための方法なのである。

　ただ，『幼稚園教育要領解説』は共同作業者だけでなく，共鳴する者としての役割も求めている。つまり，幼児と同じ目線で遊びを楽しむことも重視しているわけである。こうした姿勢を心がけることにより，幼児の遊びも活性化し，遊びへの集中度も高まっていく。共同作業者，あるいは共鳴する者としての役割は，こうした遊びの充実を促す関わりも含んだ方法として理解しておくことも大切となる。

（3）モデル

　モデルとしての役割とは，教師が幼児にとってあこがれの存在となることを指している。つまり，「先生のようにやってみたい」という気持ちを引き出すような魅力的な遊び方を示すことが求められているわけである。教師の関わりというと，言葉かけを中心とする指導が想定されがちだが，モデルとしての役割は，教師が楽しく遊ぶ姿から幼児を導く方法であり，身体を通した働きかけとも捉えられるものである。

　遊びに限らず，園生活全般にわたって教師の存在，またふるまいは幼児に影響を与えている。それだけに，幼児との信頼関係が深まれば，教師が楽しんでいる場面は，参加していない幼児からも魅力的に見えるはずである。その結果，「入れて」と参加する幼児も出てくる。

　このように，モデルとしての役割とは，教師が意図する遊びに幼児が自発的に参加することを促す方法である。また，遊びの中で気付かせた

い善悪の判断や，思いやりといった道徳性の芽生えを培う上でも重要な役割となる。遊びの状態に応じて，活用すべき関わり方と言えよう。

（4）援助者

　遊びが停滞していたり，問題を抱えている場合には，その遊びを発展させたり，問題解決を促す関わりも必要となる。これを担う役割を，『幼稚園教育要領解説』は指導者ではなく，援助者と呼び，重視している。つまり，問題が生じている遊び場面に直接関わるとは言え，教師がすべて手伝ったり，指示を与えるのではなく，幼児の判断，あるいは行動を尊重する姿勢を求めているわけである。したがって，援助者としての関わりは，幼児自身が問題を解決できるようなヒントを与える程度にとどめることがポイントとなる。

　時に，教師が遊びに関わると主役の座を奪い，教師のペースで進めてしまうことが多い。そのため，教師が遊びを抜けると，幼児も遊びをやめてしまうことも多い。遊びの援助者としての役割は，そうした関わりとは異なり，遊びの主体が幼児であることを尊重した上で，幼児自身が遊びを自主的に進めていく力を養うための方法なのである。

（5）心のよりどころ

　『幼稚園教育要領解説』において，以上の4つの役割を機能させる前提として重視されているのが，幼児が精神的に安定するためのよりどころになることである。この役割は，「信頼関係をつくる」といった表現で強調されてきた関わりとも相通ずるものである。

　ただ，信頼関係づくりは，時に教師の一方的な思い込みで進められるケースもある。こうした事態に陥らないためには，改めて幼児をありのまま受け止め，一人一人の思いに心を砕く姿勢が大切となる。幼児の心

のよりどころとしての役割は，こうした姿勢を求めるものである。

　以上，教師の5つの役割の要点を述べてきた。しかし，各役割はバラバラに存在するのではなく，有機的につながって展開されるものである。したがって，教師は各役割の関連性を考えながら，遊びの状態に応じて，臨機応変に自分の身の置き方を判断していかねばならない。

学習課題

1　遊びとはどのようものを指すのか，まとめてみよう。
2　幼児にとって遊ぶことの意義について考えてみよう。
3　具体的な遊び場面を想定し，教師の関わりとして留意すべき点を考えてみよう。

参考文献

・安部富士男『幼児に土と太陽を』あゆみ出版，1980 年
・小川博久『21 世紀の保育原理』同文書院，2005 年
・カイヨワ（清水幾太郎・霧生和夫訳）『遊びと人間』岩波書店，1970 年
・西頭三雄児『遊びと幼児期』福村出版，1974 年
・柴谷久雄編『遊びの教育的役割』黎明書房，1986 年
・ピアジェ（大伴茂訳）『遊びの心理学』黎明書房，1967 年
・ホイジンガ（高橋英夫訳）『ホモ・ルーデンス』中公文庫，1973 年
・師岡章編『保育指導法』同文書院，2007 年
・文部科学省『幼稚園教育要領解説』フレーベル館，2018 年

6 | 保育実践の現状と課題（1）
―海外の保育方法の受容と展開

師岡　章

《目標とポイント》　幼稚園における保育実践の現状を把握した上で，その成果と課題を検討する。特に，イタリアのレッジョ・エミリア・アプローチ等，海外の保育方法の受容状況を把握し，その成果と課題を検討する。
《キーワード》　モンテッソーリ保育，レッジョ・エミリア・アプローチ，シュタイナー教育

1. 海外の保育方法受容の変遷

　わが国の幼稚園は，近代化を図る明治期に初めて創設されて以来，海外の保育方法に影響を受け，発展してきた。そこで，まず，明治期から今日に至るまで，幼稚園現場が導入してきた代表的な海外の保育方法の変遷を概観する。

（1）明治期における海外の保育方法の受容状況

　1876（明治9）年，わが国初の本格的な幼稚園である官立（国立）の東京女子師範学校附属幼稚園（現：国立大学法人　お茶の水女子大学附属幼稚園）が創設された。

　幼稚園という施設は，1840年にフレーベル（Fröbel, F. W. A. 1782-1852）がドイツで創設した幼児教育施設である「Kindergarten」が原型である。このフレーベルの幼稚園は，当初，プロイセン政府による自由主義運動の弾圧の中，禁止されたが，1860年に復活すると全世界に

広がっていった。特に，アメリカでは1855年に導入されると，全国的に幼稚園設立運動が起こった。こうした先進的な欧米各国の動向を，近代的教育制度の構築に燃える明治維新政府の高官たちが注目し，官立の幼稚園設立に至ったわけである。

　このように，海外で創始された幼稚園を模して創設された東京女子師範学校附属幼稚園は，建物も正面にベランダ式の廊下があるアメリカ式建築であった。そして，保育内容もフレーベルが考案した恩物（Gabe）と呼ばれる一連の教具を中心に設定されていた。

　ただ，恩物の指導法は，アメリカで20種類に再構成された体系に基づくもので，まず教師が模範となる形や取扱い方を示し，幼児が回答したり，同じ形を作るといった方法で進められた。こうした恩物指導が，表6-1に示したように，毎日細かに時間設定され，展開されたわけである。東京女子師範学校附属幼稚園は，設立の主旨の第一に「天賦の知覚」を開発することを掲げていたが，恩物指導を中心とした実践は，こうした知育重視の姿勢とも合致するものであった。

　その後，各地に設立された幼稚園も，東京女子師範学校附属幼稚園を模範としたため，保育は恩物指導を中心に展開されることとなった。

（2）大正期における海外の保育方法の受容状況

　1901（明治34）年から20世紀を迎えるにあたり，欧米諸国では児童中心主義の立場に基づく進歩的な教育が注目されていった。これは教科・教科書中心の教育，あるいは教師が主導する一斉画一的な伝統的な教育方法を見直し，子どもの興味・関心を尊重する自由主義的な教育方法への転換を図るものであった。

　こうした新しい教育運動はわが国にも大きな影響を与えた。特に，1912年から大正時代に移行すると，大正デモクラシーや第一次世界大

第一ノ組　小児満五年以上満六年以下	三十分	三十分	四十五分	四十五分	一時半
月	室内会集	博物修身等ノ話	形体置キ方（第七箱ヨリ第九箱ニ至ル）	図画及ヒ紙片組ミ方	遊戯
火	同	計数（一ヨリ百ニ至ル）	形体積ミ方（第五箱）及ヒ小話	針画	同
水	同	木箸細工（木箸ヲ折リテ四分ノ一以下分　数ノ理ヲ知ラシメ或ハ文字及ヒ数字ヲ作ル）	剪紙及ヒ同貼付	歴史上ノ話	同
木	同	唱歌　木箸細工（豆ヲ用ヒテ六面形及ヒ日用器物等ノ形体ヲ模造ス）	形体置キ方（第九箱ヨリ第十一箱ニ至ル）	畳紙	同
金	同	木片組ミ方及ヒ粘土細工	形体積ミ方（第五箱ヨリ第六箱ニ至ル）	織紙	同
土	同	但シ保育ノ余間ニ体操ヲ為サシム	環置キ方	縫画	同

表6-1　東京女子師範学校附属幼稚園の保育時間表

出典：お茶の水女子大学文教育学部附属幼稚園『年表幼稚園百年史』国土社，1976，23頁

戦（1914〜1918年）への参戦・勝利に基づく好景気により，国民が自由を求め始めたこともあり，大正自由教育と称される進歩的な教育が展開されるようになった。幼稚園現場もこうした動きと無縁ではなく，海外の新しい保育方法を積極的に導入し，恩物中心の保育からの脱皮を図ろうとした。代表的な取り組みはモンテッソーリ保育，分団保育，プロジェクト・メソッドである。モンテッソーリ保育については後述するので，ここでは分団保育とプロジェクト・メソッドを概観しておく。

　まず，分団保育とは，クラスを少人数に分けて保育する方法である。つまり，分団とは今で言えばグループのことを指す。この方法を提唱・実践したのは，明石女子師範学校（現：神戸大学）訓導，及び同校附属小学校・幼稚園主事を務めていた及川平治（1875-1939）である。及川は，アメリカの進歩主義教育をリードしたジョン・デューイ（Dewey, J. 1859-1952）に学びつつ，子どもが興味・関心を持つ日常的な生活経験を，ダイナミックな活動を通した学習活動へと展開する方法を考案し，それを『分団式動的教育法』と名付けた。このように，分団（グループ）保育とは，子どもの興味・関心，また能力に応じて活動をダイナミックに展開する中で，必然的に生み出された教育方法だったのである。

　次にプロジェクト・メソッド（Project method）とは，デューイとともにアメリカの進歩主義教育を推進したキルパトリック（Kilpatrick, W. H. 1871-1965）が考案した教育方法である。キルパトリックは，子どもの自発的な経験に基づく学習を重視する中，子どもによる目的的活動としてプロジェクト・メソッドを提唱した。そして，この目的的活動を「目的→計画→実行→判断」の4段階で捉え，こうした過程をたどることで経験学習が促されると主張したわけである。

　こうしたプロジェクト・メソッドは，当時，前述した東京女子高等師範学校附属幼稚園の主事を務めていた倉橋惣三（1882-1955）も関心を

持った。倉橋はプロジェクト・メソッドを参考に，子どもが興味を持つ遊びを主題化し，長期的に活動を展開する中で保育の目標や内容を含み込ませる誘導保育を考案し，同園で実践した。

　このように，大正期は子どもの興味・関心を重視する海外の保育方法が積極的に受容され，多様な保育実践が展開された時期であった。

（3）昭和期から令和期に至る海外の保育方法の受容状況

　1926年からスタートする昭和時代は，1945（昭和20）年の終戦前後で様相がかなり異なる。そのうち，いわゆる戦前は国家主義が主流であったため，海外の保育方法が注目されることはほとんどなかった。

　これに対して，いわゆる戦後の昭和期から現在の令和期に至るまで，わが国では民主主義，また自由主義が重視され，再び，海外の保育方法が注目されるようになった。こうした戦後の昭和期において，幼稚園現場で注目を集めた代表的な海外の保育方法は，旧ソビエトの集団主義保育，ピアジェ理論に基づく幼児教育，ハンガリーのコダーイ・システム，ドイツのシュタイナー教育である。また，平成期になると，イタリアのレッジョ・エミリア・アプローチや，ニュージーランドのテファリキが注目されてきた。このうち，シュタイナー教育とレッジョ・エミリア・アプローチは後述するので，それ以外の方法を簡単に紹介しておく。

　まず，旧ソビエトの集団主義保育は，クルプスカヤ（Krupskaya, N. K. 1869-1939）によって理論化・実践化された集団づくりを中心に保育を展開するものであり，幼児の自治的能力や仲間関係を育成する方法として注目された。また，スイスの発達心理学者であるピアジェ（Piaget, J. 1896-1980）の理論に基づく幼児教育は，知的発達の育成を重視する方法として注目された。さらに，ハンガリーの作曲家であるコダーイ（Koday, Z. 1882-1967）が提唱し，弟子たちによって開発された音楽教

育法であるコダーイ・システムは，西洋音楽中心の音楽教育に対し，わらべうたの重要性を気付かせるものであった。

　次に，平成期になって紹介されたニュージーランドのテファリキ（Te Whāriki）はニュージーランド初のナショナル・カリキュラムであり，4つの「原理」と，5つの「領域」によって編成され，個性の育成につながる教育を促すとともに，学びの物語（Learning Story）という視点に立つ記録法を通して幼児理解を深める方法として注目を集めている。

2.　近年，注目されている海外の保育方法

　これまで導入されてきた海外の保育方法のうち，一時的なブームに終わらず，今日においても継続的に取り組まれているものも見られる。また，近年，大きな注目を集め，積極的に導入が図られているものもある。以下，その代表的な取り組みを紹介する。

（1）イタリアのモンテッソーリ保育

　前述したように，モンテッソーリ保育は大正期にすでにわが国に紹介されていたが，近年，改めて注目され，導入を試みる幼稚園が見られる。

　このモンテッソーリ保育とは，イタリア初の女医であるマリア・モンテッソーリ（Montessori, M.1870-1952）が考案，実践した保育であり，「モンテッソーリ・メソッド（Montessori method）」と呼ばれることもある。

　モンテッソーリは，当初，医師として知的発達にハンディが見られる子どもを対象としていたが，1907年にローマのスラム街に創設された「子どもの家（Casa dei Bambino）」を任されることで，幼児期の教育に取り組むようになった。

　モンテッソーリは「子どもの家」において，幼児期の発達特性を踏ま

え，感覚教育を重視していく。そのため，現在「モンテッソーリ教具」と総称される幼児の感覚を刺激する独自の教具も考案していく。この「モンテッソーリ教具」は，日常生活の用具から読み書き，算数，美術など様々な分野にわたる教材であり，各教具の指導法も体系化されている。こうした教具という物的環境を通して幼児期の教育を展開する発想は，「環境を通して行う教育」を先取りする方法と言えるものである。

また，モンテッソーリは精神的集中が幼児の健全な成長を促すことも強調した。そのため，幼児一人一人が興味や能力に応じて自由に教具を選び，作業に取り組む個別的活動を重視した。さらに，幼児が活動を開始した場合は精神的集中を損なわないよう，教師が見守りに徹することも重視される。背景には，「子どもの家」に通うスラム街に暮らす幼児たちが，発達的に歪みを持っていたという現実がある。このように，モンテッソーリは目の前の幼児たちの実態を踏まえ，必要な教育方法を生み出したわけである。

こうしたモンテッソーリが考案した方法に基づき，体系化されているモンテッソーリ保育は，現在，世界中で取り組まれている。そして，近年，わが国においても，幼児の知的発達を促す側面や，落ち着いた雰囲気で作業に集中することがしつけに有効であると評価され，積極的に導入する幼稚園も見られる。また，モンテッソーリ保育は異年齢（縦割り）保育を原則としており，少子化の影響で兄弟数が減少する昨今，思いやりの育成にもつながる取り組みとしても評価されている。

（2）ドイツのシュタイナー教育

シュタイナー教育とは，オーストリア生まれのルドルフ・シュタイナー（Steiner, R. 1861-1925）が創始した教育である。

シュタイナーは，ウィーンで哲学，数学，自然科学などを学んだ後，現

在で言えばドイツとなるワイマールでゲーテ全集の編集メンバーとして活躍した人物である。また，自らも哲学研究を進め，感覚的・物質的なものを超えた超感覚的・霊的な世界を人間及び宇宙の根源と捉え，それを認識することを課題とした「人智学（Anthroposophie）」を提唱した。

　しかし，人類が初めて体験した世界中を巻き込んだ戦争，また大量破壊兵器を使用した戦争であった第一次世界大戦後には，人類が同じ過ちを繰り返さないための社会運動にも関心を向けた。そして，1919年に人智学的教育理論に基づき，「教育芸術（Erziehungskunst）」を実践する場として，7歳から18歳までを対象とした12年制の「自由ヴァルドルフ学校（Freie Waldorfschule）」を創立した。これが，いわゆるシュタイナー学校の始まりであり，今日注目されている一貫教育を先取りした学校と言えるものであった。

　このシュタイナー学校では，一つの教科を集中的・連続的に実施する「エポック授業（Epochenunterricht）」や，「オイリュトミー（Eurythmy）」と呼ばれる音やリズムに合わせて様々な動作を行う身体表現の時間が設定されるなど，ユニークな教育が展開されていった。シュタイナーが亡くなった翌年には幼稚園も設立され，現在，世界中に広がるシュタイナー学校も幼児期の教育まで視野に入れた取り組みを進めているケースが増えている。わが国では，実際に娘をシュタイナー学校に入学させた子安美知子が，実体験をまとめた『ミュンヘンの小学生』を1975年に出版したことを契機に注目を集めるようになった。

　このシュタイナー教育において，0〜7歳までは感覚がめざましく発揮される時期，また身体の模倣活動によって学びがなされる時期と捉えられている。そのため，こうした感覚を豊かに引き出す自然素材の遊具が重視されたり，描画材や楽器なども独自に考案されている。

　また，幼児の自由，また主体性を尊重するため，教師の役割も直接的

な働きかけよりも，模範としての姿勢が重視されている。したがって，シュタイナー教育では教師が道徳的な思いを持ち，なおかつ実行していくことが求められる。さらに，幼児期には国語や算数など，教科学習を先取りする教育，あるいは幼児の自由を奪う教師の強制も避けることが重視されている。

　このようにシュタイナー教育は，健全な感性や身体を育成し，豊かな人間性を培うものであり，こうした考えに共鳴する幼稚園において，現在も積極的に展開されている。

（3）イタリアのレッジョ・エミリア・アプローチ

　レッジョ・エミリア・アプローチ（Reggio Emillia Approach）とは，イタリア北部の小都市であるレッジョ・エミリア市の公立幼児学校や乳児保育所で展開されている先進的な保育実践，また，それを支える保育システムのことである。

　その起源は1945年とされ，イタリアが敗戦した第二次世界大戦後6日目に労働者，農民，母親たちが協力して開始した自主保育が端緒であった。その後，教育哲学者ローリス・マラグッツィ（Loris Malaguzzi, 1920-1994）が市立幼児教育センター所長に就任し，サポートしたことにより，先進的な取り組みは市内全域に広がっていく。

　1980年代以降は，世界各国で実践の成果を紹介する展覧会が実施され，1991年には『Newsweek』誌の特集「The 10 Best Schools in the World」にも選ばれた。これを契機にわが国でも関心が高まっていった。まさに，現在，世界的に最も注目されている保育方法といってよいだろう。

　その教育の特色は実に多様であり，代表的なものをあげると，市全体をあげての保育事業体制・組織力，家庭及び地域との協力・連携，保育研修のシステム，そして幼児の豊かな表現を育成する教育などがあげら

れる。

　このうち，保育方法として注目されているのは「プロジェクト」と呼ばれる主題に沿った活動である。興味・関心を共有する小グループで展開されるこの活動は，1ヶ月以上の長期にわたることもしばしばである。この間，幼児たちは互いに対話し，様々な表現活動などを自発的・創造的に展開していく。「プロジェクト・メソッド」と類似した取り組みにも見えるが，「プロジェクト・メソッド」が比較的経験そのものを重視し，社会的な態度の育成を重視したのに対し，レッジョ・エミリア・アプローチでは「目的の発見－探求－共有－表現」といったステップをたどりながら，協同的な探究活動を重視している。こうした方法に触発された取り組みは，近年，「プロジェクト型実践」などと呼ばれている。

　こうした実践は，保護者による熱心な保育への協力を始め，園長を置かず，教師と「ペダゴジスタ（pedagogista，教育学者）」と呼ばれる教育主事，「アトリエリスタ（atelierista，芸術家）」と呼ばれる美術専門のスタッフの3者が常に協議し，民主的な園運営に努めることに支えられている。また，「ドキュメンテーション（documentation）」や「ポートフォリオ（portfolio）」といった独特の記録法を駆使した保育実践の見直しも，こうしたユニークな実践を支えている。

3.　海外の保育方法を導入する際の課題

　海外の保育方法を導入するということは，それまでの実践のあり方を変更するということである。そのため，導入は慎重かつ丁寧に進めるべきものである。そこで，導入に際して留意すべき点を検討してみる。

（1）理念・思想を踏まえた方法の導入

　海外の先進的な保育方法は，モンテッソーリ保育であればマリア・モンテッソーリが考案したなど，それを提唱した人物がいる。また，新しい保育方法が考案された背景には，シュタイナー教育が悲惨な世界大戦の反省に基づいて生み出されたように，時代的な理由もある。

　しかし，わが国において海外の保育方法に注目し，導入している状況を見ると，こうした原点を確認せず，ブームに乗り，形だけを真似ているケースもある。誤解を恐れずに言えば，話題になっている海外の保育方法が「ブランド化」し，その流行に乗り遅れまいとしているかのように見えるわけである。これでは，それまでの園の保育とのバランスも取れず，定着もままならない。

　こうした事態に陥らないためには，提唱した人物の理念や思想，また時代状況などをしっかり学んでおくことが大切となる。園長だけでなく，全教師で丁寧に学習を進め，まず導入する意義を共通理解していくことが重要となる。方法はその目的を理解してはじめて生きるものであることを自覚し，常にその原点を確認する努力を心がけたいものである。

（2）文化の相違を踏まえた選択

　海外の保育方法は，その国の体制や文化に影響を受け，生み出されている。例えば，レッジョ・エミリア・アプローチが公立園として発展し，組織的に先進的な実践に取り組めている実情は，わが国では想定しにくい面もあるが，公立園が創設されてこなかったイタリアの状況を踏まえれば，その理由や価値も理解できよう。また，人智学という独特の教育理論を基盤に展開されているシュタイナー教育の雰囲気に対し，わが国では宗教色を感じ，違和感を覚える教師もいるようだが，キリスト教社

会で誕生した思想と解釈すれば，理解できる面も多いだろう。

　このように，海外の保育方法をそれが生み出された国の体制や文化も含めて理解しておく必要がある。この点が理解できれば，そのままのスタイルで自園に導入可能か否かも適切に判断できるだろう。また，文化の違いが理解できれば，教具・教材等についても，オリジナルなまま使用すべきか，改良すべきかの判断も適切に行えるだろう。先進的な保育方法であっても，自国の体制や文化になじまなければ定着もままならない。導入に際しては，こうした点にも留意すべきである。

（3）絶対視からの脱皮

　遅れて近代化を開始したわが国は，明治以来，欧米諸国から先進的な知識や技術，制度などを導入し，発展してきた。こうした中，「舶来信仰」と呼ばれる海外の文化を有り難がる意識が形成され，無条件に導入する傾向も高まった。世界有数の経済大国になった今日においても，いまだこの意識は根強く，保育の世界も決して例外とは言えない。

　もちろん，海外に良い考えや方法があれば，積極的に学び，導入すべきではある。ただ，導入する側に海外の文化を上位と捉え，自国の文化等を軽視する意識があるとすれば，見直しも必要である。

　前述したように，わが国に幼稚園が誕生してから，すでに140年を超える年月が経過している。その中には，倉橋惣三の幼児教育方法など，継承・発展させるべき成果もある。したがって，海外の保育方法を絶対視せず，自国の保育方法と比較しながら適切な保育方法を選択していく姿勢が求められる。こうしたバランス感覚が持てれば，自園の実践の中にも自信が持てる方法を見出すことができるだろう。「不易と流行」という言葉もあるように，流行だけを見ず，不易，つまり，いつまでも変わるべきではないものにも目を向ける姿勢を大切にしたいものである。

学習課題

1 わが国における海外の保育方法の受容過程をまとめてみよう。
2 近年，注目されている海外の保育方法の意義や特徴を考えてみよう。
3 身近な園を対象に，海外の保育方法の導入状況を調べてみよう。

参考文献

・エドワーズ/ガンディーニ/フォアマン（佐藤学・森眞理・塚田美紀訳）『子どもたちの100の言葉』世織書房，2001年
・及川平治『分団式動的教育法』弘学館書店，1912年
・大宮勇雄『学びの物語の保育実践』ひとなる書房，2010年
・お茶の水女子大学文教育学部附属幼稚園『年表幼稚園百年史』国土社，1976年
・カミイ/デブリーズ（稲垣佳世子訳）『ピアジェ理論と幼児教育』チャイルド本社，1980年
・倉橋惣三『幼稚園保育法真諦』東洋図書，1934年
・クルプスカヤ（勝田昌二訳）『国民教育と民主主義』岩波文庫，1954年
・コダーイ芸術教育研究所『保育園・幼稚園の音楽：わらべうたの指導』明治図書，1975年
・子安美知子『ミュンヘンの小学生』中公新書，1975年
・シュタイナー（坂野雄二・落合幸子訳）『教育術』みすず書房，1986年
・中野光『大正自由教育の研究』黎明書房，1968年
・日本保育学会編『日本幼児保育史（全6巻）』フレーベル館，1968～75年
・モンテッソーリ（阿部真美子・白川蓉子訳）『モンテッソーリ・メソッド』明治図書，1974年
・文部省『幼稚園教育百年史』ひかりのくに，1979年
・湯川嘉津美『日本幼稚園成立史の研究』風間書房，2001年

7 | 保育実践の現状と課題（2）
―保育形態の種類と活用法

師岡　章

《目標とポイント》　幼稚園における保育実践の現状を把握した上で，その成果と課題を検討する。特に，一斉保育と自由保育等，多様な保育形態の展開状況を把握し，成果と課題を検討する。
《キーワード》　保育のスタイル，保育形態，一斉保育，自由保育，設定保育，個別保育，グループ保育，混合保育，縦割り保育，異年齢保育，年齢別保育，交流保育，解体保育，コーナー保育，オープン保育

1. 保育のスタイルをめぐる問題

　大綱的な法令である『幼稚園教育要領』は，幼稚園教育の基本や幼稚園教育におけるねらい，内容などを大まかに示すのみで，具体的に日々の保育をどのような方法で進めるべきかまでは指示していない。そのため，各園は具体的な保育の進め方を独自に選択していくこととなる。その結果，実際の保育では実に多様な進め方，言わばスタイルが見られる。そこで，こうした保育のスタイルの捉え方とその課題を検討してみる。

（1）優先される実践イメージ

　保育のスタイルを表す言葉として，しばしば耳にするものに「一斉保育」と「自由保育」がある。近年は，保育関係者だけでなく，保護者の中にも浸透している。例えば，わが子の幼稚園選びの際，「あの園は一斉保育？それとも自由保育？」などと確認するわけである。

　ちなみに，幼稚園教諭などを目指す学生の間で比較的人気が高いのは，「自由保育」のようだ。その理由は，「子どもを管理せず，自由でのびのびさせる保育が良いから」といったものである。裏を返せば，「一斉保育」は「管理的で，子どもに画一的な指示・命令を与える保育」ということになる。『幼稚園教育要領』に示されている幼稚園教育の基本などを学べば，こうした志向性を持つことは自然ではあろう。

　ただ，保護者の場合，その評価は多少異なる。つまり，「のびのびは結構だけれど，やはり必要なことをしっかり教えてもらわねば困る」と考える人が意外に多いようである。その結果，いわゆる「自由保育」と見なされる幼稚園を敬遠するわけである。かわいいわが子の将来を考え，理想よりも現実的な選択する傾向が強いということであろう。

　いずれにしても，保育を「一斉保育」と「自由保育」という2つの言葉で捉え，その良し悪しを判断しようとする傾向は根強い。

　しかし，「一斉保育」と評される園も，一日中，幼児を一斉に集め，指導しているわけではない。幼児が自由に遊ぶ時間もある。「自由保育」と評される園も，一日中，幼児の自由に任せているわけではなく，例えば食事や帰りの会など，幼児を一斉に集め，活動を促す場面も見られる。このように，実際の保育は単純に区別できるものではない。

　にもかかわらず，「一斉保育」と「自由保育」という2つの言葉で，ある園の保育を評しようとするのは，それがわかりやすいからだろう。その意味で，「一斉保育」と「自由保育」という言葉は，保育の実際を規定する概念ではなく，実践イメージを表すものと言える。つまり，保育の特徴を大まかな印象で表す言葉となっているわけである。こうした実践イメージが一人歩きし，保育を単純な二分法で捉え始めると，実際の保育もいずれか一方を採用するだけとなり，その幅も狭まる。こうした事態に陥らないためには，保育のスタイルをより厳密に捉えていく必要がある。

（2）保育方法と保育目標・保育内容の混同

　ある園を実践イメージで捉え，評する見方の中には，保育方法と保育目標・保育内容を区別しない姿勢も垣間見える。つまり，実際の保育の進め方と，ある園が育てたいと願う子ども像や，それを実現させるために重視したい保育を示す保育観を混同しているわけである。

　しかし，意図的な営みである幼稚園教育は，まず，どのような子どもを育てたいかという点を保育目標に掲げ，それを実現していくための指導事項として独自に保育内容を設定していく。こうして独自に設定した保育目標や保育内容がその園の特色となるわけだが，前述したように，日々，実際に保育を進めていく際は，こうした保育目標や保育内容に基づき，多様な方法が選択されているはずである。したがって，保育方法と保育の目標や内容は同義ではなく，区別して捉えるべきものである。この点を自覚しないと，具体的な保育の進め方も幅が広がらない。

　実践を具体的に進める保育方法はもちろん大切なものだが，方法は万能ではなく，ある方法がストレートに保育理念や方針に結びつくものでもない。このように捉えることができれば，保育理念や方針に合致すれば，実際の保育の進め方は多様であってよい，との認識も高まるであろう。保育実践を改善していく際の視点として大切にすべき姿勢である。

（3）保育形態への注目

　一般にスタイルとは，「ある物事を特徴づける一定の型」を指す。したがって，保育のスタイルとは実際に幼児を保育する際のかたちと捉えるべきものである。こうした保育のかたちは，保育形態と呼ばれる。

　このように，保育のスタイルを保育形態として捉え直してみると，保育する際のかたちである保育形態も，保育の進め方の1つ，つまり保育方法の一部であると捉えることができる。したがって，保育形態も保育

理念・方針と区別されるものであり，保育の目標や内容に合致すれば，より多様なかたちを選択してよい，ということになる。ここに，保育形態に注目する意味が見出される。つまり，保育方法の一部として保育形態を認識すれば，教師もそれを自由に選択でき，結果として実際の保育の進め方もさらに幅を広げることができるわけである。

2．保育形態とは何か

　保育方法の一部として，幼児を保育する際のかたちである保育形態は，実践において，どのように捉え，展開したらよいのであろうか。そこで，次に保育形態の定義や種類，規定要因を検討してみる。

（1）保育形態の定義

　保育形態については，保育関係の辞書や専門書等において，多様な定義が見られる。例えば，『保育者のための教育と福祉の事典』（建帛社）の中で，戸江茂博は保育形態を以下のように定義づけている。

　「保育の方法を実践的に展開していくために，子どもの生活，遊び，学びの過程を計画的に組織したものを〈保育形態〉という。すなわち，保育現場において行われる子どもと保育者とのかかわりや指導・援助の具体的な様式，スタイルのことである。」

　ここには，保育形態を保育方法の一部として位置付けた上で，幼児が基本的な生活習慣を身に付けたり，遊びや学びを展開していくプロセスを計画的に組織した具体的な様式，スタイルを指す，との認識が見られる。前述した保育のスタイルを，幼児を保育する際のかたちと捉える立場を後付ける定義と言えよう。

　また，内藤知美は『保育方法の探究』（建帛社）の中で，保育形態を

以下のように定義している。

「保育の形態とは，保育を目的として，保育者と子どもの間に展開される生活の形態（スタイル）である。」

簡潔な定義だが，ここには実際に保育を進める際，留意すべき点がより明確に示されていると言えよう。

つまり，「保育を目的として」と述べているように，保育形態は，まず，子どもをどのように育てたいかという園の保育目標，そして実践段階で教師が具体的に設定するねらいに基づき，導かれるものである，ということが指摘されているわけである。

しかし，次に「保育者と子どもの間で展開される」と述べているように，保育形態は実践上のねらいによって導かれるとは言え，教師が一方的に決定するのではなく，幼児自身の興味・関心等との兼ね合いによって展開される，という点も指摘されている。つまり，保育形態は，教師と幼児の相互関係の中で生み出される，ということである。ここには，教師が教育の主体ではあるが，幼児も成長・発達する主体であり，保育形態に対しても意思を示す存在である，との認識が見られる。したがって，保育形態は主体である教師と幼児とが関わり合う中で，初めて適切なスタイルが展開されるものなのである。

さらに，「生活の形態（スタイル）である」と述べているように，保育形態が特定の活動，例えば教師が設定する課題活動のみを前提とするのではなく，園生活すべてを対象としたものである，との指摘も見られる。まさに，「おはよう」から「さようなら」までの園生活全体の展開，あるいは，幼児の園での過ごし方すべてを，保育形態に関わる問題として認識すべきことを求めているわけである。

内藤の定義に従えば，保育形態は保育方法の一部とは言え，その内実は大変幅広いものであることがわかる。より適切な保育形態を展開して

いくためには，こうした内実を理解しておくことも大切となる。

（2）保育形態の種類

保育形態の内実は種類の多様さとして理解すべきものである。

こうした保育形態の種類について，前述した『保育者のための教育と福祉の事典』（建帛社）の中で，岸井慶子は以下の12種類を紹介している。

①設定保育…「保育者がねらいをもって意図的に計画し，時間や場，内容を決めて子どもが取り組むことを求める保育形態」

②個別保育…「子ども一人ひとりを対象として行う保育形態」

③グループ保育…「子どものグループ活動を，グループ単位で指導する保育形態」

④混合保育…「異年齢の子どもまた同年齢でも保育年数が異なる子どもを一緒に学級編制して行う保育形態」

⑤縦割り保育…「異年齢保育，無学年制保育とも呼ばれる。異年齢の幼児で学級や集団を編制する保育形態」

⑥年齢別保育…「同一年齢で構成された学級やグループを単位として保育する保育形態」

⑦クラス保育…「子どもが所属し，担任との関係を基盤にして情緒的に安定し，生活のよりどころとなる集団がクラスであり，そのクラス集団を単位として行う保育形態」

⑧交流保育…「子どもが多様な人と出会い，かかわることを通して，自分の世界を広げ自分自身に気付き成長していくことを意図して行う保育形態」

⑨解体保育…「園全体で学級の枠を意図的に外して行う保育形態」

⑩コーナー保育…「ままごと，製作，絵本コーナーなど，子どもがそ

の遊びを充実できるように場や物，雰囲気を用意し，子どもに環境
から働きかけようとする保育形態」

⑪オープン保育…「子どもの自発性や個性を尊重し，保育室の仕切り
をなくすなどでオープンなスペースを作り，そのなかで遊びの内容，
場や物，仲間を子ども自身が自由に選択して活動する保育形態」

⑫ならし保育…「幼稚園や保育所の入園時，子どもだけでなく保護者
も新しい環境や生活への不安を減らし，生活できるようにと願い，
時間や内容に配慮して行う保育形態」

　もちろん，こうした種類以外にも，前述した一斉保育や自由保育も保
育理念や方針を表すものではなく，保育形態の1つと捉え直せば，「一
斉形態」，「自由形態」と呼ぶべきものとなろう。

　いずれにしても，このように保育形態を多様に把握することで，実践
の幅はより広がっていくはずである。実践に活用する際の視点として，
教師は各種類の特徴，及び違いをしっかり理解しておく必要がある。

（3）保育形態の規定要因

　保育形態は，それぞれ生み出される要因がある。前述した内藤は，こ
の点を保育形態の規定要因と捉え，以下の4点に整理している。

　「まず，第一に子どもの実態があげられる。例えば，子どもの育ちの状
況，子どもの年齢，家庭環境や生育歴などが子どもの生活のスタイルを
規定し，保育の形態を規定する。

　第二に，保育者の実態があげられる。保育者の保育理念，あるいは保
育者の保育経験や保育技術が，形態を左右する。また，保育者の育ち，
年齢，生育歴も影響する。

　第三に，現実的環境があげられる。園の保育に対する方針，一人の保
育者当たりの子どもの数，あるいは園庭，保育室などの園の施設・設備

である。

　第四に，それらを取り巻く時代的状況や文化的背景などの広義の環境が考えられる。」

　このように，保育形態は「子どもの実態」「保育者の実態」「現実的環境」「時代的状況や文化的背景」などの要因に規定され，生み出されていくわけである。したがって，入園時の幼児の姿を理解することから始まり，園の教師一人一人の専門的力量や，園の施設・設備等の環境条件，さらに文部科学省からの告示・通達・通知に見られる政治的・社会的要請など，さまざまな要因を把握していく中で，適切な保育形態を見出していくことが大切となる。

3. 保育形態選択時の観点と課題

　「保育を目的として，保育者と子どもの間に展開される生活の形態（スタイル）」である保育形態は，さまざまな要因に影響を受け，多様な種類を持つものである。ただ，実践場面では，教師がいずれかの保育形態を選択していくこととなる。その際，前述した種類がいくつか組み合わされて展開されるケースも想定される。そこで，次に保育形態を選択する際，教師が持つべき観点，あるいは課題意識について検討してみる。

（１）「保育の目的」という観点

　教師が保育形態を選択する際，まず留意すべきことは「保育の目的」についてである。実践に即して言えば，教師が担当する幼児たちに対し，どのような成長・発達を期待したいかという「ねらい」の観点が，保育形態を選択していく際に重要となるわけである。

　こうした幼児の成長・発達を捉える観点として，まず踏まえるべきも

のは『幼稚園教育要領』が示す「心情・意欲・態度」である。つまり，幼児にとって「楽しい」といった「心情」が味わえ，その気持ちが「やってみたい」という「意欲」につながり，さらに「態度」として「しようとする」という行動として現れていくという観点が，選択すべき保育形態を自ずと導き出すわけである。

　さらに，発達の多様な側面にも留意しようとすれば，『幼稚園教育要領』が示す5領域も参考となる。つまり，「心身の健康」「人との関わり」「身近な環境との関わり」「言葉の獲得」「感性と表現」の育成である。また，これらの育成にあたっては，学童期以降ほどではないとしても，「知識及び技能の基礎」を培うことも大切な観点となるだろう。

　実際の保育は，こうした幼児の成長・発達を促すという観点に基づき展開されるものであり，保育形態もこれらと切り離して選択することはできない。もし，切り離し，保育形態を優先させるとすれば，前述したように，本来，保育方法の1つである保育形態が目的化し，結果として，幼児を保育するかたちばかりにとらわれた実践に陥る。

　こうした状況に陥らないためにも，まず園全体で保育目標を共通理解し，適切な保育形態を選択していく必要がある。そうすれば日々の幼児を保育するかたち以前に，クラス編制のあり方も見直すことができるだろう。例えば，一般的にクラス編制は同一年齢による形態（「年齢別保育」）が主流だが，少子化に伴う兄弟数の減少から，家庭内で幼児が体験する幅が狭いと判断すれば，異年齢による編制（「縦割り保育」「異年齢保育」）を採用していくという選択肢も生まれるだろう。また，クラスや年齢の枠にとらわれない「解体保育」や「オープン保育」という保育形態も有効な手段となろう。

　このように，「保育の目的」という観点に注目すると，クラス編制も保育形態であり，その選択が実践を大きく左右することに気付く。

（2）「教師と幼児の関係」という観点

　次に留意すべきことは，「教師と幼児の関係」についてである。実践に即して言えば，教師の意図と幼児の意思をどのように把握し，バランスをとるかという観点が，保育形態を選択していく際に重要となるわけである。

　例えば，教師が担当するクラスの幼児に対し，表現する楽しさを広げるため，初めて絵の具という描画材を出会わせたいと意図し，活動を提案したい，と考えたとしよう。こうした場合，一般的には「クラス保育」，そして「一斉形態」が選択されるケースが多いであろう。

　しかし，幼児の実態を把握すると，興味・関心，また技術の習得状況にかなり差があったとしよう。こうした場合，クラスの幼児全員を一斉に集め，絵の具による絵画活動を導入することは無理がある。おそらく，一人一人の個人差に丁寧に対応するためには「グループ保育」の方が有効な保育形態となろう。また，幼児の自発性を重視した方が初めての体験への意欲も高まると判断すれば，園庭の一部に絵の具コーナーを設けるといった「コーナー保育」も有効だろう。前述した教師のねらいが，「今すぐ，クラス全員に対して達成したい」ものではなく，「ある程度の期間の中で達成できればよい」と設定できれば，「コーナー保育」はなおさら有効な保育形態となるだろう。こうして選択された「コーナー保育」は，見た目には「自由形態」であるが，そのコーナーが明確な意図を持って設定された場であり，なおかつ，関わる幼児により，教師が「グループ保育」，あるいは「個別保育」といった指導を展開すれば，「設定保育」と見なすこともできる。

　さらに，幼児に新たな体験として出会わせたい活動が，鬼ごっこのようにルールがあり，運動を伴うゲームである場合，同じ年齢だけではルールの伝達・共有や，走る，逃げるという動きにダイナミズムが期待

できないと考えれば，年長児と一緒に活動する「縦割り保育」や「交流保育」を選択した方が有効であろう。また，幼児自身が，すでにそうした遊びを，自然に異年齢児と楽しんでいるケースもあるだろう。

　このように，「教師と幼児の関係」という観点は，教師側の意図性の強弱や範囲などと，幼児の興味・関心の所在や関係性などを勘案しながら，適切な保育形態を選択していくということである。具体的な実践場面において，最も重視すべき観点と言えるものである。

（3）「保育内容」という観点

　次に留意すべきことは，「保育内容」という観点である。つまり，保育形態を考える際，前提となる体験や活動の質に留意するわけである。

　幼児の成長・発達を促す体験，また活動は，園生活全体を見渡せば多岐にわたる。代表的なものをあげれば，基本的な生活習慣，遊び，教師が提案する課題活動などがある。年齢が上がれば，当番活動なども想定される。こうした体験や活動は，それぞれ質が異なるものである。

　例えば，遊びは幼児の自発的な活動であるが，課題活動は基本的に教師が主導するものである。また，基本的な生活習慣は，食事，排泄など生命維持や健康保持に関わる生活的な事柄として毎日繰り返されるものである。それゆえ，年齢に応じて，幼児の自立的な行動も求められる。同じように，当番活動も毎日繰り返される生活的なものだが，その意味は，クラスで生活する上で必要な仕事を，クラス全員で分担し，担い合うことである。そのため，幼児同士の協力が求められる。

　こうした中，遊びは自ずと「自由形態」が選択されることとなるが，教師が新たな遊びに気付かせたい場合は「コーナー保育」や「設定保育」も選択できるだろう。また，基本的な生活習慣に関わる行動や，課題活動，当番活動を最初に促す場合は「一斉形態」や「個別保育」が主

になろうが，幼児の経験値が高まれば，「設定保育」や「グループ保育」を選択した方が良いケースもあろう。

　以上，保育形態を選択する際の観点と課題を示してきた。ただ，その検討を通して，幼児の人数や年齢，あるいは発達状況や活動の段階なども留意すべき観点であることに気付かされる。教師はこうした観点も含めて，適切な保育形態を幼児とともに創造していくことが大切となる。

学習課題

1　保育形態の種類とその意義を考えてみよう。
2　状況に応じた保育形態を選択する際に留意すべき点を考えてみよう。
3　身近な園を対象に，どのような保育形態が採用されているかを調べてみよう。

参考文献

・大嶋恭二・岡本富郎・倉戸直実・松本峰雄・三神敬子編『保育者のための教育と福祉の事典』建帛社，2012 年
・内藤知美「形態と方法」，柴崎正行編『保育方法の探究』建帛社，1994 年
・橋川喜美代『保育形態論の変遷』春風社，2003 年
・文部科学省『幼稚園教育要領解説』フレーベル館，2018 年

8 | 保育内容の指導法（1）
―規範意識の芽生えの育成

佐久間路子

《目標とポイント》 幼児期の教育において課題となる規範意識の芽生えを養う方法についての理解を深める。幼児が他者と関わる中で，きまりの必要性に気付き，自分の気持ちを調整する力を付けていく過程に寄り添い，支える，教師の関わりについて検討する。
《キーワード》 規範，規範意識，人間関係，きまりの必要性，自分の気持ちを調整する力，自己制御

1. 幼児期の教育と規範

規範とは，「私たちが生きる社会にある様々な規則のうち，その社会に広く受け入れられ，それに沿うことが期待されているもの」である（岩立，2012）。私たちはさまざまな規則やルールの中で生活しており，またそのルールを守ることを期待されている。それは幼稚園においても同様であり，他者と関わりながら集団生活をおくる上で，規範は私たちの生活から切り離すことはできない。本節では，学校教育における規範意識の捉え方について概観し，さらに幼稚園生活におけるきまりについて具体的に考えていきたい。

（1）規範意識への着目

スメタナ（Smetana,J.G.）によると，規範は，道徳的規範（例：人をたたいてはいけない）と慣習的規範（例：おしゃべりをしてはいけな

い）の2つに分けられ，幼児でもこれらを区別して判断したり，推論できることが明らかになっている。このように規範の理解は，発達の早い時期から生じているにも関わらず，近年，暴力行為，いじめ等の学校での生徒指導上の問題が多様化している中で，規範意識の低下が懸念されており，学校教育において，規範意識を醸成することが重要な課題となっている（国立教育政策研究所生徒指導研究センター，2008）。規範意識とは，規範に関する意識であり，規範を守り，それに基づいて判断したり行動しようとする意識である。規範意識は，家庭において，しつけ，基本的な生活習慣等に関する教育を土台として，その土台のもとに，学校教育において，きまりを守ること，及び他者との関わりを大事にするための具体的な活動を通じて育まれるものである。幼児期の教育は学校教育としてその後の教育の基礎となるものである。だからこそ，幼児期において規範意識を培うこと，特にその芽生えを養うことが非常に重要なのである。

（2）幼稚園生活におけるきまり

　幼稚園は，同年代の幼児とともに集団で生活する場である。幼児が所属する集団の中では，さまざまなきまりやルールが存在する。例えば，友達をたたかない，人のものを勝手にとらないなどは，社会や文化において普遍的なものであり，していいことと悪いことを規定する道徳的なルールである。

　一方，園生活の中には，その園やクラスで決められたルールもある。例えば，朝登園したら，帽子とバックをロッカーにしまって，タオルをかけてから，遊び始めるということや，昼食はみんなで揃ってから，お当番さんの号令に従って「いただきます」をするなどである。これらは慣習的ルールといわれ，エチケットやマナーなど，集団生活を円滑に，

そして気持ちよく過ごしていくために必要なルールである。

　さらに遊びの中にもルールは多数存在する。リレーで順番にバトンを渡すことや，高鬼では高いところにいる間は鬼に捕まえられないというように，遊びには個別のルールがある。幼児たちは，ルールの枠内で競い合いながら，遊びを楽しんでいる。またこのようなルールのある遊びだけではなく，幼児たちが遊びの中で，自分たちで作り出すルールもあるだろう。具体的には，ままごとで，赤ちゃんは他の幼児と同じように会話をせず「ばぶー」と話さなければならないとか，戦いごっこで，扉の外に鬼がいるから，扉の前は静かにそーっと通らなければならないなどである。

（3）きまりの意味に触れる

　このように幼稚園での生活の中には，多種多様なきまりやルールが存在する。これらのきまりは，幼児が守るもの，従うものと考えられがちである。たしかに道徳的なきまりや慣習的なきまりは，幼児が園生活を始めたときから決まっているものであり，幼児自身も守るべきものと考えているであろう。一方で，きまりは単に従うものではなく，必要に応じて，生活する中で自分たちが過ごしやすいようなきまりを考えたり，遊びの中できまりを作り出したり，変更したりすることもできるのである。幼児は同年代の仲間や教師との集団生活を通じて，これらのきまりに触れ，きまりの意味や必要性について学んでいくのである。

2. 幼稚園教育要領における規範意識

　先に述べたように，学校教育において，規範意識の醸成は重要な課題であり，『学校教育法』の2007（平成19）年の改正の際に，第23条の幼

稚園における教育に「規範意識の芽生えを養うこと」という文言が新た
に盛り込まれた。さらに2017（平成29）年の『幼稚園教育要領』では，
「幼児期の終わりまでに育ってほしい姿」として「道徳性・規範意識の
芽生え」が示されている。また「人間関係」の領域において，以下のよ
うに書かれている（下線は筆者）。本節では（1）規範意識の芽生え，
（2）きまりの必要性，（3）自分の気持ちを調整する力の3点に着目し，
解説する。

第1章第2　3
　（4）道徳性・規範意識の芽生え
　　　友達と様々な体験を重ねる中で，してよいことや悪いことが分
　　かり，自分の行動を振り返ったり，友達の気持ちに共感したりし，
　　相手の立場に立って行動するようになる。また，きまりを守る必
　　要性が分かり，自分の気持ちを調整し，友達と折り合いを付けな
　　がら，きまりをつくったり，守ったりするようになる。

第2章　ねらい及び内容　人間関係
2　内容
　（11）友達と楽しく生活する中できまりの大切さに気付き，守ろう
　　　とする。
3　内容の取扱い
　（5）集団の生活を通して，幼児が人との関わりを深め，⑴規範意識
　　の芽生えが培われることを考慮し，幼児が教師との信頼関係に支
　　えられて自己を発揮する中で，互いに思いを主張し，折り合いを
　　付ける体験をし，⑵きまりの必要性などに気付き，⑶自分の気持
　　ちを調整する力が育つようにすること。

（1）規範意識の芽生え

　『幼稚園教育要領』で注目すべき点は，規範意識の「芽生え」が培われると書かれている点である。第3章で述べたように，幼児期においては，認知面，他者理解力，自己統制力などにおいても発達途中であり，規範を自分の中に取り込み，他者の気持ちを配慮しながら，自らの内的な基準に従って自分の行動を適切に統制することや，規範の意味を深く理解し，明確に語れるという段階には至ってはいない。しかし，現実に幼児は無数に存在するルールの中で生活をしている。他者との集団生活をしていく中で幼児なりの規範に対する気付きがあり，規範意識が育まれていくのである。

　岩立京子は，乳幼児期の規範意識の芽生えを支えるものとして，①信頼できる他者との愛着や信頼の関係性，②規範の理解，自分や他者の心の理解，その立場に立って考える役割取得などの知的発達，③自分の欲求と他者の欲求や規範との対立からくる葛藤や失敗を乗り越え，調整したり，解決していく自己コントロールの発達の3つを挙げている。規範意識の発達を理解する上では，信頼関係に加え，幼児期に急速に発達する心の理解を含めた知的発達，そして自己コントロールの発達といった，幼児期の発達の特徴や個人の発達の状況を考慮する必要がある。

　また無藤隆は，『幼稚園教育要領』の規範意識に関する記述は，発達の順番を考えて作られていると述べている。図8-1に示すように，最初は教師との信頼関係がある。園で生活を始めたばかりの幼児たちは，集団の場でどのようにしてよいのかわからない中で，教師を見て，教師を頼りにしながら，園の生活に慣れていき，教師との信頼関係を形成して

図8-1　規範意識の形成の流れ

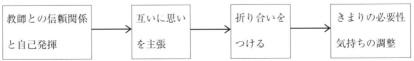

いく。その信頼関係に支えられ，幼児は自分のやりたいことがでてきて，様々なことに挑戦する，つまり自己を発揮するようになる。しかしそれぞれの幼児がいろいろなことを始めると，衝突やいざこざが生まれることもある。そのようないざこざの中で，ただ自分が一方的に主張するだけでなく，意見の食い違いに折り合いをつけたり，自分の気持ちに対して折り合いをつけたりする。この折り合いをつけるという体験を通して，きまりの必要性に気付き，自分の気持ちを調整する力を身に付けていくのである。

（2）きまりの必要性に気付く

　次に，きまりの必要性に気付くことを取り上げたい。なぜきまりがあるのか，なぜきまりを守らなければならないのかと問われたとき，どのように考えるだろうか。たとえば，「なぜブランコで遊ぶときに順番を守らなければならないのか」という問いをたててみよう。その答えとして，「順番を守らないと，先生が怒るから」と考える幼児がいるかもしれない。この幼児にとって，順番を守らなければならないのは，教師がそう決めたからであり，このきまりを守るのは教師に怒られないようにするためであろう。このような考え方は，きまりとは権威者が決めて，それに従えば罰は避けられるという，他律的な理解にとどまっている。他律的理解は，罰が規範遵守に効果的に働く場合もあるかもしれないが，「先生に見つからなければ，きまりを破ってもかまわない」という考えを生み出してしまう危険性がある。

　一方「順番を守る」ことがなぜ必要なのかを，「順番を守ればいつか自分の番が回ってきて，ブランコに乗れるから」というような自分の立場から，そして「順番を守らないと，友達がいやな思いをするから」という友達の立場から，さらには「順番にすればみんながブランコにのれ

るから」といったみんなの立場から考えることもできる。これらの考え
は，きまりが自分や他者そして自分が所属する集団にとってどのような
意味を持つのかを自覚的に捉えている点で，自律的な理解と言える。し
かしこのような考えを，幼児が自らさまざまな視点を想像し，その視点
から語ることは非常に難しい。このような理解は，きまりを守ってみん
なで楽しく遊んだ体験や，きまりを守らずに遊びが続かなくなってし
まった体験などを通じて，幼児の中に生まれてくると思われる。きまり
を守るのは教師に怒られるからではなく，きまりを守ればみんなが気持
ちよく楽しく過ごすことができるからという理解が心の中に芽生えてい
くためには，信頼ある他者との関係の中で，さまざまな体験を積み重ね
ていくことが不可欠である。その中で教師は，それぞれの幼児の思いを
受け止め，表現し，幼児が互いの思いに気付くことができるように支援
していく必要があるだろう。幼児にきまりを守らせるのではなく，幼児
とともにきまりについて考える体験も大切である。

（3）自分の気持ちを調整する力

　きまりが大切であることはわかっていても，特に自分がやりたいと
か，勝負に勝ちたいという気持ちが強いときには，その気持ちを抑える
ことはなかなか難しい。自分の気持ちを調整する力は，自己制御と呼ば
れ，幼児期に急速に発達する（柏木，1988）。またこれらを支える認知的
なメカニズム（例：実行機能）や，他者の心の状態を理解する力（例：
心の理論）も，3〜5歳の間に発達していく（森口，2012）。このように幼
児期は，自己制御がまさに発達しつつある時期であり，この時期の子ど
もは自分の気持ちを上手に調整することはまだ難しい。そのため，例え
ばルールのある遊びをしていても，勝ちたいという思いが強すぎて，自
分に有利になるようにルール違反をしてしまうことがある。しかし，

ルール違反を繰り返していると，他児にとって遊びはつまらないものになってしまい，遊び自体が終わってしまうこともあるだろう。このような体験を通して，幼児は友達と楽しく遊びを続けていくために，きまりを守ることが必要であるということを体験的に理解しはじめるのである。

上述の『幼稚園教育要領』の人間関係の内容（11）には「友達と楽しく生活する中できまりの大切さに気付き，守ろうとする」と記述されている。ここには「守ることができる」とは書かれていない。様々な能力が発達している最中である幼児期において目指されるのは，守ることができることではなく，戸惑いや失敗を経験しながら「守ろうとする」という思いを育てていくことなのである。

3. 規範意識の芽生えを培うための教師の関わり

幼児は友達とのいざこざや葛藤などを実体験する中で，きまりの必要性について学んでいく。教師はその学びをどのように支えていけばよいのだろうか。本節では，事例を通して，規範意識の芽生えを培うための教師の関わりについて考えていきたい。

（1）やりたいという気持ちのぶつかり合いを通して

事例1 ぼくがやるから（5歳児　5月）

　昼食の時間になり，幼児たちはそれぞれにお弁当を出し，食事をとる準備を始めている。S男は一人，ぼんやりとしてドアの近くに立ったままである。教師が，どうしたのか尋ねると，「今日は，ぼくが，やかんの当番なのに，Rちゃんがやっている」と悔しそうに答える。

　この学級では，5歳児になって当番活動を始めたばかりで，特に，やかんの当番に人気があり，やりたいと思う幼児たちが順番を決め，当番の表をつくっていた。S男も，昨日から，「明日は，ぼくが当番」と，うれしそうに話していたらしい。

　せっかく「今日はできる」と思っていたところが，R太が先にやかんを持ってきて，麦茶をコップに注いでいるのを見て，あわてたらしい。

　R太は，昨日の当番だったので，教師は「ありがとう。でも，Sちゃんが今日の当番だから，もう大丈夫。Sちゃんとかわってあげて」と言ってみた。しかし，R太はかわろうとしない。「ぼくが，やるから」と言って譲らない。S男は，悔しくてR太の手を無理矢理引っ張ったので，とうとうやかんの麦茶をこぼしてしまった。

　こぼれた麦茶を見て，R太ははっとしたようだ。R太は，S男が懸命に自分の順番を主張していることに気付き，やかんを素直にS男に渡している。R太が自分の行動の問題に気付いた様子なので，教師は，「Rちゃん，ありがとう」と声をかけ，R太が拭くのを見て，一緒にこぼれた麦茶を拭くことにした。

　　（『幼稚園における道徳性の芽生えを培うための事例集』p.78-79，一部改変）

　事例1は，S男はやっと順番が回ってきた当番を楽しみに待っていたにもかかわらず，R太の当番をやりたいという思いが強く，それらがぶつかり合っている状況である。R太は，その思いを抑えることができずに当番ではないのに当番をやってしまっており，順番に当番をするというきまりを守れていない。教師が声をかけても自分の思いを抑制することができていない。しかし必死にやかんを取り返そうとするS男の気持ちに触れることによって，自分が独りよがりの主張をしていることに気付

き，S男に当番を譲ることができている。

　このように友達とのいざこざや葛藤の中で，自分の主張を通すことで嫌な思いをする仲間がいることに気付く体験を通して，自分の思いを抑制する力が育っていくのである。教師はR太がS男にやかんを渡したことに対して，「ありがとう」と声をかけ，R太と一緒にこぼれた麦茶を拭いている。自分の行動の問題に気付いたR太を認め，心温かく受け止めている。このような教師の関わりは，自分が失敗をしても支えてくれる教師への信頼，そして自分の思いを抑制することができた自分への自信を育てていくと考えられる。

（2）きまりを自覚していく過程に寄り添う

事例2　小さい組の子が大変なことしているよ（4歳児　9月）

　「先生，先生，小さい組の子がホールで大変なことしているよ」と5歳児の幼児が走ってくる。ホールに行ってみると，壁や修了記念に贈られたピアノカバーにマジックでいくつもの落書きがしてある。驚いた担任は，園長や主任に知らせ，駆けつけた教師たちも一様に驚く。落書きをしたらしいA男，T郎，D太，S介はあまり悪びれた様子もなく，「ここはAちゃんが描いて，ここはぼくが描いたの」と言う。

　洗剤を持ってきて「とにかくやってみましょう」と，幼稚園中の大人が集まって壁をこすり始める。誰もが無言で力をこめてこすっているので，あたりには緊張感が漂う。落書きをした4人は，だんだんことの重大さに気付いてきた。「消しゴムで消せばいいんじゃない？」と笑うT郎に，主任が黙って消しゴムを渡す。受け取った消しゴムでT郎は壁をこする。しかし消えない。初めてT郎の表情がこわばる。

　それから4人も教師たちと一緒にクレンザーをつけたスポンジで壁を

こする。しばらくしてやっと壁の落書きは消えた。安心した表情の4人。ところがピアノカバーの落書きは，4人の前で濡らしてみたり洗剤をつけてこすってみたりするが全く消えない。

　S介が「どうするの？また買うの？」と聞く。園長が「このカバーは，修了の記念にお母さんたちが特別につくってくれたものなのよ。だから買い換えることも，つくり直すこともできないのよ。本当に困ったわねえ」と言う。4人ともすっかりうなだれてしまった。

　園長は「でももう仕方がないわね。これからは大切に使いましょう」と言い，みんなでカバーを元のようにピアノにかける。4人はいくらかほっとした表情になる。

　その後，幼児がピアノカバーを指して「これはたいせつなものなんだよ」と，他の幼児に知らせている場面を，時折見掛けた。

（『幼稚園における道徳性の芽生えを培うための事例集』p.93-94，一部改変）

　事例2は，園で大切にしているピアノカバーに落書きをしてしまった男児たちの姿が書かれている。大切なものを傷つけるという重大なルール違反であるが，はじめのうち幼児たちはそのことを自覚している様子は見られない。いたずらをしたり，きまりを破ってしまったりしたとき，大人はその行為に対して叱るという対応を取りがちであるが，自分の行為の意味を自覚していない段階で叱っても，幼児にはただ叱られた印象しか残らないだろう。この事例では，まず教師が幼児とともに真剣に落書きを消しながら，自分がしてしまったことの重大さに気付く過程を支えている。そして「うなだれる」幼児の様子から，行為を十分に反省していることがわかる。最後には園長に声をかけられ「ほっとした表情」を見せている。教師が，幼児の反省を認め，今後の幼児への信頼を伝えることが，幼児なりに「もうやらないようにしよう」と強く自覚す

ることにつながっていると考えられる。

（3）教師の関わりに求められること

　幼児の規範意識を養っていく上で，教師が積極的に働きかけ，きまりを守ることの大切さを伝えていくということが必要なときもあるだろう。たとえば幼児が集団生活を始めたばかりの時期は，順番やものの貸し借りなど，教師と一緒に行動しながら，きまりそのものについて，知っていく必要がある。しかし，教師に言われたからなんとなくきまりを守る方がいいと理解させてしまうことは避けなければならない。

　事例1と事例2を通して，幼児を取り巻く人間関係の中で，友達の思いや，教師の真剣さに気付くことなど，他者の心に触れる経験によって，規範意識が幼児の中に生まれていることがわかる。その際，教師は，幼児に寄り添い，幼児の気持ちを受け止めながら，規範意識の芽生えを培っていくことが求められる。そのためにも，教師自身が，きまりの必要性に対して自律的な理解を持ち，幼児自身がきまりを守ろうとする思いを持つために教師がどのように関わるべきかを意識しながら，日々の生活の中で，幼児とともにきまりの大切さを考える体験を積み重ねていくことが求められるだろう。

学習課題

1　私たちの生活の中にあるきまりを思いつく限り挙げて，分類してみよう。それらのきまりがなぜ必要なのか，理由を考えてみよう。
2　事例集などを参考に，いざこざの事例を読んで，きまりを守れなかった幼児の気持ちについて考えてみよう。
3　きまりを守れなかった幼児に対して，教師がどのように関わるべきか，具体的な例を挙げて考えてみよう。

参考文献

・岩立京子「幼児期の規範意識はどのように芽生えてくるか」『児童心理』金子書房，2012 年
・柏木惠子『幼児期における「自己」の発達：行動の自己制御機能を中心に』東京大学出版会，1988 年
・国立教育政策研究所生徒指導研究センター『規範意識をはぐくむ生徒指導体制 − 小学校・中学校・高等学校の実践事例22から学ぶ』東洋館出版社，2008 年
・無藤隆『保育の学校　第2巻5領域編』フレーベル館，2011 年
・森口祐介『わたしを律するわたし：子どもの抑制機能の発達』京都大学学術出版会，2012 年
・文部科学省『幼稚園における道徳性の芽生えを培うための事例集』ひかりのくに株式会社，2001 年
・スメタナ J.G.「社会的ルールの理解」マーク ベネット（編集）二宮克美・渡辺弥生・子安増生・首藤敏元（訳）『子どもは心理学者：心の理論の発達心理学』福村出版，1995 年

9 | 保育内容の指導法（2）
―協同的な遊びの展開と援助

師岡　章

《目標とポイント》　幼児期の教育において課題となる協同的な遊びの展開と
援助のあり方についての理解を深める。特に，協同して遊ぶ体験を促すため
に必要な教師の役割や，近年注目されているプロジェクト型実践の可能性を
検討する。
《キーワード》　協同の精神の芽生え，協同性，協同的な遊び，協同的な学び，
学級集団，プロジェクト型実践，プロジェクト・メソッド，レッジョ・エミ
リア・アプローチ，総合的な活動

1. 協同的な体験の意義

　現行の『幼稚園教育要領』の改訂時，幼児の幼稚園修了時の具体的な
姿として示された「幼児期の終わりまでに育ってほしい姿」のひとつ
に，「協同性」があげられた。なぜ，今，「協同性」が幼児期の教育にお
いて重視されるのか。また，「協同すること」とは，具体的にどういっ
た体験を指しているのか。以下，その意義を検討してみる。

(1)「協同すること」が重視された背景
　第1章で触れたように，幼稚園教育の目標を規定している『学校教育
法』第23条の2には，すでに「協同の精神の芽生えを養うこと」が掲げ
られている。また，幼児期自体が他者に関心を向け，一緒に遊ぶことを
求めたり，一緒に生活することを喜ぶ時期でもある。

　にもかからわず，現行の『幼稚園教育要領』で「協同性」を改めて強調することになったのは，一部の幼稚園現場で，協同する体験があまり重視されず，その結果，自制心が希薄であったり，自己中心的な傾向を脱皮しきれない幼児が増えた，との指摘がなされたからである。

　例えば，「協同すること」の強調の端緒となった前『幼稚園教育要領』の改訂作業の中では，「5歳になっても，協同的な遊びの展開が充実していない」という意見が見られた。また，熊本県内で実施されたアンケート結果『幼稚園長・保育所長から見た幼児の状況』も活用され，「自己中心的な園児の増加傾向」に関して「強く感じる」が15.5 %，「多少感じる」が55.6 %，また「自制心のない園児の増加傾向」に関しては「強く感じる」が4.4 %，「多少感じる」が57.8 %，「コミュニケーションが取れない園児の増加傾向」に関しても「強く感じる」が6.7 %，「多少感じる」が46.7 %と，いずれも半数を超える保育現場の園長が，幼児の育ちに問題があると感じている実態も把握された。

　こうした問題状況の背景・要因として指摘されたものの1つに，「幼児一人一人の思いを大切にする」あるいは「幼児の自由を尊重する」といった理念を大切にするあまり，保育現場でも幼児が一緒に遊んだり，生活する機会を促しきれていない，というものがあった。

　ちなみに，こうした理念は「6領域」から「5領域」へと大改訂がなされた1989（平成元）年の『幼稚園教育要領』以降，特に強調されてきたものである。背景には，教師主導による管理的，一斉画一的な保育や，小学校教育の先取りといった，幼児期の教育としてふさわしくない実践が一部の保育現場で増えている，といった状況があった。「指導」よりも「援助」が強調されるようになったのも，この1989（平成元）年の改訂以降である。こうした中，前述したような，幼児同士が協力して1つの活動に取り組む機会も軽視されることになった，と指摘された

わけである。言わば，「自由」と「放任」を区別できず，幼児の言い分をそのまま受け止めるだけで，他者との関わりにおいて自己中心性を脱皮する機会や，自己抑制を育む指導を展開しきれていない，ということであろう。そのため，第2章でも示したように，現行の『幼稚園教育要領』では，「幼児期の終わりまでに育ってほしい姿」として「自立性」や「協同性」の育成が重視されていることを踏まえ，領域「人間関係」の中で，以下のような変更がなされたわけである。

「ねらい」
(旧)(2)身近な人と親しみ，かかわりを深め，愛情や信頼感をもつ。

↓

(新)(2)身近な人と親しみ，関わりを深め，工夫したり，協力したりして一緒に活動する楽しさを味わい，愛情や信頼感をもつ。

「内容の取扱い」
(旧)(1)教師との信頼関係に支えられて自分自身の生活を確立していくことが人とかかわる基盤となることを考慮し，幼児が自ら周囲に働き掛けることにより多様な感情を体験し，試行錯誤しながら自分の力で行うことの充実感を味わうことができるよう，幼児の行動を見守りながら適切な援助を行うようにすること。

↓

(新)(1)教師との信頼関係に支えられて自分自身の生活を確立していくことが人と関わる基盤となることを考慮し，幼児が自ら周囲に働き掛けることにより多様な感情を体験し，試行錯誤しながら諦めずにやり遂げることの達成感や，前向きな見通しをもって自分の力で行うことの充実感を味わうこ

> とができるよう，幼児の行動を見守りながら適切な援助を
> 行うようにすること。

　もちろん，幼稚園，また教師によっては，前述した「"幼児期の教育
としてふさわしくない実践" など行っていない」と，主張したいケース
もあるだろう。

　しかし，教師という人間と，幼児という人間が関わり合う中で展開さ
れる保育実践は「これでよい」，また「完璧にできている」といったこ
とはあり得ず，常に改善が求められるはずである。だとすれば，「協同
すること」の意義を再認識する中で，協同的な体験をさらに充実させて
いくことは，いずれの園でも大切にすべきことであろう。

（2）協同性

　「協同すること」，つまり協同的な体験を重視する際，その体験を通し
て育成すべき「協同性」とは，具体的にどのような育ちを期待している
ものなのであろうか。この点を理解しておかないと，協同的な体験を促
しても，表面上，足並みをそろえた集団行動ばかりが求められる危険性
もある。つまり，形として集団行動を強いるだけに終始するわけであ
る。こうした事態に陥らないためには，「協同性」が指す中味を確認し
ておく必要がある。

　この点について，『幼稚園教育要領解説』は，第1章総説の第2節
幼稚園教育において育みたい資質・能力及び「幼児期の終わりまでに
育ってほしい姿」において，「協同性」について，概ね以下のように説
明している。

○協同性は，教師との信頼関係を基盤に他の幼児との関わりを深め，思いを伝え合ったり試行錯誤したりしながら一緒に活動を展開する楽しさや，共通の目的が実現する喜びを味わう中で育まれていく。

○幼児は，友達と関わる中で，様々な出来事を通して，嬉しい，悔しい，悲しい，楽しいなどの多様な感情体験を味わい，友達との関わりを深める。

○友達との関わり中で互いの思いや考えなどを共有し，次第に共通の目的をもつようになる。

○5歳児後半には，目的の実現に向けて，考えたことを相手に分かるように伝えながら，工夫したり，協力したりし，充実感をもって幼児同士でやり遂げるようになる。

○単に他の幼児と一緒に活動できることを優先しない。

○それぞれの持ち味が発揮され，互いのよさを認め合う関係ができてくることが大切。

○幼児期に育まれた協同性は，小学校における学級での集団生活の中で，教師や友達と協力して生活したり学び合ったりする姿につながる。

このように，「協同性」の中味として想定，また重視されているのは，まず，幼児が他の幼児との関わりを深めるためには，教師との信頼関係が基盤となるということである。幼児は教師との信頼関係があるからこそ充実・安定し，自己発揮もできるのである。その上で，他者に関心を持ち，互いに思いを伝え合ったり，響き合うこと。けんかなどがあっても心を寄せ合い，物事をよく観察した上で認識し，あきらめず工夫し，やり遂げていく。その中で，幼児なりに自己抑制し，他者の違いに気付くことも期待されている。そして，気付いたら同じような方向に向かっている段階から，5歳児後半になれば，学級集団として共通の目的に向

かって力を合わせる喜びを味わい，コミュニケーション能力や物事を見通しを持って構築していく力を学ぶことを指しているわけである。

　したがって，「協同性」とは，早い時期から形としてのグループや学級集団での集団行動に適応することではない。遊びが展開・発展していく中，幼児相互の人間関係が生成・拡大・深化していく過程で育まれる協働性を指しているわけである。

（3）小学校教育への接続

　幼児期の教育において，「協同性」の育成が求められる背景には，前述した『幼稚園教育要領解説』も指摘するように，小学校教育との関係もある。

　第13章でも触れるが，現在，小学校では「小1プロブレム」や「学級崩壊」と称される問題行動や授業の不成立が低学年化している状況が見られる。さらに，幼児期の教育と小学校教育との間には大きな段差があり，幼児自身が戸惑うケースも見られる。こうした中，幼児期の教育と小学校教育の連携が求められているわけである。特に，両者の円滑な接続を図る際，幼児期の教育における「協同性」の育成が注目されている。例えば，前述した前『幼稚園教育要領』の改訂作業の中でも，以下のような意見が見られた。

○幼稚園においても，協同的な学びなどをうまく指導の中に取り入れていくことによって，小学校との接点であるとか連携ができると感じる。
○幼稚園でも学びの発展がある。小学校で進めている生活科，それが発展した総合的な学習の時間に十分につながる遊びになっている。そういう意味で，幼稚園から小学校を意識するときに，コミュニ

ケーション，課題意識，目的意識などについて，ある程度目安を持たせた活動を意識することが小学校につなげる意味で重要である。

○幼稚園の時にみんなで生活の中で何かを生み出し，学びの喜びを耕していくことが，幼小連携で一番重要なこと。小学校で行うことを幼稚園で行うことではないということを押さえる必要がある。

○豊かな関わりのある遊びを幼稚園でたくさん場を積んでくることが協同的な学びであり，そのことが小学校の学習につながっていくのではないか。

○いろいろな集団の中に入ったときに，子どもが自分のことをしっかり語れるということは大事なことである。幼稚園の段階で求めるのは，子ども同士が目的を持ちながら，いろいろな活動を展開することを経験すること。

このように，「協同性」は協同的な遊びだけでなく，協同的な学び体験も視野に入れながら，小学校教育との接続を図る上でも重視されているわけである。現行の『幼稚園教育要領解説』が「協同的な遊び」ではなく，「遊びを展開する協同的な活動」という言葉を使うのも，こうした学びの側面を重視するからであろう。

2. 協同的な遊びを促すための留意点

「協同性」は，協同的な遊びを展開する中で育成が期待されている。協同的な学びも，そうした体験を通して育まれることになる。そこで，次に協同的な遊びを展開，また発展させる際の留意点について検討してみる。

（1）遊びの状態に応じた教師の関わり

　入園時，幼児は基本的に友達がいない状態である。したがって，入園当初の生活，また遊びは一人一人の興味・関心によって開始される。このうち遊びは，いわゆる一人遊びとして展開されるが，教師はまずその姿を認め，一緒に遊びながら信頼関係をつくり，幼児一人一人が充足できるような援助をすることが求められる。

　次に，幼児一人一人が安定し，他の幼児の遊びに目が向くようになれば，教師が橋渡し役となり，幼児同士をつなげ，一緒に遊びを楽しむ機会をつくることも大切となる。

　そして，一緒に楽しく遊ぶ姿が見られたら，その遊びが継続できるような物的・空間的環境の整備，また時間の保障が求められる。なぜなら，互いに一緒に遊びたい気持ちがあっても，遊具や遊ぶスペースに限りがあると，幼児によってはあきらめたり，またけんかになったりするからである。もちろん，いずれ，こうした葛藤，挫折を幼児なりに乗り越え，協同的な遊びを展開してほしいわけだが，入園当初，あるいは3歳児期からその姿を期待することは難しい。したがって，入園当初，あるいは3歳児期などでは，遊具を順番・交代で使うよりも，遊びたい幼児が全員手にできるだけの数を用意することがあってもよい。また，人気となるごっこ遊びのコーナーなどを複数設定する時期があってもよいだろう。幼児同士が互いに出会い始める時期は，こうした配慮を心がけたい。

　その後，幼児同士が自発的に誘い合い，一緒に遊び出すようになると，互いの意思もはっきりする分，けんかや行き違いも増えてくる。当初は，教師が当事者となる幼児の代弁者となり，思いの違いを明確にし，問題解決の方法を気付かせる必要があるが，次第に，幼児が互いに納得する方法で自己解決していく姿を見守ることも求められる。

　こうした力を幼児が身に付けるようになると，協同的な遊びへの意欲も高まり，幼児は続けて遊ぶことを求める。こうした際，教師は次回も遊びが継続できるような配慮が必要となる。遊んでいた物や場所を残したり，時間の見通しを促す働きかけも必要となる。

　このように，教師は幼児の育ち，また遊びの状態に応じて，協同的な遊びが豊かに展開できるような関わりが求められる。

（2）遊び内容の発展を支える教師の関わり

　協同的な遊びが豊かに展開し，幼児同士の関わりが深まるためには，遊び内容が発展していく必要もある。

　例えば，ごっこ遊び1つとっても，「お家ごっこ」は遊び出したメンバーだけの関わりあいに終始するが，料理作りが盛り上がり，お客を呼ぶことに興味を持ち始めると，遊びが「レストランごっこ」へと発展し，人間関係の幅も広がっていく。遊びに必要な物を生み出す工夫も深まっていく。また，鬼ごっこも，鬼を1人決め，それ以外のメンバーが「氷」と宣言し，鬼のタッチを避けつつ遊ぶ「氷鬼」など当初は少人数で追う―逃げることを楽しむが，出会ったところで「ド〜ン」と言い，両手で互いにタッチした後，じゃんけんをし，勝った方が負けた方を捕まえる「ドンじゃんけん」などより複雑なルールをもとにチーム対抗で遊び出すと，メンバーも増え，勝つための作戦を考えたり，勝敗を競う中で仲間意識も高まる。

　教師は，こうした遊び内容の発展を促すため，新しい遊具を投げかけたり，参加していない幼児を誘う対応も必要となる。状況によっては一緒に遊び，新しい遊び方をモデルとして示すことも必要となる。

（3）学級集団として活動する場面の活用

　協同的な遊びが発展していくためには，遊びだけでなく，園生活全体を通して，幼児同士が幅広く出会う機会を設けることも大切となる。

　例えば，友達となった幼児同士や，気が合いそうな幼児同士を同じグループにし，一緒に食事したり，製作する場面をつくる。また，朝の会などクラスでの集まりの機会に，互いの遊びを紹介する話し合いを持つといった働きかけを行うわけである。形としてのグループ活動，またクラス集会を重視するのではなく，幼児同士が出会い，互いの存在に気付き合う機会として活用すれば，幼児の人間関係の幅も広がるはずである。自発的な遊び場面だけでは接点が持ちきれないケースも多いだけに，こうした学級集団を対象とした指導方法も活用すべきものである。

3. プロジェクト型実践の可能性

　協同的な遊びを充実させていく取り組みとして，現在，最も注目されている方法としてプロジェクト型実践がある。以下，その要点を検討してみる。

（1）プロジェクト型実践の内容と意義

　プロジェクト型実践とは，幼児の興味・関心を発展させ，教師が主題と意味を見出し，その主題をもとに一定期間，協同的な活動を展開していくものである。

　児童中心主義に基づく進歩主義教育運動の中で，子どもの自発的な経験による学習を展開する方法として，キルパトリック（William Heard Kilpatrck）が考案したプロジェクト・メソッド（project method）を活用したものである。プロジェクト・メソッドによる経験学習は，子どもに

よる目的的活動であり、「目的→計画→実行→判断」の4段階によって
展開される。

　現在、第6章で取り上げたレッジョ・エミリア・アプローチで発展的
に活用され、わが国でも注目されている。レッジョ・エミリア・アプ
ローチでは、従来、学級単位で取り組まれることが多かったプロジェク
ト活動を、4〜6人程度の小グループで展開していく。また、プロジェ
クトの主題も教師は大まかに設定するだけで、その展開は幼児たちの発
想に任されていく。さらに、協同的な活動は人間関係の育ちを促す機会
と捉えられがちだが、活動内容は知的な探求活動や、絵画・造形・音楽
などを活用した表現活動が主軸となっている。したがって、絵画や音楽
活動など、教師が主導する単一的な目標設定に基づく、一日で完結する
一斉活動とは異なり、多様な学びが1つの主題のもとで長期的に展開さ
れる総合的な活動とも言えるものである。

　こうしたレッジョ・エミリア・アプローチなどで展開されているプロ
ジェクト型実践について、OECD白書は「遊びと幅広いプロジェクト
ワークが主要な発達分野の能動的な学習と多彩な経験を促し、これを通
してすべての発達領域に関わる」取り組みである、と位置付けている。
つまり、「経験豊かな教師（および親と年長の子どもたち）の助けを得
て、幼い子どもは自分の活動を選択し、プロジェクトを組み立て」なが
ら、「自己調整と主体性をもったすばらしい経験、高い動機づけをもっ
た経験」を促すものだ、とその意義を整理しているわけである。

（2）プロジェクト型実践の展開

　プロジェクト型実践は、幼児の興味・関心を発展させていくものであ
り、教師が一方的に主題を設定し、協同的な活動を促すことではない。
したがって、その実践は遊びから生み出されるものである。言わば「遊

びから活動へ」といった展開が基本となるわけである。

　ただ，すべての遊びがプロジェクト化されるわけではない。まず，遊びの中で，興味・関心がある一定の幼児同士で共有・共感されていることが，協同的な遊びの前提となる。つまり，一人遊びではなく，数人の幼児が継続的に遊んでいる事柄が主題となり，プロジェクト化されるわけである。

　また，プロジェクト化される主題が，人間関係の育ちはもちろんのこと，知的な探求活動や，豊かな表現活動を生み出すものであることも求められる。とすれば，幼児期の遊びの中で最も好んで遊ばれるごっこ遊びが最適なものと言えよう。ごっこ遊びは，主題によりさまざまな役割を生み出すとともに，遊びに必要な物，あるいはイメージがふくらんだ物を幼児自らがつくり出す機会が多い。また，それらを活用して，表現活動を展開する可能性も高い。もちろん，幼児は身体を動かす遊びや，自然と関わる遊びなどにも興味・関心を持ち，遊びを継続・発展させるが，それをプロジェクト化する際は，やはり，ごっこ遊びを成り立たせる見立てやイメージ，ふりといった要素が入ってこないと，その内容も高まらない。

　このように，プロジェクト型実践は，遊びの質を見極めた上で，その展開を図ることが大切となる。

（3）プロジェクト型実践を支える教師の姿勢

　プロジェクト型実践を展開する際，まず教師は幼児の遊びをしっかり観察し，プロジェクト化できる協同的な遊びを見極める必要がある。つまり，プロジェクト化できそうな主題を仮説として持ち，その実態を丁寧に把握するわけである。そして，仮説に適う遊びが見られれば，それを継続・発展させる援助を行うわけである。

　次に大切になるのは，幼児が興味・関心を持つ事柄を受容・共感する姿勢である。幼児の発想は，大人から見れば稚拙，また奇想天外に見えることも多い。その結果，「それは無理」「できるわけはないでしょう」と，幼児の思いを頭ごなしに否定することもしばしば起こる。しかし，これでは，遊びからプロジェクトを生み出すどころか，遊びそのものも壊してしまう。プロジェクト型実践の主役は幼児自身であることを自覚し，その可能性を奪うことがないようにしたいものである。

　ただ，幼児の興味・関心を受容することは，放任することではない。幼児には思いがあるが，知識・技術が伴わず，実現の見通しが持てないケースも多い。また，人間関係上のトラブルを幼児だけですべて解決することも難しい。したがって，教師は幼児の発想を尊重しつつ，幼児と対話を重ねながら活動を展開する姿勢も大切となる。

学習課題

1　協同的な体験が重視される理由についてまとめてみよう。
2　協同的な遊びを展開する際の留意点を考えてみよう。
3　プロジェクト型実践として展開できる活動やテーマを考えてみよう。

参考文献

・エドワーズ・ガンディーニ・フォアマン（佐藤学・森眞理・塚田美紀訳）『子どもたちの100の言葉』世織書房，2001年
・OECD編（星美和子，首藤美香子，大和洋子，一見真理子訳）『OECD保育白書－人生の始まりこそ力強く：乳幼児期の教育とケア（ECEC）の国際比較』明石書店，2011年
・角尾和子編『プロジェクト型保育の実践研究』北大路書房，2008年
・中央教育審議会教育課程部会 幼稚園教育専門部会「教育内容の改善：協同的な学びを推進する」（文部科学省，2006年，第8回配付資料）
・文部科学省『幼稚園教育要領解説』フレーベル館，2018年

10 | 保育内容の指導法（3）
―行事の指導

師岡　章

《目標とポイント》　幼児期の教育において課題となる行事の指導についての
理解を深める。特に，教育的価値に基づく行事の精選と，幼稚園生活の自然
な流れにそった展開の仕方について検討する。
《キーワード》　行事保育，祭り，セレモニー，イベント，フェスティバル，
子どもの成長の手がかりとなる行事，総合的な活動，創造的活動

1. 行事活動の意義と課題

　幼稚園において，幼児が取り組む活動の1つに行事がある。このよう
に，行事は具体的な保育内容を考える上で，欠かすことのできない活動
である。では，幼児にとって行事とは，どのような意味を持つものなの
だろうか。また，現在，幼稚園で設定されている行事保育は，どのよう
に取り組まれているのだろうか。こうした視点をもとに，行事活動に関
する意義と課題を検討してみる。

（1）行事とは何か

　一般に，行事とは「前もって日時を決めて行う催し」を指す。つまり，
あらかじめ日程を組み，計画的に取り組む大勢の人を集めた「儀式」や
「式典」「催し物」が行事である。英語で言えば，「セレモニー (ceremony)」，
あるいは「イベント (event)」となる。ちなみに，セレモニーの原義は
「聖なる儀式」であると言われる。そのため，わが国でも行事の多くは

「神事」「仏事」「祭事」などであり，それらは「祭り」とも呼ばれ，「祝い事」となっている。こうした祭りは，英語では「フェスティバル（festival）」となるが，フェスティバルには「浮かれ騒ぎ」「祝いの喜び」という意味もある。子どもの頃，「運動会や遠足の前日はワクワクして眠れなかった」という体験を持つ人も多いだろうが，本来，行事はこうした側面を持つ出来事でもある。

　なお，わが国の文化の中には「ハレ」と「ケ」という考え方がある。このうち，「ハレ」とは「特別な機会（日）」，「ケ」とは「ふだん（普通の日）」という意味である。祝い事に着る服を「晴れ着」と呼ぶのも，こうした意味を踏まえたものである。また，昔の庶民は普段の食べ物や食事自体も「ケ」と呼んでいた。つまり，朝食は「アサケ（ゲ）」，夕食は「ユウケ（ゲ）」となるわけである。普段の食事時間を「ケドキ」と呼ぶ地域もあった。したがって，祭りはまさに「ハレの日」そのものであり，普段とは異なる衣装を身に纏い，ごちそうを味わうことを楽しんだわけである。生活にメリハリや彩りを与える知恵と言えるだろう。

　このように，人間は節々に特別な日を設け，生活を楽しんできた。その意味で，行事とは生活の節目として，日常生活に潤いを与えるものである。言い換えれば，期待感を持って待つ，また迎える出来事こそが行事なのである。

（2）行事の教育的価値

　生活の節目である行事，また期待感を持って迎える行事を，幼児期の教育において取り上げる意味について，『幼稚園教育要領解説』はさまざまな箇所で触れている。以下，代表的なものを紹介してみる。

> 地域の行事への参加や地域の人々の幼稚園訪問などの機会も，幼児が豊かな人間性の基礎を培う上で貴重な体験を得るための重要な環境である。
>
> 〔序章第2節「2幼稚園の生活」の「(3) 適切な環境があること」より〕

> ときには誕生会のお祝いや季節の行事にふさわしい食べ物を食べることもあろう。幼稚園生活での様々な機会を通して，幼児が皆で食べるとおいしいという体験を積み重ねていけるようにすることが大切である。
>
> 〔第2章第2節　1領域「健康」の「内容の取扱い」(4) より〕

> 幼稚園の外に出掛けると，季節による自然や生活の変化を感じる機会が多い。幼児が四季折々の変化に触れることができるように，園外保育を計画していくことも必要である。かつては，地域の人々の営みの中にあふれていた季節感も失われつつある傾向もあり，秋の収穫に感謝する祭り，節句，正月を迎える行事などの四季折々の地域や家庭の伝統的な行事に触れる機会をもつことも大切である。
>
> 〔第2章第2節　3領域「環境」の「内容」(3) より〕

このように，『幼稚園教育要領解説』は，幼児にとって行事がみんなで食事をする楽しさを味わう機会となったり，季節や生活の変化を実感する機会となること，さらに伝統的な文化に出会う機会になるなど，豊かな人間性の基礎を培う上で，重要な環境の1つであることを指摘している。言いかえれば，食育の推進から，自然に対する感覚，伝統文化の理解，人間関係の拡大・深化など，行事が教育的に多様な価値を持つ活動である，と位置付けているわけである。

（3）行事保育の課題

　教育的に多様な価値を持つ行事だが，行事保育の現状を見ると，行事本来の魅力や，教育的価値を十分に生かし切れていない実態も見られる。

　例えば，幼稚園によっては「行事が多く，ゆったりと園生活が過ごせない」という実態が見られる。誤解を恐れずに言えば，「年間を通して行事が目白押しで，こなすだけで精一杯」であり，その結果，教師も幼児も疲弊していくわけである。

　また，「行事は“ヤラセ”になりがちで，子どもがかわいそう」という教師の声も聞かれる。つまり，幼児の実態や思いを踏まえず，事前に行事ごとのやり方，進め方が決められており，教師の働きかけも幼児をその形に従わせる指導に終始するわけである。前述したように，行事は聖なる儀式を原義とするセレモニーという性格が持つわけだが，そのため，一定の作法・形式に従って展開される面もある。セレモニーのもう1つの意味として，「礼儀作法や堅苦しさ，形式ばること，虚礼」が指摘されるのも，こうした行事の性格を踏まえたものである。

　このように，幼稚園で展開されている行事保育の中には，幼児にとって期待感を持ったり，特別な出来事として，普段味わうことができない楽しさを味わう機会になっていない実態も見られる。つまり，フェスティバルとしての魅力が見失われ，形が先に決められている単なる催し物，言わばイベントに過ぎないものとなっているわけである。

　こうしたイベント化している行事保育の実態を憂い，その改善を図るため，『幼稚園教育要領』は，第1章の「第4　指導計画の作成と幼児理解に基づく評価」の「3　指導計画の作成上の留意事項」において，行事の指導について，以下の点に留意することを求めている。

> (5) 行事の指導に当たっては，幼稚園生活の自然の流れの中で生活に変化や潤いを与え，幼児が主体的に楽しく活動できるようにすること。なお，それぞれの行事についてはその教育的価値を十分検討し，適切なものを精選し，幼児の負担にならないようにすること。

　このように，『幼稚園教育要領』は行事保育を展開する際，幼児にとって負担にならぬよう，現在，計画されている行事の種類や数，また内容を見直すことを求めている。

　各幼稚園，また教師は，行事に取り組むべき主体は幼児自身であることを再確認し，日常の園生活の流れを踏まえて無理のない形で行事を設定，展開することを改めて心がけなければならないだろう。また，幼児の生活に潤いを与えるという観点から，計画する行事を精選していくことも課題となるわけである。

2. 行事の性質と種類

　行事を精選するにあたっては，行事の種類に着目しておくことが必要となる。行事内容に注目し，質的な違いが整理できれば，幼児が主体となって展開していける行事と，そうでない行事の区別もできるはずである。そこで，幼稚園において取り組まれている行事を概観し，その性質の違いと，それに基づく分類を試み，幼児が主体となって展開し，より豊かな成長・発達につながる行事のあり方について検討してみる。

（1）行事の質に注目した分類
　園生活において，年間を通して計画されている様々な行事は，質的な違いによって，いくつかの種類に分けることができる。例えば，宍戸健

夫・村山祐一編『課業の内容と行事』（あゆみ出版）では，以下のような分類が提案されている。

---

1. 学年・学期のはじまりや終わりの区切りとしての儀式的な形をとるもの
    ・入園式，対面式，始業式，終業式，卒園式
2. 子どもの成長の手がかりとなるもの
    ・一泊保育，運動会，作品展，音楽会
3. 子どもの成長や祭りごとを祝うもの
    A. 子どもの成長を祝うもの
        ・誕生会，七五三，節句
    B. 季節の行事を保育に取り入れるもの
        ・七夕，節分，もちつき，クリスマス会
4. 父母との連帯を深めるもの
    ・保育参観，懇談会

　ただ，幼稚園によっては，上記に例示されていない行事も多く取り組まれている。例えば，花祭り，イースター，時の記念日，父の日，母の日，敬老の日，身体測定，歯科検診，避難訓練，老人ホーム訪問，小学校との交流活動，プール開き，さつまいもほりなどである。

　このうち，釈迦の生誕を祝う花祭りは仏教保育を展開する園，また，キリストの復活を記念するイースターはキリスト教保育を展開する園がそれぞれ重視している宗教行事である。また，時の記念日，父の日，母の日は，社会が近代化された以降に設けられた社会的行事である。ただ，父の日や母の日，敬老の日は，前述した分類に基づけば，父母との連帯を深める行事でもある。さらに，身体測定，歯科検診，避難訓練などは，幼児の健康保持や安全確保のため，クラスまた園の運営・管理

上，取り組みが義務付けられている行事である。老人ホーム訪問や小学校との交流活動は，近年，新たな保育課題として求められている取り組みであり，同時に地域との連携を図るという面も持つ行事である。そして，プール開きやさつまいもほりは，季節の変化や自然に関する行事と言えよう。

このように，実際に実施されている園行事は，前述した分類法だけでは収まりきれないほど多様である。また，母の日などのように，1つの行事が多様な要素を含んだケースも見られる。「子どもの成長や祭りごとを祝うもの」の実例として挙げられた誕生会や七五三，七夕，節分などを，年中行事，伝統（伝承）行事と捉える幼稚園もあるだろう。

いずれにしても，それらを計画している園にとっては，不必要な行事は1つもないはずである。ただ，こうしたすべての行事を，幼児が主体となって取り組めるわけではない。前述した実例を見れば，あえて，教師が主導しなければ展開できない行事もある。そこで教師は，園行事すべてを把握し直し，その質に注目した上で，幼児が主体となって展開し，より豊かな成長・発達につながる行事を見出す必要がある。

（2）総合的な活動としての行事

幼児期の教育は，遊びを中心とした生活を通して，一人一人に応じた指導を総合的に展開するものである。それは，幼児のある能力が特定の活動に結び付く形で育成されるのではなく，さまざまな能力が1つの活動の中で関連しながら発揮されるからである。したがって，幼児が取り組む活動は，さまざまな能力が発揮され得る多様な体験ができるものが求められる。こうした多様な体験ができる活動を総合的な活動と位置付けると，行事によってはそうした内容を持つものがある。

例えば，園行事を代表するものの1つである運動会は，主たる内容は

運動的な活動と捉えられがちだが，競技種目を見ると，走るだけでなく，ダンスなど音楽に合わせたリズム表現活動，あるいは身体表現活動が設定されているケースも多い。また，運動会の会場を飾る万国旗や，競技に使う用具づくりなども多くの園で取り組まれているが，それらは製作活動である。このように，運動会は，運動的な活動からリズムや身体などを通した表現活動，造形活動などが盛り込まれた総合的な活動という性質を持った行事なのである。

　また，こうした運動的な活動や表現活動，製作活動などは，自発的な幼児の遊びにもしばしば見られるものである。そのため，総合的な活動としての行事は，日常の園生活において展開されている自由な遊びと関連させることができるものである。

　このように総合的な活動としての行事は，日常の園生活の延長線上に位置付くものであり，なおかつ，特別な時間を過ごす機会として，非日常的な体験ができる取り組みである。まさに，総合的な活動としての行事は園生活の頂点として，幼児の園生活に潤いを与え，様々な能力が飛躍的に発揮される機会となるわけである。

　幼児が主体となって展開し，その体験がより豊かな成長・発達につながる行事は，こうした総合的な活動であることが求められる。行事の精選にあたっては，その質に注目し，総合的な体験を促す可能性が高い行事と，そうではないものを区別していくことが重要となる。

（3）クラス集団による創造的活動しての行事

　多様な園行事のうち，総合的な活動を促す可能性が高い行事は，前述した分類で言えば，一泊保育や運動会，作品展，音楽会を例として挙げていた，「子どもの成長の手がかりとなる」行事であろう。

　ただ，実例として示された運動会，作品展，音楽会などは，前述した

行事保育の課題で指摘した，イベント化され，幼児の負担となっているケースがしばしば見られる行事でもある。子どもの成長の手がかりとなる行事として園が最も重視した結果，そうした傾向を生み出していると言えよう。さらに，運動会や作品展，音楽会などは，保護者に子どもの成長を発表する機会として位置付けている園も多い。そのため，こうした取り組みは全園行事となっている。こうした中，保護者に「見せる」ことが第一義的な目的となっているケースもある。発表会的な性質を持つ行事は，しばしばこうした傾向にも陥りやすい。これが，さらなる行事のイベント化，幼児の負担増につながるわけである。教師も保護者の評価を意識して発表する形を決め，指導するため，発表当日に向かう過程では，形通り出来ているか否かを厳しく指摘することになる。当日も教師の方が幼児以上に緊張し，終了した時点では疲労困憊というケースも見られる。

　子どもの成長の手がかりとなる行事を，幼児が主体となって展開し，その体験がより豊かな成長・発達につながる総合的な活動とするためには，まず，こうした傾向に疑問を感じ，脱皮を図る必要がある。もちろん，保護者への発表という点は無視できるものではないが，その目的はあくまでも第二義的なものと捉え直していきたい。

　そのためにも，子どもの成長の手がかりとなる行事を，幼児一人一人が主体となり，クラス集団で協力して，楽しみたい事柄を創造していく活動として位置付け直すことが大切となる。

3. 行事活動の指導と展開

　子どもの成長の手がかりとなる行事を，総合的な活動，またクラス集団による創造的な活動として展開していくためには，指導上，どのよう

な点に留意したらよいのだろうか。以下にその要点を検討してみる。

（1）遊びから行事へ

　幼児が主体的に行事を展開していくためには，行事保育の場面において，教師がどう指導するか否か以前に，行事そのものを幼児が「自分たちのこと」と捉えていくことが大切となる。そのためには，遊びを中心とした日常生活の中で，興味・関心を持った出来事，また友達と楽しんでいる事柄が，そのまま行事に繋がっていく必要がある。

　例えば，前述した運動会を例にすれば，しばしば種目化される徒競走，あるいはリレーなどは，自発的な活動である遊びでよく見られるものである。園庭に植えられた大木めがけて，友達と一対一で走って競争することなどが典型的な姿であろう。こうしたかけっこが楽しそうに見えると，「ボクも（私も）入れて」と遊びの輪は自然に広がる。こうして連日遊ばれているかけっこに，時に教師も仲間入りし，楽しさを盛り上げていく。また，かけっこの楽しさをクラスでの集まりの時に他の幼児にも話してあげる。こうした刺激がかけっこの輪をさらに広げていく。

　そして，かけっこに参加する人数が増えると，走って競う姿も一対一で終わらず，順番で待つ友達にタッチする中で継続されるようにもなる。こうした段階になると，幼児は次第に自分の列に並ぶ友達をチームとして意識し，競争をチーム対抗へと変化させていく。かけっこからリレー形式へと遊びが発展したわけである。リレー形式になると，互いに対等な条件で競い合うことも考え始める。そこにルールが生まれ，共有されていく道筋が見えてくる。勝利に向け，チーム内で作戦を立てる姿も見られるようになる。

　こうした遊びを繰り返し楽しむ幼児，特に運動会の体験がある年長5歳児などは，「お兄さんたちが運動会でやってたよね」と思い出し，「こ

れを運動会でやりたい」と意欲を高めるようになる。結果として，運動会の種目としてリレーに取り組むことは同じでも，教師が「運動会の練習」と称してリレー指導を主導していくケースと，幼児の意欲，クラス集団による協同性などは，かなり違いが見られるはずである。

運動会を例に述べてきたが，こうした展開は劇や音楽表現などを中心とした発表会などにも見られるものだろう。なぜなら，幼児の自発的な活動である遊びの中には，大好きな絵本をもとにした劇ごっこや，歌やリズムを体で表現することを楽しむ姿がたくさん見られるからである。

このように，子どもの成長の手がかりとなる行事を幼児が主体的に展開していくためには，遊びから行事内容が生成されていくことが重要となる。そのことによって，幼児にとって行事も「参加するもの」ではなく，自分たちで「進めるもの」となるはずである。第9章で触れたプロジェクト型実践も参考にしながら，教師は遊びから行事が生み出されていくプロセスを大切しなければならない。

（2）総合的な体験を促す指導

前述したように，子どもの成長の手がかりとなる行事が，幼児にとって多様な体験をする機会となり，より豊かな成長・発達に繋がるためには，行事内容が総合的なものとなる必要がある。そのため，教師はある行事を単一な活動，つまり，運動会であれば運動的な活動としてのみ捉え，その点だけを指導する姿勢を改め，表現活動や造形活動など，多様な活動も視野に入れた働きかけを行うことが大切となるわけである。

具体的には，ある行事を楽しむために，クラス全体での話し合いを大切にし，幼児一人一人のイメージや思いを出し合い，共有していくこと。また，物的・空間的環境を充実させ，一人一人のイメージや思いが具体的に表現されていくよう配慮することなどが大切となる。幼児も好みや

得手不得手がある。クラス集団で取り組む行事が一面的では，そのように多様な姿を持つ幼児一人一人の思いを実現させてあげることもできない。自信を失わせることにもなるだろう。

　教師は，行事を計画する時点で行事内容を幅広く考え，幼児一人一人が自己発揮，自己実現していく道筋を見通しておく必要がある。

（3）日常生活の充実

　行事が，幼児の生活に変化や潤いを与えるものであるとすれば，遊びから生み出されるだけでなく，行事を楽しんだ後，遊びなどの日常生活の内容，また幅が広がっていくことも求められる。行事が終わると，行事に関するすべての物が片付けられ，余韻さえ味わうことができないケースも見られるが，そうした姿勢も見直す必要があろう。

　特に，行事を初めて体験した3歳児などは，運動会1つとっても，終わった後の方が，運動会で取り組んだ活動が盛り上がることもしばしば見られる。体験したことで本当の楽しさが実感できたからであろう。大人から見れば，行事当日が活動のピーク，また活動の終了となろうが，幼児の感覚はそれとは大きく異なるわけである。

　また，活動としては収束しても，行事後に幼児の人間関係が拡大・深化することもよく見られる。クラス集団内の協同性も高まり，自分に直接関わりがない生活的な出来事にも関心を向け，皆で解決したり，支え合う姿も見られるはずである。こうした育ちが見られたとき，本当の意味で行事も成功したと言えるだろう。行事当日をもって，活動終了と捉えず，その後の姿も大切にしたいものである。

学習課題

1 園で取り組んでいる行事を挙げて，その目的や内容について整理してみよう。

2 子ども中心の行事を展開する上で留意すべき点を考えてみよう。

3 総合的な活動としての取り組みが可能な行事について考えてみよう。

参考文献

・宍戸健夫・村山祐一編『幼児の保育計画と実践3　課業の内容と行事』あゆみ出版，1982年

・文部科学省『幼稚園教育要領解説』フレーベル館，2018年

11 | 情報機器の活用と課題（1）
―情報機器の種類と功罪

田中浩二

《**目標とポイント**》 ICTを含めた情報機器の現状や幼児期の教育への活用を概観しながら，情報機器や情報機器と関連の深いメディアと幼児の関わりにおける課題や，適切に情報機器と関わっていくために必要となるメディアリテラシー，ICTリテラシーについて理解を深める。
《**キーワード**》 情報機器，ICT，メディア，メディアリテラシー，ICTリテラシー，クリティカル・シンキング

1. 情報機器の現状

　情報機器は，今や生活にとって欠くことのできない重要な社会資源となっており，日常生活のみならず，生活に関連する医療や福祉，教育，経済活動など，様々な場面での利用・活用が期待されている。そこで，情報機器の現状と情報機器の種類，情報機器と関連の深いメディアについて見ていくこととする。

（1）情報機器の現状とICT

　総務省が発表した「令和元年度通信利用動向調査」の結果によると，2019（令和元）年での6歳から12歳のインターネット利用率は80.2％であり，13歳から59歳までの間の世代では9割以上となっている。インターネットがもはや私たちの生活にとって不可欠な存在であることには異論はなく，その背景としては近年の情報機器の急速な進化によるとこ

ろが大きい。特に，スマートフォンやタブレット型端末の普及が目覚ましく，パソコン普及率は7割程度で推移しているのものの，タブレット型端末は2010（平成22）年末では7.2％だったものが2019（令和元）年では約4割，スマートフォンにいたっては2010（平成22）年末で約1割の普及率に対して，2019（令和元）年では96.1％となっている。情報機器の急速な進化，普及は，インターネット利用率の増加だけに留まらず，情報通信網の拡張や双方向性機能の向上など，いわゆるICT（Information and Communication Technology：情報通信技術）として，生活の中で，より速く，より便利に，より身近な存在となっている。

　教育現場においては，2009（平成21）年度の文部科学省による学校ICT環境整備事業で，全国の小中学校でのテレビのデジタル化，校務用コンピューターや教育用コンピューターの整備，校内LANの整備など，ICT機器の環境整備が行われ，校務の効率化やICTを活用した授業方法の検討・開発などが行われている。

　一方，就学前の保育や幼児教育の現場では，ICTを始めとした情報機器の環境整備はもとより，活用においても関心が低いあるいは否定的であることも少なくない。このことについては複数の要因が考えられるが，とりわけ幼稚園現場では，人または自然との温かみのある触れ合いや関係づくりなどが大切にされ，意図的に無機質な情報機器から遠ざける傾向もある。幼児に多くの自然と触れ合い，温かみのある環境の中で成長していくことが非常に重要であることは言うまでもないが，幼児が親の所有するスマートフォンなどに触れる機会を有し，実際に幼児の多くが就学前にインターネットやゲームなどをすでに経験している近年の状況を考えると，単に幼稚園現場だけにおいてICTから遠ざけるのではなく，むしろICTを含めた情報機器環境の中で，その時々の必要性や状況，目的に応じて使い分けることも重要である。

（2）情報機器の種類

　情報機器といった場合，広義には情報を扱う機器はすべて情報機器と表現することができ，パソコンを始めとしてコピー機（複写機）や音響機器，映像機器なども含まれる非常に幅広い用語となる。

　一方で，ICT機器は，ICTが情報通信技術と訳されるように，主にパソコンやスマートフォンに代表されるハードウェア，ハードウェア上で文字を書いたり，画像を加工したりするなどの処理を行うソフトウェア，そしてICT環境のインフラとして構成されるネットワークなどを指す包括的な用語であり，情報機器の中でも特に情報機器同士の双方向の通信機能を有している場合に用いられることが多く，より高度，より利便性の高い情報機器と捉えることができる。

　情報機器は今や欠くことできない生活環境の一部になっているが，どのような情報機器を備えるかは生活の場面や目的によって異なる。幼児期の教育においても，活用できる情報機器はその目的によってさまざまであるが，ここでは，小・中学校等でのICT環境整備を参考に，幼児期の教育において有効なICT機器の種類を挙げる。

①ハードウェア…ハードウェアとは，情報機器の物理的部分や機器その物を指す。具体的には，パソコン（デスクトップ型・ノート型）本体/タブレット型端末（PC）/プリンター/電子黒板，大型モニター，プロジェクター，デジタルビデオカメラ，デジタルカメラ，書画カメラ，などがある。

②ソフトウェア（アプリケーション）…ソフトウェアは，パソコン本体やタブレットPC（端末）等を稼働・管理するプログラムであるオペレーティングシステム（OS）とパソコン上で目的に合わせた処理を行うプログラムであるアプリケーションに大別される。幼児期の教育において活用可能な代表的なアプリケーションとしては，ワープロソ

フト/表計算ソフト/プレゼンテーションソフト/データベースソフト/イラスト作成ソフト/画像処理ソフト/動画処理ソフト/音楽（音声）処理ソフト/デジタル教材/電子書籍/e-ラーニングシステム，などがある。

③その他…その他，ハードウェアやソフトウェアをより効果的に活用する環境として，インターネット/イントラネット/有線・無線LANシステム，などが挙げられる。

　ICT環境の整備を行う際には，上記のハードウェアやソフトウェア，その他の環境を複合的に組み合わせることになる。ここで最も重要なことは，使う人や目的に合った環境を整えることが肝要であり，あわせて設置するスペースや位置などにも配慮すべきである。

（3）情報機器とメディア

　幼児期の教育において情報機器やICT機器の活用を議論するとき，情報機器とメディアとの関係を踏まえておく必要がある。ICTをはじめとする情報機器とメディアとの関係は切っても切れない非常に密接な関係性を有しており，情報機器の急速な発達は，これまでのメディアの形態を大きく変化させている。

　一般的にメディアとは，情報を記録したり，保管したり，伝達するための「媒体」あるいは「伝達手段」と定義される。代表的なメディアとして，従来から新聞や雑誌，書籍，さらには映画やテレビなどがある。幼稚園では，これまでテレビやビデオ，さらには絵本などの書籍など様々なメディアが用いられてきたが，ICTを基盤とした今日のメディアは以下のような特徴が挙げられる。

　第一に，情報の双方向性（インタラクティブ）である。これまで新聞や雑誌，テレビなどのように発信者から受信者へ一方向的に発信されて

いた情報は，現在ではインターネットなどを通して誰もが発信者にも受信者にもなり得るようになったことである。

　第二に，メディアへの近接性（アクセシビリティ）の向上である。スマートフォンやタブレットPCなどのように，現在の情報機器はより小型化，軽量化されており，いつでも，どこでもメディアに接触できる環境がある。

　第三に，情報の表現方法が非常に巧妙になっていることが挙げられる。例えば，テレビなどの映像媒体では画質が向上し，色や形を鮮明に表現することが可能になっている。また，メディア素材の中に様々な加工や工夫を凝らすことができ，興味や関心を惹きやすい情報の作成が可能になっている。

　上記のような特徴を有するメディアを上手に活用することで，生活はより便利に，より豊かに，より効率的になっており，このことは幼児期の教育においても同様のことが言える。一方で，情報機器やメディアとの関わりには様々な弊害も危惧されており，幼児との関係においては特に慎重を期す必要がある。以下では，幼児期の教育での情報機器やメディアの活用とともに，課題や配慮されるべき事柄について触れていく。

2.　情報機器の活用

　情報機器を幼児期の教育で活用できる場面は大きく3つの側面が想定される。1つ目は，幼児に対する活用であり，2つ目は保護者に対する活用，そして3つ目は教師の事務業務等の負担軽減や教師間の連絡・連携の効率化としての活用等である。

（1）幼児に対する情報機器の活用

　幼児に対する情報機器の活用としての具体的な詳細については次章で紹介するが，概要として，まず挙げられるのは遊びや学びの手段，教材の一部としての活用である。今日の情報機器は多彩な表現手法を有するため，幼児の興味や関心を惹き付けやすく，新しい取り組みの導入や動機付け，さらには文字や数字など苦手な取り組みを克服する手段の1つとして活用が有効である。また，写真やビデオ等を効果的に活用することで，幼児自身の活動などに対するイメージが容易になり，理解や習得の促進が期待される。

　さらに，現在の情報機器やICT機器には障害などによる身体的機能等を補完する役割も注目されている。これはAT（アシスティブ・テクノロジー）と呼ばれ，情報機器やICT機器の工夫や活用によって，障害による物理的な困難や障壁（バリア）を改善・克服できるように支援しようという考え方である。このような考え方に基づいて，情報機器やICT機器を活用することも，障害のある幼児だけでなく，あらゆる幼児に対する教育において有効である。

（2）保護者に対する活用

　日中，幼児から離れて時間を過ごす保護者にとって，情報は教師と保護者をつなぐ重要な役割を担う。従来から，連絡帳のような形で毎月あるいは毎週，毎日と，形態や頻度は違っても，教師は日々の幼児の様子を保護者に伝達してきたであろう。そして，この連絡帳も保護者と教師をつなぐ重要なメディアの1つであるが，もちろん連絡帳だけですべての情報の伝達が可能になる訳ではない。その他のお便りや手紙，口頭での伝達など，メディアに位置付けられるものもそうでないものも含めて，様々な手段を駆使しながら日頃の幼児の様子や，園での活動，お知

らせなどを伝達してきたはずである。

　この伝達手段の1つとして，情報機器やICT機器を活用することは，伝達手段のレパートリーを増やすという意味だけではなく，情報機器やICT機器を基盤としたメディアの特徴を鑑みても非常に有効な伝達手段となり得ると同時に，情報機器の能力を十分に発揮できる場面の1つであると言える。

（3）教師の業務での活用

　教師の業務における活用としてはいくつかの場面が考えられるが，業務として捉えてしまうと，先の幼児への活用や保護者への連絡も業務として含まれてしまうのでここでは除外し，教師が単独で行う業務や教師間で行われる業務に限定する。そうなると，ここでの情報機器活用の場面として，クラス担任としての教務事務に伴う書類作成や教師間での連絡・連携・情報共有での活用などが想定される。

　詳細な数などは把握できないが，書類等の作成については比較的情報機器の活用が進んでいると見受けられる。情報機器を用いることによって，紙媒体と異なり大量のデータをコンパクトに保存することが可能になり，必要な情報を容易に検索し取り出すこともできる。また，文字も活字であるため，書類を作成する教師の文字の巧拙に依存しないことも大きなメリットと言える。保護者への連絡帳やお便りなど文章の温かさや文字から汲み取られるさまざまな思いが重視されることもある。手書きには手書きの意味が，活字には活字の意味があり，すべての書類を活字にする必要性はない。しかし，とりわけ多くの人で共有しなければならない性質を有する業務関係の書類等においては，読みやすさ，共有しやすさという側面で情報機器による作成は大きな利点がある。

　教師間での連絡・連携・情報共有においては，日常的に複数の教師が

一同に介して連絡や情報共有を図る時間を確保することが困難だという前提があろう。口頭での連絡や紙媒体での連絡，そして情報機器等も連絡の手段として活用することで，より連携や情報共有が効果的に行えるようになると考えられる。

3. 幼児期の教育と情報機器の関わりにおける課題・配慮

　情報機器の進化は社会生活上の様々な可能性を実現し，上手に活用することでより社会生活の利便性が高まり，この傾向は今後も続いて行くものと考えられる。その一方で，情報機器やICT機器を基盤とする社会問題もマスメディア等でしばしば報じられるとおり，利便性や有用性の裏側にある課題にも目を向ける必要がある。

（1）幼児と情報機器・メディアとの関わり

　特に幼児にとっては情報機器や情報機器を基盤とするメディアの弊害が危惧されており，情報機器やメディアとの関わり方が問われている。

　メディアや情報機器が幼児に与える影響についての議論は，ビデオを含むテレビ視聴やゲームに始まり，最近のスマートフォンやタブレットPCなどの情報機器の発達とともにその範囲は拡大し多様化している。部屋などに据え置かれるテレビとは異なり，スマートフォンやタブレットPCは携帯性が高いためにメディアに接触することが容易になり，長時間に渡って関わりやすい傾向にある。

　影響の具体的な内容については様々な議論があるが，主には，体の発達への影響，心の発達への影響，社会性の発達への影響などが挙げられている。いずれの影響も発達著しい乳幼児期において長時間メディアに

接することで，間接体験の肥大化やそれに伴う直接体験の矮小化，身体的運動量・活動量の低下，人間関係の希薄化が起きると考えられている。

　公益社団法人日本小児科医会は，2004（平成16）年の『「子どもとメディア」の問題に対する提言』において，乳幼児期の子どもがテレビやビデオ視聴を含むメディア接触の早期化や長時間化が子どもの生活や心身の発達に及ぼす影響等について言及するとともに，以下のような事柄について提言している。

---

1. 2歳までのテレビ・ビデオ視聴は控えましょう。
2. 授乳中，食事中のテレビ・ビデオ視聴は止めましょう。
3. すべてのメディアへ接触する総時間を制限することが重要です。
   1日2時間までを目安と考えます。テレビゲームは1日30分までを目安と考えます。
4. 子ども部屋にはテレビ，ビデオ，パーソナルコンピューターを置かないようにしましょう。
5. 保護者と子どもでメディアを上手に利用するルールをつくりましょう。

公益社団法人：日本小児科医会「子どもとメディア」対策委員会，2004

（2）幼児期の教育でのメディアリテラシー・ICTリテラシー

　肉体的にも精神的にも発達著しい乳幼児期において，長時間に亘ってテレビやビデオを視聴したり，ゲームやスマートフォン，タブレットPCなどの情報機器に接し続けることは決して好ましいこととは言えない。しかしながら今や生活の至る所に浸透しているメディアや情報機器を遠ざけることも容易ではない。そこで重要になるのがメディアリテラシー

やICTリテラシーである。

　リテラシーとは，本来は「読み書きの能力」を意味する用語であるが，メディアリテラシーやICTリテラシーあるいは情報リテラシーなど，目的や対象を付加して用いられることがある。この場合，単に「読み書きの能力」にとどまらず，目的物や対象物を「適切に取り扱う能力」「適切に理解する能力」といった実践的な能力を含む。つまり，メディアリテラシーは「メディアあるいはメディアから発信される情報の真偽を適切に評価，吟味し，活用する能力」，ICTリテラシーは「ICT機器を適切に取り扱う能力」などと定義することができる。

　小学校以上の学校教育では，児童が情報機器に慣れ親しむことと同時に，情報モラルを身に付ける指導を行うよう配慮すべきであるとし，メディアリテラシー教育やICTリテラシー教育を行うことで，児童のメディアや情報機器に対峙する能力の育成を図っている。

　幼児期の教育でのこれらメディアリテラシーやICTリテラシーは，幼児自身もさることながら幼児に関わる大人，つまり教師も身に付ける必要がある。幼児の場合には，年齢の経過とともに身に付けるべき能力は変化してくる。3歳，4歳，5歳と年齢が上がるにつれてメディアや情報機器に接触する機会が増えるため，その中での使い方や使う時間などのルールを身に付けなければならない。逆に，発達の段階を考慮すると，例えば3歳児や3歳未満児に「能力」であるメディアリテラシーやICTリテラシーを身に付けること自体が難しくなるとともに，その「能力」に期待して指導を行うことはできない。そのため，幼児期の教育でより重要になるのは教師が有するメディアリテラシー，ICTリテラシーである。

　『幼稚園教育要領』第1章「総則」において，「幼児期の教育は，生涯にわたる人格形成の基礎を培う重要なものであり，幼稚園教育は，学校教育法に規定する目的及び目標を達成するため，幼児期の特性を踏ま

え，環境を通して行うものであることを基本とする」とある。これが意味することは，第4章でも触れているように，幼児期の教育において，教師が幼児の生活や教育に関わる環境を整え，ねらいに合わせて構成し，その環境を利用しながら教育を行うことである。ここでの環境は，自然物や動植物はもちろん，園で日中の時間を過ごすための様々な用具，遊びや学びの中で用いられる道具，教師といった人的な環境までもが含まれている。幼児期の教育では，教師が主体となって幼児の状況や，目的，ねらいに合わせて環境を整備，準備，さらには構成しなければならない。その環境の中にメディアや情報機器を取り入れる際，教師は「なぜ，このメディアや情報機器を使うのか」「このメディアや情報機器を使うことで，幼児たちにとってどのようなメリットまたはデメリットがあるのか」といったことを十分に吟味する必要がある。「テレビやビデオを見せていれば幼児が静かにしているから」「タブレットPCを幼児に与えていれば，1人で集中して遊べるから」といった安易な判断の下に使うべきではない。このことはメディアや情報機器に限ったことではなく，すべての遊具や教材などにも共通することであるが，先に触れたメディアや情報機器が幼児に与える影響を鑑みた際には，より慎重かつ入念な吟味・検討を行った上での取捨選択が重要となる。この十分な吟味や検討の基盤となるのが教師のメディアリテラシー，ICTリテラシーである。

（3）クリティカルシンキング

　さまざまな情報が氾濫し，なおかつ情報への近接性が高い現代社会において，メディアや情報機器と適切に関わっていくためのリテラシーが重要であることは先に述べた通りであるが，メディアリテラシーやICTリテラシーを高めていく際の有効な手段となり得るのがクリティカルシンキングである。クリティカルシンキングは「批判的思考」と訳されるが，

ここでいう「批判的」とは物事に対して単に批判的に捉えることにとどまらず，客観的な観点から分析，吟味し，見きわめることを意味する。

　幼児期の教育において，このクリティカルシンキングが要求されるのは，主に教師の方である。利便性の高い情報機器や幼児の興味や関心を惹きやすいメディアを活用する際には，今一度立ち止まって考えることが大切であり，この営みが教師としてのメディアリテラシーやICTリテラシーを向上させることに繋がってくる。

学習課題

1　生活の中での情報機器を挙げてみよう。
2　幼児が情報機器に触れる利点・欠点について整理してみよう。
3　教師としてのメディアリテラシーについて要点を整理しよう。

参考文献

・公益社団法人日本小児科医会「子どもとメディアの問題に対する提言」(http://www.jpa-web.org/dcms_media/other/ktmedia_teigenzenbun.pdf（参照2021-07-25))
・清川輝基『ネットに奪われる子どもたち』少年写真新聞社，2004年
・中邑賢龍・近藤武夫『タブレットPC・スマホ時代の子どもの教育』明治図書，2013年

12 | 情報機器の活用と課題（2）
―視聴覚教材の活用法

田中浩二

《目標とポイント》 多様な機能を持つ情報機器において，幼児期の教育への活用を考えたとき，視聴覚教材としての活用が挙げられる。そこで幼児の環境の一部としての視聴覚教材のあり方を概観しながら，実際の活用例や活用技法について理解を深める。
《キーワード》 情報機器，視聴覚教材，直接的な体験，間接的な体験，画像処理ソフト，動画処理ソフト，プレゼンテーションソフト

1. 視聴覚教材としての情報機器

　情報機器や情報機器による視聴覚教材は，幼児期の教育における環境の1つであるとともに，幼児にとっては非常に興味・関心を抱きやすい素材である。ここでは，幼児期の環境の一部としての視聴覚教材の位置づけやあり方について概観する。

（1）環境としての情報機器

　幼児期の教育の基本は，『幼稚園教育要領』第1章総則に示されているとおり，幼児期の特性を踏まえながら環境を通して行われるものである。また『幼稚園教育要領解説』では，環境を通して行う教育の特質として，環境との関わりにおける幼児の主体性や，環境となる遊具や用具，素材の種類，数量，配置の考慮，教師自身も環境となり得ることなどが挙げられている。

『幼稚園教育要領』では，第1章の第4「指導計画の作成と幼児理解に基づく評価」の3「指導計画の作成上の留意事項」において，「情報機器の活用」について記載されている。今日の幼児の日常生活や就学期以降の生活実態を鑑みたとき，もはや情報機器は幼児の生活を取り巻く主要な環境の要素になっていることに疑う余地はない。幼児期の教育に情報機器を取り入れることについての賛否の議論は残しつつも，情報機器が幼児の主要な環境の1つになっている現状を認識し，情報機器の弊害をも理解した上で，教師がその有用性や価値を認めながら活用していくことが大切である。

（2）視聴覚教材の意義とあり方

　第1章でも触れているように，『幼稚園教育要領』は，幼児期における教育の基本に関連して重視する事項として，幼児期にふさわしい生活の展開，遊びを通しての総合的な指導，一人一人の発達の特性に応じた指導，の3点を挙げている。そのうちの1つ目，幼児期にふさわしい生活の展開として，①教師との信頼関係に支えられた生活，②興味や関心に基づいた直接的な体験が得られる生活，③友達と十分に関わって展開する生活，という3つの生活の側面を示し，生活の中での幼児の直接的な体験や友達など自分以外の存在との関わりの重要性に触れている。

　このように，『幼稚園教育要領』に示されている幼児期における教育の基本や，教育の基本に関連して重視される事項を勘案したとき，幼児期の教育では，「環境を通した遊び」や「生活の中での直接的な体験」を重視すべきであり，これらを踏まえた上での情報機器の活用を検討する必要がある。

　日常生活の中で多種多様な情報機器が氾濫する現在，情報機器が子どもたちの生活の中での「直接的な体験」を阻む要因になっているとの指摘もある。事実，情報機器を通したテレビやゲームなどは仮想現実であ

り，この仮想現実の中に浸ってしまうことは多様な直接的体験や実体験の機会を奪い，親子や友達とのコミュニーケーションを取る時間を持てなくしてしまうことなどが懸念されている。

　情報機器を活用することは，手段であって目的ではない。幼児たちが遊び，遊びの中から様々な体験や学びが効果的にできるようにするための道具である。情報機器そのものに触れることも直接的な体験の一つの側面ではあるが，ここでは情報機器を活用することによって，幼児期の遊びがより豊かに，より想像力を育むものに繋がるような展開を考えたい。実際に自然の中に飛び出し，様々な動植物に触れ，目で見て，音を聞き，臭いを嗅ぎ，空気を感じる。また，自分一人ではなく友達と関わる中で楽しさや悲しみを味わう。これら自分自身の身体や五感を通じて体験することが実体験に他ならないが，実体験だけですべてが完結するわけではない。実体験の前後には，知識や想像，過去の様々な体験があり，実体験を経由しながらその体験が新たな知識や体験として蓄積されていくのである。例えば，公園に散歩に出かけるとき，事前にその季節に咲く花を調べて公園に行く。そして，実際に公園で咲いている花を見て，触り，臭いを嗅ぐ。その後，園に戻り実体験を振り返り，知らなかった花があれば図鑑などで調べる。このように日々，直接的な体験と間接的な体験を往来しながら知識や体験を積み重ねている。さらに，直接的な体験には時間的にも空間的にも限界があるため，すべての体験を直接的にすることは不可能である。このような意味も含めて，間接的体験は直接的な体験を補い，より豊かなものへと発展していく効果を持つものと考えられる。

（3）間接的な体験としての視聴覚教材の活用

　幼児期の教育において，間接的な体験の手段としては絵本や紙芝居，

人からの話や会話などが中心とされ，近年では，テレビやビデオなどの情報機器によるメディアも間接的な体験の1つとなっている。従来から幼稚園現場で用いられている絵本や紙芝居，会話も，情報機器によるメディアも同じ間接的な体験の手段であることに変わりはない。

　一方で，絵本や紙芝居，会話などと情報機器によるメディアとの間にはその特色に大きな違いがある。

　第一の違いは，含まれる情報量である。絵本や会話の主たる要素は言葉であり，絵である。対して情報機器によるメディアには言葉や絵に加えて画像や動画も含まれる。情報機器によるメディアは会話や絵本に比べて見るだけで理解しやすくイメージもしやすい反面，さらなる想像を膨らませることが難しいという欠点がある。言い換えれば，会話や絵本では，見聞きしたことから幼児自身の中で想像力を膨らませながら，より発展的にイメージすることが可能になる。

　第二の違いは，情報の方向性である。テレビやビデオに代表される情報機器によるメディアでは，情報が一方向的に発信され，情報の受け手はきわめて受動的である。一方，絵本や会話では情報の受け手の主体性が求められるとともに，発信と受信の間を第三者が介在することも可能である。すなわち教師が幼児に絵本の読み聞かせをする場面などである。

　間接的な体験が，直接的な体験を補うものであることや，直接的な体験をより豊かにしていくものであるとしたとき，間接的な体験においてどのような手段を用いるかは，教師の手腕が問われるところであろう。先々にどのような直接的な体験が控え，そのためにどのような間接的な体験をしていくのか，その時々の目標やねらい，状況を踏まえながら手段を検討することが必要である。

　多様な情報機器を，絵本や紙芝居，図鑑などと並列した機能を有するものと位置付けたとき，視聴覚教材も手段の1つとなり得る。実際に，

小学校以降の学校教育では，電子黒板やタブレットPC，デジタルカメラ，プロジェクターなどを使った活動に取り組んでおり，より豊かな直接的な体験へと繋がるような取り組みが行われている。

2．視聴覚教材としての情報機器の技法と活用の実際

視聴覚教材を活用することの大きな利点の1つは，目で見て，音を聴くことによって，具体的にイメージしやすくなることである。以下では，視聴覚教材を使った活用の一例と，活用するための基本的な技法について紹介する。

（1）幼児の興味や関心を引き出す視聴覚教材の活用

幼児の興味や関心，好奇心を引き出すために，視聴覚教材としての情報機器の活用は有効な手段の1つである。

現在，視聴覚教材として活用可能な素材やコンテンツが数多く開発，頒布されている。電子書籍もその1つであり，タブレットPCに電子書籍（絵本など）をダウンロードし，画像を大型のテレビモニターやプロジェクターに投影しながら教師が幼児たちに読み聞かせることができる。一方向的で，時間とともに内容が進行していくテレビやビデオとは異なり，幼児が楽しめる様々な趣向が凝らされた画像や映像を見ながら，教師が幼児に問いかけるなど，幼児と教師の関わり合いも可能である（図12-1）。

タブレットPCやデジタルカメラを持って戸外に出て，その場で知らない動植物を調べることで，幼児の興味や関心に即応できる。また，写真を撮って後で調べたり，写真を収集することも楽しみの1つであり，幼児の興味や関心を継続的なものへ移行させることができる（図12-2，図12-3）。

図12-1 電子書籍（絵本）を大型モニターに投影しながら，幼児たちと関わり合いを持つ

図12-2 戸外にタブレットPCを持ち出して観察する場面

図12-3 電子書籍（図鑑）で調べる

　高画質で撮った写真であれば，拡大することで肉眼では観察できない部分まで見ることができ，手作りの教材として新たな活動へと発展していくことも可能になる（図12-4）。

　このような視聴覚教材を活用することで，柔軟に間接的な体験と直接

図12-4　高画質で撮影した画像を拡大することで新たな教材に

的な体験を行き来することができる。

（2）幼児の理解の促進

　様々な事象や事柄に対する幼児の理解をより促していくためには，直接的体験を中心に据えながら，その前後に，ある間接的な体験をより具体的に示すことが効果的である。

　写真や動画，プレゼンテーションソフトを組み合わせることで，これから行う活動や実際に行った活動を視覚的に捉えることができ，未来の事や過去の事を実体的に理解しやすくなる（図12-5）。また，その中では幼児同士による調べ合いや話し合いを通して，お互いの意見を理解し合い，共有することにも繋がっていく（図12-6）。

（3）視聴覚教材の活用技法

　上記のような情報機器や視聴覚教材を使った活動は，行えばよいとい

図12-5　写真や動画で活動の振り返り

図12-6　協働による調べ合い場面

うものでもないし，すぐに行えるものでもない。これまでにも触れたように，情報機器の活用は手段の1つであって目的ではないため，まずは活用をするかどうかの慎重な検討が必要である。さらに，情報機器を教育へ活用しようと考えたとき，教師は活用するための技法を知っておかなければならない。今日の情報機器や本節で紹介している視聴覚教材などは，以前の情報機器とは異なり専門的な知識や技術を必要とせず，タブレットPCで用いられるタッチパネルなどの技術が開発され，直感的な操作による使用が可能になっている。この操作の容易性が幼児への活用を可能にする要因の1つでもあるが，教育の中へ情報機器や視聴覚教材を活用していくとき，教師は基本的な技能はもちろん，より多くの知識や技法を修得しておく必要がある。あくまでも情報機器や視聴覚教材も「道具」であり，園内にある様々な絵本や紙芝居，おもちゃ，遊具，教材と同様である。「道具」として適切に活用するためには，その「道具」の性質や目的，機能，技法を把握する必要があり，把握することによって使う目的が達成できるようになる。

　幼児期の教育に情報機器を活用することを想定したとき，いくつかのソフトウェア（アプリケーション）が有効であると考えられる。例えば，画

像処理ソフトや動画処理ソフト，プレゼンテーションソフトなどである。

　画像処理ソフトは，デジタルカメラで撮影した写真の拡大・縮小や色の加工，文字などの挿入などが可能である（図12-7）。

　動画処理ソフトは，デジタルビデオカメラや動画撮影機能付きのデジタルカメラで撮影した動画を編集したり，加工するソフトウェアである。

　プレゼンテーションソフトは，例えば，マイクロソフト社のパワーポイント（Microsoft Power Point）に代表されるものであり，文字や絵，写真，動画，音声などの様々な要素をスライドに組み込んで，スライドショーとして表現することができる（図12-8）。プレゼンテーションソフトは，研修や教育，仕事など表現や発表を伴う多くの場面で活用されているように，スライドの作成者によって様々な表現方法が可能である。

図12-7　画像処理ソフトの作業　　　図12-8　プレゼンテーションソフ
　　　　　画面　　　　　　　　　　　　　　　トの作業画面

　他にも，イラスト作成・加工，音声・音楽編集，電子書籍（絵本，図鑑など），幼児を対象にした教材など，多様な目的や機能を持ったソフトウェアが存在する。操作においても，非常に簡単に扱えるものや専門的な知識や技術を要するものまで様々であるが，情報機器に対する教師の知識や技能の向上が，教育のレパートリーや幅を広げることに繋

がる。

　したがって，パソコン本体やタブレットPC，大型テレビモニター，プロジェクター等のハードウェアの操作方法はもちろんのこと，教育に活用できる情報機器や視聴覚教材の基本的な技法はぜひとも修得しておきたいものである。

3．視聴覚教材の可能性と展望

　ここでは，幼児期の教育や園内における情報機器や視聴覚教材の方向性や可能性に触れ，情報機器を扱う際の情報の取り扱いで注意すべき事項，最後に，今後の視聴覚教材の展望について概観する。

（1）視聴覚教材の可能性

　今日の情報機器の発達は目覚ましく，日々新しい技術が開発され，このような情報機器の進化は，幼児の生活や生活環境を大きく変化させている。幼児期の視聴覚教材としての活用も，今後の情報機器の発達に伴ってより進化していくことが予測される。

　視聴覚教材を活用していく際，大きく2つの方向性が見られる。1つは，情報機器固有の技術や技法に基づいて新しい取り組みとしての視聴覚教材の活用である。例えば，ある活動を動画や写真で保存して，後日，その動画や写真を見ながら活動を振り返るといった使い方である。このような取り組みは，情報機器があることによってはじめて可能になる。もう1つの方向性は，既存のものを情報機器によって代替・進化させる手法である。絵本や紙芝居の電子書籍化が代表的な例である。いずれにしても，情報機器の進化は現代社会の大きな潮流であり，ますます生活の中に情報機器は浸透してくるに違いない。

　本章では，主に幼児期の教育における視聴覚教材の活用を紹介してきたが，園内では情報を正確かつ効率的に伝えていかなければならない場面が数多くある。保護者への情報の伝達，小学校との接続時の情報共有，園内の教師間での振り返りや自己評価など，幼児への活用と連動させることでより効果的な援用が可能になっていくと考えられる。

（2）情報を扱うことの危険

　視聴覚教材をはじめ情報機器は非常に効率性が高く，便利な道具である一方，様々な危険や弊害があることも改めて認識しておきたい。情報機器やメディアが子どもに及ぼす影響や弊害については第11章で触れているため省略することとし，ここでは情報機器を扱う者として常に意識しておきたい情報の危険性について触れる。

　最も気を付けたいことは，写真や動画など，情報機器で作られるデータは個人情報の塊，という点である。例えば，デジタルカメラで撮った写真には，日時はもちろん，撮影場所といった位置情報も含まれる。それらの写真をアルバム作成ソフトなどで編集したときには，顔と名前を統合化させることもでき，さらに情報機器内に住所録などが加わると，デジタルカメラで撮った一枚の写真から住所までがヒモ付けされることになる。つまり，現在の情報機器では，様々な情報同士を関連付けることが可能であり，このような技術が利便性向上の一助となっている。反面，写真一枚にしても情報が外部に漏れてしまうことは重大な危機となり得る。

　なおかつ，情報機器で作られた情報は，電子メールやインターネット，USBメモリなどで，データを簡単に持ち出すこともできるため，情報の保持や管理には細心の注意を払わなければならない。

（3）視聴覚教材の展望

　多くの技術が開発され，視聴覚教材や情報機器が進化していく時代だからこそ，従来の絵本や紙芝居，昔ながらの遊びなどにも改めて目を向けたい。情報機器や視聴覚教材が絵本や紙芝居を代替するといっても，まったく同じものではない。絵本には絵本固有の手に取った時の重さや大きさ，紙の質，温もりがあり，これらすべてを視聴覚教材で補えるものではない。視聴覚教材によって表現されるものを見聞きし，理解することも幼児期にとって大切な体験であるし，絵本を手に取り，重さを感じながら物語を見聞きすることも貴重な体験である。

　様々な道具や手段が溢れている現代，幼児期の教育における環境整備の主体である教師が，それぞれの特性を見極めながら取捨選択することが求められるのである。

学習課題

1　幼児期の教育における情報機器の位置付けについて整理してみよう。
2　幼児期の教育に活用できる視聴覚教材として，情報機器の種類を挙げてみよう。
3　画像処理ソフト，動画処理ソフト，プレゼンテーションソフトの種類を調べてみよう。

参考文献

・藤川大祐・塩田真吾『楽しく学ぶメディアリテラシー授業』学事出版，2008 年
・文部科学省『幼稚園教育要領解説』フレーベル館，2018 年

13 | 小学校教育との連携（1）
―交流活動の推進

師岡　章

《目標とポイント》　円滑な接続が期待されている幼児期の教育と小学校教育
の連携についての理解を深める。特に，子ども同士，教師相互の交流活動の
意義や展開方法について検討する。
《キーワード》　保幼小連携，交流活動，幼稚園幼児指導要録，幼児期の終わ
りまでに育ってほしい姿

1. 小学校との連携の重要性

　幼児期の教育を担う教師にとって，通常，幼児の卒園をもって，その
役割は終了となる。ただ，幼稚園は『学校教育法』に位置付く学校であ
り，子どもの教育を担う学校教育全体との関係において，果たすべき役
割があることも忘れてはならない。こうした中，現行の『幼稚園教育要
領』では，「小学校との連携」を図ることが強調されている。そこで，
現在「小学校との連携」が求められる理由や，その目的・内容を概観
し，幼稚園教育に期待される役割を検討してみる。

（1）小学校との連携が求められる背景

　文部科学省は，1956（昭和31）年に初めて刊行した『幼稚園教育要
領』から現行版に至るまで，幼稚園教育が小学校教育を考慮しながら展
開すべきであることを求めてきた。幼稚園を修了した子どもが小学校に

就学していくことを踏まえれば，当然の要請ではある。

　ただ，1956（昭和31）年当時の『幼稚園教育要領』では，「幼稚園の教育が小学校の教育と連絡を図る」と述べる程度であった。「小学校との連携」という，より明確な表現を使用するようになったのは，1989（平成元）年の改訂後に刊行した『幼稚園教育指導書　増補版』からである。そして，『幼稚園教育要領』本文に小学校教育を視野に入れた幼稚園教育を求めることが明記されたのは，1999（平成11）年の改訂時からである。これに加えて，2008（平成20）年に改訂された前『幼稚園教育要領』から「幼稚園教育と小学校教育との円滑な接続」が強調され，現行の『幼稚園教育要領』では，第1章の「第3　教育課程の役割と編成等」の「5　小学校教育との接続に当たっての留意事項」の（2）として，以下の事項が示されることとなった。

> （2）幼稚園教育において育まれた資質・能力を踏まえ，小学校教育が円滑に行われるよう，小学校の教師との意見交換や合同の研究の機会などを設け，「幼児期の終わりまでに育ってほしい姿」を共有するなど連携を図り，幼稚園教育と小学校教育との円滑な接続を図るよう努めるものとする。

　現在，この事項が『幼稚園教育要領解説』において，「小学校教育との接続」として位置づけられているわけである。

　このように，現在，幼稚園教育に対して，より積極的に小学校教育との連携が求められようになった背景には，いわゆる「小1プロブレム」や「学級崩壊」と称される「集団行動が取れない」「授業中に座っていられない」「先生の話を聞かない」といった問題行動や授業の不成立が，低学年にも見られるようになったからである。

　そして，2000（平成12）年に発表された国立教育研究所（現：国立

教育政策研究所）を母体とする学校経営研究会の報告書『学級経営をめぐる問題の現状とその対応』に，こうした問題の要因として，小学校教師の指導力不足だけでなく，「就学前教育との連携・協力が不足している事例」もあることが指摘されたことで，幼稚園現場にもより小学校との連携を深めることが求められるようになったわけである。

（2）小学校との連携の目的

　前述したように，『幼稚園教育要領』が求める小学校との連携の目的は，「幼稚園教育と小学校教育との円滑な接続」である。こうした「円滑な接続」が求められる背景には，幼稚園教育と小学校教育とでは，子どもの生活や指導する方法が異なるとの認識がある。事実，『幼稚園教育要領解説』は，小学校教育との接続に当っての留意事項を解説している箇所で，以下のように述べている。

　幼児は，幼稚園から小学校に移行していく中で，突然違った存在になるのではない。発達や学びは連続しており，幼稚園から小学校への移行を円滑にする必要がある。

〜　（中略）　〜

　幼稚園では計画的に環境を構成し，遊びを中心とした生活を通して体験を重ね，一人一人に応じた総合的な指導を行っている。一方，小学校では，時間割に基づき，各教科の内容を教科書などの教材を用いて学習している。このように，幼稚園と小学校では，子供の生活や教育方法が異なる。このような生活の変化に子供が対応できるようになっていくことも学びの一つとして捉え，教師は適切な指導を行うことが必要である。

　このように，幼児期の教育は第1章でも触れたように「環境を通して

行う教育」を基本としつつ，「幼児期にふさわしい生活の展開」「遊びを通しての総合的な指導」「一人一人の発達の特性に応じた指導」を重視して保育を展開している。これに対して小学校は，授業による教科教育が基本である。したがって，幼稚園教育と小学校教育との間には，大きな段差が見られるわけである。

しかし，子ども自身の生活は就学期で断絶されるわけではなく，連続的に展開されているはずである。「円滑な接続」とは，改めて，こうした子どもの立場に立ち，幼稚園と小学校の間に必然的に生じる段差を出来るだけ滑らかにし，子どもが就学後も小学校生活を楽しみ，幼稚園生活で培ったものが連続的に成長・発達していくことを重視する取り組みなのである。

（3）小学校との連携の内容

前述したように，『幼稚園教育要領』は小学校との連携を図るため，「小学校の教師との意見交換や合同の研究の機会」を設けることを求めている。さらに，『幼稚園教育要領解説』では「幼児と児童の交流の機会」を設けることも求めている。言い換えれば，小学校との連携を図るために取り組むべき内容は，「子ども同士の交流」と「教師同士の交流」の2本柱ということになる。

なお，小学校には保育所からも入学するが，『保育所保育指針』も同様に「保育所の子どもと小学校の児童との交流」，「職員同士の交流，情報共有や相互理解」を求めている。ただ，厚生労働省は，2008（平成20）年3月の『保育所保育指針』の改定から，「幼稚園幼児指導要録」に足並みをそろえ，「保育所児童保育要録」を作成し，それを小学校に送付することを義務付けた。そのため，『保育所保育指針』には小学校との連携に関して，「子どもの育ちを支えるための資料が保育所から小学校へ送付さ

れること」といった事項が明記されている。

　さらに『幼稚園教育要領』『保育所保育指針』の解説書を見ると，幼稚園と小学校だけでなく，保育所や学童保育との連携も視野に入れた「地域の連絡会」の設置や，「放課後児童クラブの子どもとの交流」なども例示されている。これらを仮に「保幼小連絡協議会」「学童保育との交流」と要約すれば，前述した「子ども同士の交流」や「教師同士の交流」と合わせて，小学校との連携を図るためには，実に多様な取り組みが求められていることがわかる。

2.　子ども同士の交流活動の展開

　小学校との連携を図る上で，取り組み内容の1つの柱である「子ども同士の交流」は，どのような活動が期待されているのか。また，実施する際，どのような点に留意したらよいのか。以下，この点について検討してみる。

（1）行事的活動を通した交流

　幼児が普段，交流することがない児童と一緒に遊んだり，生活する機会は，子どもにとって非日常的な体験となる。したがって，その取り組みは行事的な色彩を持つこととなる。

　2009（平成21）年に文部科学省・厚生労働省の調査研究協力者会議が取りまとめた『保育所や幼稚園等と小学校における連携事例集』を見ると，具体的には「お楽しみ会」などと称する幼児と児童が一緒に遊ぶ活動や「公園散策」，食事やおやつを一緒に食べる「会食会」などが代表的な取り組みとなる。また，「運動会」や「○○祭り」といった行事に部分的に参加し合う取り組みも見られる。

こうした子ども同士の交流活動は，主に年長5歳児と，年長児に年齢が近い低学年の児童が対象となっている。また，実施場所は小学校で行われるケースが多い。つまり，幼児が小学校に出向くかたちで実施されることが多いわけである。交流時間は，時間割を持つ小学校側に配慮し，長くとも授業時間である45分程度となる。会食の場合も，給食時間が授業時間と同じ時間設定のため同様となる。

こうした交流活動の効果として想定されるのは，幼児には児童に憧れを持ったり，小学校生活に親しみ期待を寄せる中，近い将来を見通すことである。児童には幼児に伝わるような関わりを工夫したり，思いやりの心を育んだり，自分の成長に気付くことなどが期待される。

（2）学校訪問・見学の展開

幼児が小学校に出向く活動のうち，小学校の施設・設備等を見学する機会も意義ある活動となる。特に，卒園を間近に控える年長5歳児にとっては，小学校生活への見通しを持つ上で有効な方法となる。実際に目で見て確かめることができれば，小学校生活への不安も緩和され，安心感をもって入学を迎えられるだろう。

具体的には，昇降口の靴箱から始まり，一般教室や特別教室，体育館，職員室，トイレも含めた室内施設と，校庭の見学が主となる。特別教室などを見学した際は，理科室や美術室，音楽室などに設置されている用具や教具などに触れる機会も設けると幼児の期待感も高まる。

こうした学校訪問・見学は，校長や教頭など小学校の教員がリードするケースが多いようだが，「お楽しみ会」に参加する機会を利用し，児童に案内してもらうことも可能である。

（3）子ども同士の交流活動を推進する際の課題

　子ども同士の交流を進める場合，何より大切となるのが教師同士の打ち合わせである。交流活動の意義を始め，その内容や方法を相互に確認するため，事前に担当者同士で話し合い，指導計画を作成しておくことが求められる。また，事後も話し合いを行い，取り組みの成果と課題を整理し，交流活動の改善を図る努力も大切となる。

　こうした教師同士の打ち合わせを前提とした上で，交流活動をより充実させていくための課題として，以下，3点を示しておく。

　第一は，イベント型の活動からの脱皮を図ることである。子ども同士の交流活動は，どうしても行事的な色彩を持つため，実施しても年1・2回程度の単発的な取り組みになりがちである。もちろん，そうした取り組みも意味はあるが，年1・2回交流しただけで，幼児が小学校生活を具体的に見通せるようになるとは考えにくい。したがって，交流活動は日常的・継続的な取り組みが期待される。小学校側から見れば，幼児との交流活動は「生活科」や「総合的な学習の時間」といった合科的な授業を使うケースが多いが，「図工」や「音楽」といった専科的な授業の単元内での交流も模索するということである。園と小学校が同一敷地内にあれば，より積極的に取り組んでほしいものである。ただ，園によっては小学校との距離が遠く，頻繁に交流することは困難というケースもあるだろう。こうした場合こそ，より交流活動をイベント的に実施するのではなく，幼児が普段遊んでいることを児童も一緒に楽しむといった日常生活の延長線上での取り組みを工夫するべきであろう。

　第二は，交流する児童の年齢幅を広げるということである。低学年の児童は発達的にいまだ幼児性を残す姿もあり，幼児にとって憧れの存在とはなりにくい面がある。思いやりの心を行動に表すことが難しいケースも想定される。こうした場合，幼児の期待感も高まりにくい。しか

し，高学年の児童は心身ともに成長し，その認識や行動はしっかりしてくる。そのため，幼児からも「頼りになるお兄さん・お姉さん」と捉えやすい。つまり，高学年の児童の方が幼児との縦関係も明確になり，「見て真似る（学ぶ）－世話して学ぶ」といった関係も成立する可能性が高いわけである。小学校によっては「高学年の児童は中学校を視野に入れる時期であり，幼児と関わる余裕はない」という見方もあるだろうが，園側から積極的にアプローチし，参画を促したいものである。

　第三は，互恵性を重視するということである。つまり，幼児と児童の双方にとって，意味がある取り組みを大切にするということである。ちなみに，小学校は学校段階で言えば幼稚園より上位にある。いわゆる上級学校にあたるわけだが，そのため，いまだ小学校教育，また小学校教師を上位に見る園，また幼稚園教師もいる。しかし，互いの教育に質的な差はあっても，子どもの教育を担う立場においては，いずれかが上位ということはないはずである。まして，「連携」とは対等な者同士が連絡を取りながら，協力して物事を行うことであり，上下関係を前提として展開されるものではない。したがって，いずれか一方の要求，また教育効果だけが優先されるのではなく，双方にとって意義ある活動を創造していく必要がある。そうした中，時には互いに本来の教育活動を優先するため，活動を見送るケースがあってもよいのだろう。また，幼児が小学校に赴くばかりではなく，児童が園を訪問する機会も増やすといった相互訪問など，バランスを取った取り組みも考慮することが大切となる。

3.「幼稚園幼児指導要録」の送付と教師同士の交流

　小学校との連携を図る上で，取り組み内容のもう1つの柱となるのが「教師同士の交流」である。「子ども同士の交流活動」も教師同士の打ち

合わせによって推進されることを考えれば，この「教師同士の交流」は
小学校との連携の成否を大きく左右するものと言えよう。具体的には，
「幼稚園幼児指導要録の送付」「子どもに関する情報交換」「合同研究会」
「保幼小連絡協議会」といった機会を通して，交流を推進することが求め
られている。以下，これらを推進する際の要点を整理してみる。

（1）「幼稚園幼児指導要録」の取り扱い

　『学校教育法施行令』『学校教育法施行規則』は，すべての学校に対し，
各施設の長（園長・校長）の責任のもと，「児童等の学習及び健康の状
況を記録した書類の原本（指導要録）」を作成・保存することと，子ど
もの進学先に送付することを義務付けている。「幼稚園幼児指導要録」
はその幼稚園版であり，様式例は表13-1～3に示す通りである。

　クラスを担当する教師は，毎年度末に責任を持って，幼児一人一人の
「幼稚園幼児指導要録」を作成し，次年度のクラス担当教師に引き継がね
ばならない。その作業に加えて，年長5歳児を担当する教師は，幼児の卒
園後，進学先の小学校にこれを送付することも求められるわけである。な
お，『学校教育法施行規則』は，進学先には「幼稚園幼児指導要録」の
「抄本」または「写し」を作成し，送付することを求めている。したがっ
て，幼稚園の教師は小学校側に引き継ぐべき幼児の成長・発達を精査し，
これを作成・送付する必要がある。

　「教師同士の交流」は互いの教育の場において，子どものよりよい成
長・発達を図るために取り組むべきものである。したがって，まず法的
に義務付けられている「幼稚園幼児指導要録」の送付，また受け取りを
重視し，子ども，及び互いの教育活動を共通理解することが大切となる。

174

表13-1　幼稚園幼児指導要録（学籍に関する記録）（様式の参考例）

幼稚園幼児指導要録（学籍に関する記録）

区分＼年度	平成　年度	平成　年度	平成　年度	平成　年度
学　級				
整理番号				

幼　児	ふりがな氏　名		性　別	
		平成　　年　月　　日生		
	現住所			
保　護　者	ふりがな氏　名			
	現住所			

入　園	平成　年　月　日	入園前の状　況	
転入園	平成　年　月　日		
転・退園	平成　年　月　日	進学先等	
修　了	平成　年　月　日		

幼稚園名及び所在地				
年度及び入園（転入園）・進級時の幼児の年齢	平成　年度　歳　か月	平成　年度　歳　か月	平成　年度　歳　か月	平成　年度　歳　か月
園　長氏名　　印				
学級担任者氏名　　印				

表13-2　幼稚園幼児指導要録（指導に関する記録）（様式の参考例）

（様式の参考例）

幼稚園幼児指導要録（指導に関する記録）

ふりがな 氏名		指導の重点等	平成　年度 （学年の重点）	平成　年度 （学年の重点）	平成　年度 （学年の重点）
平成　年　月　日生					
性別			（個人の重点）	（個人の重点）	（個人の重点）
ねらい （発達を捉える視点）					
健康	明るく伸び伸びと行動し、充実感を味わう。	指導上参考となる事項			
	自分の体を十分に動かし、進んで運動しようとする。				
	健康、安全な生活に必要な習慣や態度を身に付け、見通しをもって行動する。				
人間関係	幼稚園生活を楽しみ、自分の力で行動することの充実感を味わう。				
	身近な人と親しみ、関わりを深め、工夫したり、協力したりして一緒に活動する楽しさを味わい、愛情や信頼感をもつ。				
	社会生活における望ましい習慣や態度を身に付ける。				
環境	身近な環境に親しみ、自然と触れ合う中で様々な事象に興味や関心をもつ。				
	身近な環境に自分から関わり、発見を楽しんだり、考えたりし、それを生活に取り入れようとする。				
	身近な事象を見たり、考えたり、扱ったりする中で、物の性質や数量、文字などに対する感覚を豊かにする。				
言葉	自分の気持ちを言葉で表現する楽しさを味わう。				
	人の言葉や話などをよく聞き、自分の経験したことや考えたことを話し、伝え合う喜びを味わう。				
	日常生活に必要な言葉が分かるようになるとともに、絵本や物語などに親しみ、言葉に対する感覚を豊かにし、先生や友達と心を通わせる。				
表現	いろいろなものの美しさなどに対する豊かな感性をもつ。				
	感じたことや考えたことを自分なりに表現して楽しむ。				
	生活の中でイメージを豊かにし、様々な表現を楽しむ。				

出欠状況		年度	年度	年度	備考
	教育日数				
	出席日数				

学年の重点：年度当初に、教育課程に基づき長期の見通しとして設定したものを記入
個人の重点：1年間を振り返って、当該幼児の指導について特に重視してきた点を記入
指導上参考となる事項：
(1) 次の事項について記入すること。
　　①1年間の指導の過程と幼児の育ちの姿について以下の事項を踏まえ記入すること。
　　・幼稚園教育要領第2章「ねらい及び内容」に示された各領域のねらいを視点として、当該幼児の発達の実情から向上が著しいと思われるもの。
　　　その際、他の幼児との比較や一定の基準に対する達成度についての評定によって捉えるものではないことに留意すること。
　　・幼稚園生活を通して全体的、総合的に捉えた幼児の発達の姿。
　　②次の年度の指導に必要と考えられる配慮事項等について記入すること。
(2) 幼児の健康の状況等指導上特に留意する必要がある場合等について記入すること。
備考：教育課程に係る教育時間の終了後等に行う教育活動を行っている場合には、必要に応じて当該教育活動を通した幼児の発達の姿を記入すること。

表13-3　幼稚園幼児指導要録（最終学年の指導に関する記録）（様式の参考例）

幼稚園幼児指導要録（最終学年の指導に関する記録）

（様式の参考例）

ふりがな		指導の重点等	平成　　年度
氏名			（学年の重点）
	平成　年　月　日生		
性別			（個人の重点）

	ねらい（発達を捉える視点）		指導上参考となる事項
健康	明るく伸び伸びと行動し、充実感を味わう。		
	自分の体を十分に動かし、進んで運動しようとする。		
	健康、安全な生活に必要な習慣や態度を身に付け、見通しをもって行動する。		
人間関係	幼稚園生活を楽しみ、自分の力で行動することの充実感を味わう。		
	身近な人と親しみ、関わりを深め、工夫したり、協力したりして一緒に活動する楽しさを味わい、愛情や信頼感をもつ。		
	社会生活における望ましい習慣や態度を身に付ける。		
環境	身近な環境に親しみ、自然と触れ合う中で様々な事象に興味や関心をもつ。		
	身近な環境に自分から関わり、発見を楽しんだり、考えたりし、それを生活に取り入れようとする。		
	身近な事象を見たり、考えたり、扱ったりする中で、物の性質や数量、文字などに対する感覚を豊かにする。		
言葉	自分の気持ちを言葉で表現する楽しさを味わう。		
	人の言葉や話などをよく聞き、自分の経験したことや考えたことを話し、伝え合う喜びを味わう。		
	日常生活に必要な言葉が分かるようになるとともに、絵本や物語などに親しみ、言葉に対する感覚を豊かにし、先生や友達と心を通わせる。		
表現	いろいろなものの美しさなどに対する豊かな感性をもつ。		
	感じたことや考えたことを自分なりに表現して楽しむ。		
	生活の中でイメージを豊かにし、様々な表現を楽しむ。		

出欠状況		年度	備考
	教育日数		
	出席日数		

幼児期の終わりまでに育ってほしい姿

「幼児期の終わりまでに育ってほしい姿」は、幼稚園教育要領第2章に示すねらい及び内容に基づいて、各幼稚園で、幼児期にふさわしい遊びや生活を積み重ねることにより、幼稚園教育において育みたい資質・能力が育まれている幼児の具体的な姿であり、特に5歳児後半に見られるようになる姿である。「幼児期の終わりまでに育ってほしい姿」は、とりわけ幼児の自発的な活動としての遊びを通して、一人一人の発達の特性に応じて、これらの姿が育っていくものであり、全ての幼児に同じように見られるものではないことに留意すること。

健康な心と体
幼稚園生活の中で、充実感をもって自分のやりたいことに向かって心と体を十分に働かせ、見通しをもって行動し、自ら健康で安全な生活をつくり出すようになる。

自立心
身近な環境に主体的に関わり様々な活動を楽しむ中で、しなければならないことを自覚し、自分の力で行うために考えたり、工夫したりしながら、諦めずにやり遂げることで達成感を味わい、自信をもって行動するようになる。

協同性
友達と関わる中で、互いの思いや考えなどを共有し、共通の目的の実現に向けて、考えたり、工夫したり、協力したりし、充実感をもってやり遂げるようになる。

道徳性・規範意識の芽生え
友達と様々な体験を重ねる中で、してよいことや悪いことが分かり、自分の行動を振り返ったり、友達の気持ちに共感したりし、相手の立場に立って行動するようになる。また、きまりを守る必要性が分かり、自分の気持ちを調整し、友達と折り合いを付けながら、きまりをつくったり、守ったりするようになる。

社会生活との関わり
家族を大切にしようとする気持ちをもつとともに、地域の身近な人と触れ合う中で、人との様々な関わり方に気付き、相手の気持ちを考えて関わり、自分が役に立つ喜びを感じ、地域に親しみをもつようになる。また、幼稚園内外の様々な環境に関わる中で、遊びや生活に必要な情報を取り入れ、情報に基づき判断したり、情報を伝え合ったり、活用したりするなど、情報を役立てながら活動するようになるとともに、公共の施設を大切に利用するなどして、社会とのつながりなどを意識するようになる。

思考力の芽生え
身近な事象に積極的に関わる中で、物の性質や仕組みなどを感じ取ったり、気付いたりし、考えたり、予想したり、工夫したりするなど、多様な関わりを楽しむようになる。また、友達の様々な考えに触れる中で、自分と異なる考えがあることに気付き、自ら判断したり、考え直したりするなど、新しい考えを生み出す喜びを味わいながら、自分の考えをよりよいものにするようになる。

自然との関わり・生命尊重
自然に触れて感動する体験を通して、自然の変化などを感じ取り、好奇心や探究心をもって考え言葉などで表現しながら、自然への愛情や畏敬の念をもつようになる。また、身近な動植物に心を動かされる中で、生命の不思議さや尊さに気付き、身近な動植物への接し方を考え、命あるものとしていたわり、大切にする気持ちをもって関わるようになる。

数量や図形、標識や文字などへの関心・感覚
遊びや生活の中で、数量や図形、標識や文字などに親しむ体験を重ねたり、標識や文字の役割に気付いたりし、自らの必要感に基づきこれらを活用し、興味や関心、感覚をもつようになる。

言葉による伝え合い
先生や友達と心を通わせる中で、絵本や物語などに親しみながら、豊かな言葉や表現を身に付け、経験したことや考えたことなどを言葉で伝えたり、相手の話を注意して聞いたりし、言葉による伝え合いを楽しむようになる。

豊かな感性と表現
心を動かす出来事などに触れ感性を働かせる中で、様々な素材の特徴や表現の仕方などに気付き、感じたことや考えたことを自分で表現したり、友達同士で表現する過程を楽しんだりし、表現する喜びを味わい、意欲をもつようになる。

学年の重点：年度当初に、教育課程に基づき長期の見通しとして設定したものを記入
個人の重点：1年間を振り返って、当該幼児の指導について特に重視してきた点を記入
指導上参考となる事項：
(1) 次の事項について記入
　　①1年間の指導の過程と幼児の発達の姿について以下の事項を踏まえ記入すること。
　　　・幼稚園教育要領第2章「ねらい及び内容」に示された各領域のねらいを視点として、当該幼児の発達の実情から向上が著しいと思われるもの。
　　　　その際、他の幼児との比較や一定の基準に対する達成度についての評定によって捉えるものではないことに留意すること。
　　　・幼稚園生活を通して全体的、総合的に捉えた幼児の発達の姿。
　　②次の年度の指導に必要と考えられる配慮事項等について記入すること。
　　③最終学年の記入に当たっては、特に小学校等における児童の指導に生かされるよう、幼稚園教育要領第1章総則に示された「幼児期の終わりまでに育ってほしい姿」を活用して幼児に育まれている資質・能力を捉え、指導の過程と育ちつつある姿を分かりやすく記入するように留意すること。その際、「幼児期の終わりまでに育ってほしい姿」が到達すべき目標ではないことに留意し、項目別に幼児の育ちつつある姿を記入するのではなく、全体的、総合的に捉えて記入すること。
(2) 幼児の健康の状況等指導上特に留意する必要がある場合などについて記入すること。
備考：教育課程に係る教育時間の終了後等に行う教育活動を行っている場合には、必要に応じて当該教育活動を通した幼児の発達の姿を記入すること。

（2）子どもに関する情報交換

　「幼稚園幼児指導要録」の送付と受け取りは重要だが，そのやりとりは年度末，また年度初めという繁忙期にあたるため，不十分となりがちである。

　こうした事態を改善するために求められる取り組みが，教師同士が日常的に面会し，子どもの育ちと課題を直接やりとりする「情報交換」である。年長5歳児を担当した教師と，1年生を担当している小学校の教師が，「幼児期の終わりまでに育ってほしい姿」を踏まえ，固有名詞をあげて直接やりとりできれば，子ども理解も進み，指導のポイントも明確になるだろう。特に，障害のある幼児など，特別な配慮を必要とする幼児の姿などは，より丁寧に情報交換する必要がある。

　また，こうした機会を必要に応じて設け，相互訪問を重ねていけば親睦も深まり，信頼関係も構築できるはずである。さらに，相互訪問の機会に互いの実践を参観すれば，その教育方法の違いにも気付き，尊重すべき点と歩み寄るべき点も見出すことができるだろう。

（3）教師間での研修・研究

　教師同士の交流活動として，もう1つ大切にしたい取り組みが「合同研究会」である。互いに教育の専門職であることを踏まえれば，「研究」あるいは「研修」の名のもとに集い，子どもの発達や連携活動を客観的に分析・考察することは，連携活動の改善に繋がるとともに，教師としての専門的力量を向上させる機会にもなるはずである。

　ただ，「合同研究会」の実施は教師レベルでは困難さもあり，組織的に取り組む必要がある。また小学校教師からすれば，担当する児童は保育所も含めた複数園の卒園生である。したがって，教育委員会等の行政に働きかけ，地域，特に学区レベルで関係者が一同に会する「保幼小連

絡協議会」を組織し，その中で実施していく方法も有効である。

学習課題

1　小学校との連携が求められる理由についてまとめてみよう。
2　子ども同士の交流活動として取り組みたい活動を考えてみよう。
3　『幼稚園幼児指導要録』の「指導に関する記録」に記載すべき内容
　　を考えてみよう。

参考文献

・学校経営研究会『学級経営をめぐる問題の現状とその対応―関係者間の信頼と連携による魅力ある学校づくり―』国立教育研究所広報第124号，2000年1月
・保育所・幼稚園・小学校の連携の推進に関する調査研究協力者会議『保育所や幼稚園等と小学校における連携事例集』文部科学省・厚生労働省，2009年
・文部省『幼稚園教育指導書　増補版』フレーベル館，1989年
・文部省『幼稚園教育要領解説』フレーベル館，1999年
・文部科学省『幼稚園教育要領解説』フレーベル館，2008年
・文部科学省『幼稚園教育要領解説』フレーベル館，2018年

14 | 小学校教育との連携（2）
―学びの連続性の確保

師岡　章

《**目標とポイント**》　円滑な接続が期待されている幼児期の教育と小学校教育の連携についての理解を深める。特に，幼児期の教育と小学校教育の指導方法の相違を踏まえた学びの連続性の確保，教育課程の編成の工夫等について検討する。
《**キーワード**》　子どもの発達と学びの連続性，体験学習，創造的な思考の基礎，主体的な生活態度の基礎，三つの自立，学力の三要素，幼小接続，接続期教育，一貫カリキュラム，スタートカリキュラム

1. 小学校教育を視野に入れた幼稚園教育の在り方

　『学校教育法』及び『幼稚園教育要領』が規定する通り，幼稚園は「義務教育及びその後の教育の基礎を培うもの」である。したがって，幼稚園は学校教育の一翼を担う場として，接続する小学校教育を視野に入れた教育を展開することも求められている。小学校教育との連携を図る場合，この点も留意すべき重要な事項である。そこで，小学校教育を視野に入れた際，幼稚園教育において具体的に留意すべき点について検討してみる。

（1）小学校教育を視野に入れた幼稚園の役割
　『幼稚園教育要領解説』は，序章の「第2節　幼児期の特性と幼稚園教育の役割」の「3　幼稚園の役割」の中で，幼稚園教育に求められる今日

的な役割の1つとして，以下の点を強調している。

> 幼稚園教育は，その後の学校教育全体の生活や学習の基盤を培う役割も担っている。この基盤を培うとは，小学校以降の子供の発達を見通した上で，幼稚園教育において育みたい資質・能力である「知識及び技能の基礎」「思考力，判断力，表現力等の基礎」そして「学びに向かう力，人間性等」を幼児期にふさわしい生活を通してしっかり育むことである。そのことが小学校以降の生活や学習においても重要な自ら学ぶ意欲や自ら学ぶ力を養い，一人一人の資質・能力を育成することにつながっていくのである。

　このように，幼稚園が果たすべき役割の1つとして小学校以降の子どもの発達を見通した上で，その教育を展開することが求められている。
　また，『幼稚園教育要領』の第1章の「第3　教育課程の役割と編成等」の「5　小学校教育との接続に当たっての留意事項」の（1）には，以下の指摘も見られる。

> （1）幼稚園においては，幼稚園教育が，小学校以降の生活や学習の基盤の育成につながることに配慮し，幼児期にふさわしい生活を通して，創造的な思考や主体的な生活態度などの基礎を培うようにするものとする。

　この指摘は，まず幼稚園教育において小学校以降の生活や学習を見通すとはいえ，それは小学校教育を先取りすることではなく，幼児期にふさわしい生活を通して展開すべきである，と読み取るべきものである。その上で，幼稚園教育が育成すべきことは，「創造的な思考や主体的な生活態度などの基礎を培う」ことだと述べているわけである。
　現状の幼稚園現場を見渡すと，園によっては外部講師を招聘し，週1

回程度，文字や数の指導を実施するケースもあるようだが，『幼稚園教育要領』は決してそのような取り組みを求めてはいない。ましてや，いわゆる「お受験」と称される小学校受験に特化した取り組みなどは，幼児期にふさわしい生活の発達特性を踏まえた幼稚園教育とは相容れないものと言えよう。幼稚園において小学校教育を視野に入れた幼児期の教育を展開する場合，こうした誤解をしないことも大切となる。

（2）子どもの発達と学びの連続性

　『幼稚園教育要領』は，幼稚園教育を小学校教育も視野に入れて展開する際，子どもの発達と学びの連続性に留意することを求めている。幼児が就学を機に劇的に変化するわけでないから，当然の指摘ではある。幼稚園教育と小学校教育との円滑な接続を図るためにも，幼稚園の教師はもとより，小学校の教師も持つべき重要な観点と言えよう。

　こうした，子どもの発達と学びの連続性を確保した教育を，幼稚園教育，及び小学校教育において展開するためには，まず双方の教師が幼児期から児童期に至る発達過程を理解することが大切となる。第13章の3で取り上げた双方の教師による「合同研究会」においても，まず，こうした点を研究課題に掲げていく必要があろう。また，前章の同じ箇所で，教師同士の交流活動の一環として，双方の教育実践を参観する機会を設けることを挙げたが，実際に幼児，また低学年の児童を観察することで，よりリアルに子どもの発達過程や，学びの基礎を実感できるはずである。

　幼稚園現場では，しばしば「子どもを長い目で見て，育てよう」といった声を耳にするが，それをスローガン倒れに終わらせないためにも，子どもの発達を長期的な視点から捉える姿勢が重要となる。子どもの発達と学びが連続していくことが理解できれば，前述したような，小学校教育を先取することもなくなるだろう。

（3） 遊びと学びの関係

　第4章でも触れたように，幼児は何かを学ぶために遊ぶわけでない。しかし，「子どもは遊びを通して育つ」と言われるように，幼児は楽しさを求め，自発的に遊ぶ体験を通して，結果的にさまざまな事柄を学んでいる。その意味で，幼児にとって遊びとは，生きる力の基礎を培う大切な学びの機会ともなっている。

　こうした自発的な活動である遊びに見られる幼児の学び方について，小川博久はその著『21世紀の保育原理』（同文書院）の中で「観察学習（Observation learning）」と位置付けている。つまり，幼児は年長の子どもや大人の行動に憧れ，それを繰り返し「見てまねる」ことで，失敗をしながらも，やがて身に付けていく，と指摘しているわけである。

　ちなみに，「学ぶ」という言葉は「まねぶ（学ぶ）」と同源であり，「まねる（真似る）」が転じたものである。つまり，気が進まないことを仕方なく行うという意味から生まれた「勉強」とは異なり，自発的に「見てまねる」ことこそ「学び」の本質なのである。したがって，「観察学習」が展開される幼児の自発的な遊びは，小学校教育を視野に入れた幼稚園教育を展開する際の目標となる「創造的な思考や主体的な生活態度などの基礎を培う」絶好の機会なのである。

　このように，幼児期の教育を担う教師は「遊び」と「学び」を異質なもの，あるいは対立的に捉えることなく，その教育を展開していくことが大切となる。こうした遊びを通した学びは体験学習と言い換えることもでき，小学校以降の教育において主流となる教科学習とは異なる質を持つものである。こうした学習の質的な違いは，自ずとその指導法も異なることを求める。小学校教育を視野に入れた幼稚園教育は，こうした相違も踏まえ，展開していくべきものである。

2．小学校以降の生活や学習の基盤を育成する際の視点

　現行の『学習指導要領』が改訂される際，その方針を示した2016（平成28）年の中央教育審議会答申は，前回の改訂により，「確かな学力」のバランスのとれた育成が実を結びつつあることを評価し，小学校以降の教育に対して，『学校教育法』第30条第2項が定める学校教育において重視すべき学力の三要素を引き続き重視する中，育成を目指す資質・能力として「知識及び技能」「思考力・判断力・表現力等」「学びに向かう力，人間性等」の3つの柱を明確化した。幼稚園教育に対して，創造的な思考や主体的な生活態度などの基礎を培うことが期待されているのも，こうした方針が背景にある。では，就学後，知的好奇心が高まり，科学的な思考力・表現力が育っていくために，幼児期の教育はどのような点に留意したらよいのだろうか。以下，この点について検討してみる。

（1）創造的な思考の基礎とは何か

　『幼稚園教育要領解説』は，第1章第3節　5の「(1) 小学校以降の生活や学習の基盤の育成」を解説している箇所で，創造的な思考の基礎について，以下のように述べている。

　創造的な思考の基礎として重要なことは，幼児が出会ういろいろな事柄に対して，自分のしたいことが広がっていきながら，たとえうまくできなくても，そのまま諦めてしまうのではなく，更に考え工夫していくことである。うまくできない経験から，「もっとこうしてみよう」といった新たな思いが生まれ，更に工夫し自分の発想を実現できるようにしていく。

　このように，創造的な思考の基礎とは，幼児が自発的に物事に取り組

184

む際，思い通りにいかない事に出会ったり，失敗する体験をしながら
も，あきらめずに考え，工夫していくことを指している。言い換えれ
ば，ある問題にぶつかり，その問題に正面から向き合い，試行錯誤しな
がら，自分なりに納得がいく解決策を導こうとすることである。した
がって，問題解決能力の基礎と捉えることもできよう。

　例えば，冬場になると霜や氷に興味を持つ幼児がいる。それらを手に
しているうちに，「自分でも氷を作りたい」と考えた幼児は，身近な器
を手にし，水を入れて，凍るまで待つという取り組みを始める。ところ
が，翌朝になっても氷にならないケースもある。そうした時，あきらめ
ず，凍る場所や方法をあれこれ考え，氷づくりを継続する幼児は，創造
的な思考の基礎が培われる体験をしていると捉えることができるだろ
う。つまり，ある幼児は，朝まで日陰になっている場所を教師等に聞
き，器の置き場所を変えて成功し，大喜びする。また，別の幼児は，風
の存在に目を向け，日陰だけでなく，風の通り道となる場所を見つけ，
器を置くことで成功し，これまた大喜びする。ここには，「～したい」
という意欲を土台に，「～できない」という問題に出会っても，「～をな
んとかしよう」と考え，工夫し，最後には「できた」という達成感を味
わう姿が見られる。こうした姿は，幼児の遊びをよく観察していれば，
しばしば見出せるものである。

　したがって，教師は幼児が体験している質，つまり幼児なりにあきら
めずに考え，工夫する姿に価値を見出し，認めたり，支えたりすること
が大切となる。創造的な思考の基礎とは，こうした体験を通して育成さ
れ，小学校以降の学習の基盤となっていくのである。

（2）主体的な態度の基本とは何か

　『幼稚園教育要領解説』は，前述の「小学校以降の生活や学習の基盤

の育成」を解説している箇所で，主体的な態度の基本について，以下の
ように述べている。

> 　主体的な態度の基本は，物事に積極的に取り組むことであり，その
> ことから自分なりに生活をつくっていくことができることである。さら
> に，自分を向上させていこうとする意欲が生まれることである。それ
> らの基礎が育ってきているか，さらに，それが小学校の生活や学習の
> 基盤へと結び付く方向に向かおうとしているかを捉える必要がある。
> また，小学校への入学が近づく幼稚園修了の時期には，皆と一緒に教
> 師の話を聞いたり，行動したり，きまりを守ったりすることができるよ
> うに指導を重ねていくことも大切である。さらに，共に協力して目標
> を目指すということにおいては，幼児期の教育から見られるものであ
> り，小学校教育へとつながっていくものであることから，幼稚園生活
> の中で協同して遊ぶ経験を重ねることも大切である。

　このように，主体的な態度の基本とは，幼児が積極的に物事に取り組
む姿そのものを指すとともに，その姿勢を土台に，大人に依存する生活
から脱皮し，自立・自律的に自らの生活を営んでいくことを指してい
る。また，年齢の高まりに応じて，他者と生活していることを実感し，
協力・協同していく姿も期待している。言わば，個の育ちが集団の育ち
にも繋がり，そのことにより，さらに個が高まるという，個と集団の育
ち合いこそが，主体的な態度の基本を育成する，と捉えることもでき
よう。
　このうち，協同的な体験については，すでに第9章で触れているので，
ここでは，自立・自律的な生活を自ら営み，なおかつ，集団生活の過ご
し方を身に付けていく姿について簡単に触れておこう。
　例えば，ある園で，当番活動を教師が時期を決め，一方的に導入する

方法をやめたケースがあった。理由は当番がノルマ化し，主体的に取り組む態度が見られなくなったからである。そこで，教師は幼児たちと信頼関係を築きつつ，食前のテーブル拭きなど幼児の生活を世話する行動を魅力的に展開することを心がけた。すると，大好きな教師の仕事を「手伝いたい」と言い出す幼児が現れてきた。教師はその声を喜んで受け止め，手伝いを促した。一人が手伝いを始めると他の幼児も意欲を示し，あっという間に用意した台ふきんはなくなってしまった。「困ったな〜」とつぶやく教師に対して，幼児の方から「順番でやろう」という声があがり，結果としてテーブル拭きは当番活動として定着していくことになったそうである。

　3歳児からの入園が一般的となっている近年の幼稚園では，身辺自立もままならない状態から幼児を受け入れ，保育していく。こうした中，生活の仕方や集団行動などを教師が指示する傾向も見られる。もちろん，時期によってはこうした生活指導も必要だが，幼児自身が生活を主体的に営む力を身に付けない限り，真の自立は実現しない。したがって，多少，回り道に見えても，幼児自身が生活の主人公となれるような支え方が大切となる。主体的な態度の基本とは，こうした体験を通して育成され，小学校以降の生活の基盤となっていくのである。

（3）「三つの自立」と「学力の三要素」

　2010（平成22）年，幼児期の教育と小学校教育の円滑な接続の在り方に関する調査研究協力者会議が取りまとめた報告書『幼児期の教育と小学校教育の円滑な接続の在り方について（報告）』は，現行の『幼稚園教育要領』の改訂作業において，「幼児期の終わりまでに育ってほしい姿」を取りまとめる際，参考としたものであるが，この報告書は，学びの基礎力の育成という観点から，幼児期から児童期において「三つの

自立」と「学力の三要素」に留意することも求めている。

　このうち，「三つの自立」とは，以下の通りである。

> 「学びの自立」…自分にとって興味・関心があり，価値があると感じ
> 　られる活動を自ら進んで行うとともに，人の話などをよく聞いて，
> 　それを参考にして自分の考えを深め，自分の思いや考えなどを適
> 　切な方法で表現すること。
> 「生活上の自立」…生活上必要な習慣や技能を身に付けて，身近な
> 　人々，社会及び自然と適切にかかわり，自らよりよい生活を創り
> 　出していくこと。
> 「精神的な自立」…自分のよさや可能性に気付き，意欲や自信をもつ
> 　ことによって，現在及び将来における自分自身の在り方に夢や希
> 　望をもち，前向きに生活していくこと。

　また，「学力の三要素」について，以下のように述べている。

> 　児童期及びそれ以降の教育においては，具体的な資質や能力を育む
> という観点から，学校教育法第30条に規定されているように，生涯に
> わたる学習基盤の形成，すなわち「基礎的な知識・技能」，「課題解決
> のために必要な思考力，判断力，表現力等」，「主体的に学習に取り組む
> 態度」の育成に特に意を用いなければならないとされている。これらは
> 「学力の三つの要素」と呼ばれるものであり，先に述べた「三つの自立」
> とともに，児童期の教育において，学びの基礎力の育成を図る上で重視
> されるべきものである。

　このように先の報告書では，幼児期から児童期にかけての教育におい
て，学びの基礎力の育成を図るため，「学びの自立」「生活上の自立」「精
神的な自立」の「三つの自立」を養うことが大切だと指摘している。そ

して，この「三つの自立」を踏まえ，児童期の教育では「学力の三つの要素」を培うことを求めているわけである。

　「学びの自立」は前述した「創造的な思考の基礎」に，「生活上の自立」は「主体的な生活態度の基礎」に対応すると読み取れるが，それに加えて「精神的な自立」を養うという視点が教育課題として示されている点が注目される。この「精神的な自立」は，子どもが自信を持つこと，あるいは自己肯定感を持つことと読み取れるものであり，内面の育ちを重視する幼児期の教育の目標とも合致するものである。低学年を担当する小学校の教師がこうした内面の育ちを重視してくれれば，幼児期の教育を担う教師も，安心して子どもを小学校へ送り出すことができるだろう。また，目に見えるかたちで知識や技術の習得を急ぐ保育も見直されていくことだろう。

　したがって，「三つの自立」と「学力の三要素」は，次節で触れる小学校教育を見通したカリキュラムをつくる際にも活用すべき視点となる。

3.　小学校教育を見通したカリキュラムの創造

　小学校との連携を図りつつ，小学校以降の生活や学習の基盤育成を視野に入れた教育を展開するためには，園の教育課程や指導計画にその観点を盛り込むことが必要となる。そこで，小学校教育を見通したカリキュラムをつくる際の留意点について検討してみる。

（1）幼児期の教育と小学校教育の連続性

　前述した通り，幼児期の教育は体験学習，小学校以降の教育は教科学習を中心に展開される。『幼稚園教育要領』が幼稚園教育の内容を「教科」とは異なる「領域」という概念で設定しているのも，こうした相違

を踏まえたものである。こうした違いを前提に，幼稚園と小学校の生活
も大きく異なるわけである。

　ただ，文部科学省はこうした段差を埋めるべく，第1・2学年には体
験学習を主とする合科的な科目として「生活科」を設定している。この
「生活科」は，幼児期の教育における「遊びを通した総合的な指導」の
延長線上に位置付く科目である。

　また，『小学校学習指導要領』には「教科」以外に，「特別の教科　道
徳」「外国語活動」「総合的な学習の時間」「特別活動」という教育内容も示
されている。このうち，幼児期の教育と関連性が深い「道徳」は「よりよ
く生きるための基盤となる道徳性を養うため，道徳的諸価値についての理
解を基に，自己を見つめ，物事を多面的・多角的に考え，自己の生き方に
ついての考えを深める学習を通して，道徳的な判断力，心情，実践意欲と
態度を育てる」，「特別活動」は「集団や社会の形成者としての見方・考
え方を働かせ，様々な集団活動に自主的，実践的に取り組み，互いのよさ
や可能性を発揮しながら集団や自己の生活上の課題を解決することを通
して，次のとおり（3点の）資質・能力を育成することを目指す」ことを，
それぞれ目標としている。そして，この目標を達成するため，各「教科」
の指導や家庭・地域社会との連携も含めた全教育活動を通して展開して
いくことも求められている。このように，小学校教育も幼児期の教育と
の接続を意図した教育内容が設定されているわけである。

　しかし，幼稚園によっては小学校教育と言えば「教科」，つまり「国語」
「社会」「算数」「理科」「音楽」「図画工作」「体育」といった枠組みのみで，
その教育内容を捉えるケースも多い。そのため，小学校教育を視野に入
れ始めると，領域「健康」→教科「体育」，領域「人間関係」→教科「社
会」，領域「環境」→教科「算数」「理科」，領域「言葉」→教科「国語」，
領域「表現」→教科「音楽」「図画工作」などと，「領域」と「教科」を

直線的に結びつける傾向も見られる。

　こうした誤解を避けるためには，改めて「子どもの発達を見る視点」としての「領域」が，「教科」だけではなく，「道徳」「特別活動」という教科外の活動と結びついていること。そして，各「教科」はもとより，「道徳」や「特別活動」も含めた学びの基盤づくりが，幼児期の教育の課題であることを自覚し，カリキュラムづくりを進める必要がある。こうした姿勢が，小学校教育との段差を子どもにとって乗り越えやすいものへと変えていくのである。

（2）接続期教育の課題

　幼児期の教育と小学校教育の相違を踏まえれば，段差は必然的に生じるものである。乗り越えられない段差は解消すべきではあるが，乗り越えられる段差は子どもには期待感となり，乗り越えられれば自信も得られる。小学校との連携で意図される「円滑な接続」も段差を完全になくすこと，言い換えれば，幼児期の教育と小学校教育を同質のものにすることは求めていないはずである。幼稚園と小学校の接続を考える際は，まずはこの点をしっかり理解しておく必要がある。

　その上で，現在，『小学校学習指導要領』は「スタート・カリキュラム」と呼ばれる小学校入学時に特化した計画を編成することを義務づけている。つまり，小学校入学時に幼児期の教育との接続を意識した特別なカリキュラムを編成するわけである。「小1プロブレム」の発生防止に繋がることも期待されている。

　こうした「スタート・カリキュラム」を編成する際の留意点について，前述した『幼児期の教育と小学校教育の円滑な接続の在り方について』は，以下の4点を提示している。

> ・個々の児童に対応した取り組みであること
> ・学校全体での取り組みとすること
> ・保護者への適切な説明を行うこと
> ・授業時間や学習空間などの環境構成，人間関係づくりなどについて
> 　工夫すること

　こうした点に留意しつつ，「スタート・カリキュラム」は，入学直後の児童が「自らの思いや願いの実現に向けた活動を，ゆったりとした時間の中で進めていくことが可能となる」よう，「生活科の学習活動を中核として，国語科，音楽科，図画工作科などの内容を合科的に扱い大きな単元を構成する」ものである。こうした配慮のもと，子どもが無理なく小学校生活に適応していく姿を踏まえ，少しずつ大きな単元から各教科に分化させた学習を進めていくわけである。

　したがって，年長5歳児を担当する教師も，入学を意識する中，分化した教科を想定した45分授業に臨む態度や，その時間割に適応させるような指導を急ぐべきではないのである。

　このように，接続期の教育は，子どもが乗り越えられる段差を想定しながら，ゆるやかに展開すべきものである。

（3）発達の連続性を踏まえたカリキュラムの創造

　小学校教育を視野に入れた幼児期の教育を，小学校と連携しつつ推進する試みの中には，幼児期の教育と児童期の教育を連続的に捉え，一貫性を持ったカリキュラムを編成するケースも見られる。

　例えば，東京都中央区立有馬幼稚園・小学校は，1999（平成11）年度から3年間にわたって連携を視野に入れたカリキュラムづくりを進め，その成果を『幼小連携のカリキュラムづくりと実践事例』（小学館）にま

とめている。これを見ると，有馬幼稚園は「教育内容のつながり」「学び方のつながり」「地域社会のつながり」の三つの柱を立て，幼児期から児童期まで見通したカリキュラムをつくり，実践を展開していった。そのうち，「教育内容のつながり」では，保育内容を「くらし」「社会」「文化」という3つの視点（スコープ）で整理した上で，小学校の教育課程とのつながりを図っている。ちなみに，「くらし」とは「幼児にとって実生活に密着した体験」，「社会」とは「幼児にとって身近な地域やそこに暮らす人々とのかかわり」，「文化」とは「幼児があこがれを感じる専門家やアマチュア（小学生を含む）の表現活動や地域の伝統文化にふれる体験」を指す。また，「学び方のつながり」では，プロジェクト型実践を採用することにより，小学校教育における総合的な学習に繋がる取り組みを重視した。

こうした小学校教育との連携を視野に入れたカリキュラムづくりは少しずつ広がりを見せている。例えば，東京都品川区では幼稚園と小学校間だけでなく，保育所，認定こども園も加わる中で，年長5歳児の10月から小学校1年生の1学期までをジョイント期と位置付け，幼児期の教育と小学校教育の円滑な接続を図る「ジョイント期カリキュラム」を作成している。

また，滋賀大学教育学部附属四校園（附属幼稚園・附属小学校・附属中学校・附属養護学校）では，幼児期と小学校低学年との連携にとどまらず，「四校園一体型・十二年一貫カリキュラム」を編成している。

小学校との連携は，とかく子ども同士の交流活動が注目されるが，大切なのはかたちとしての触れ合いではなく，子どもの内面に形成される主体性，また学びへの意欲を育てることである。そのためには教師同士が交流し，互いのカリキュラムを繋げる努力も必要となる。

学習課題

1 遊びと学びの関係について考えてみよう。
2 知的好奇心を育成する上で，大切にしたい体験について考えてみよう。
3 小学校教育を視野に入れたカリキュラムを考えてみよう。

参考文献

・小川博久『21世紀の保育原理』同文書院，2005年
・滋賀大学教育学部附属幼稚園『学びをつなぐ：幼小連携からみえてきた幼稚園の学び』明治図書，2004年
・品川区編『保幼小ジョイント期カリキュラム：しっかり学ぶしながわっこ』品川区教育委員会事務局指導課，2010年
・東京都中央区立有馬幼稚園・小学校，秋田喜代美監修『幼小連携のカリキュラムづくりと実践事例』小学館，2002年
・中央教育審議会『幼稚園，小学校，中学校，高等学校及び特別支援学校の学習指導要領等の改善及び必要な方策等について（答申）』2016年12月
・文部科学省『幼稚園教育要領解説』フレーベル館，2018年
・幼児期の教育と小学校教育の円滑な接続の在り方に関する調査研究協力者会議『幼児期の教育と小学校教育の円滑な接続の在り方について（報告）』文部科学省，2010年

15 | 教師の協力体制と保育方法の改善
－ティーム保育の推進と教師の役割

師岡　章

《**目標とポイント**》　複数の教師が協力・連携し，共同で保育していく方法に関する理解を深める。特に，ティーム保育の進め方と，相互の教師間で担うべき役割について検討する。また，共同で保育する機会を通して，保育方法を改善していく道筋を検討する。

《**キーワード**》　教師間連携，ティーム保育，保育の振り返り，省察，共同研修，共同研究

1. 教師間連携の必要性

　幼稚園の場合，1つの学級は1人の教師が担当し，指導していくことが基本である。ただ，現行の『幼稚園教育要領』は，教師同士の協力・連携も求めている。なぜ，今，こうした教師間の協力・連携が必要となるのであろうか。この点を理解するためには，保育の特質や幼児の発達特性を踏まえる必要がある。以下のこの点を検討してみる。

（1）集団保育の困難さ

　『幼稚園設置基準』の第3条，及び第5条によれば，学校教育である幼稚園の教員配置の基準は以下の通りである。

> ○1学級は35人以下を原則とし，各学級ごとに少なくとも専任教諭を1名置く。

　つまり，幼稚園は，最大35人の幼児を，年齢を問わず1人で担当することが法令上，可能となっているわけである。

　ちなみに，児童福祉施設である保育所は，幼稚園教育と同じ対象年齢については，『児童福祉施設の設備及び運営に関する基準』の第33条の2が，「○満4歳以上の幼児おおむね30人につき1人以上」と定めている。

　また，学校教育と保育を一体的に提供する施設である幼保連携型認定こども園は，『就学前の子どもに関する教育，保育等の総合的な提供の推進に関する法律に基づく施設の設備及び運営に関する基準』の第2が，「○幼稚園教育の対象となる「短時間利用児」（1日4時間程度）については，『幼稚園設置基準』に準ずる。○保育所保育の対象となる「長時間利用児」（1日8時間程度）については，『児童福祉施設の設備及び運営に関する基準』に準ずる。」と定めている。

　このように，いずれの保育施設でも，幼児期の教育は1人の教師（保育者）が相当数の幼児を担当する集団保育という形態によって展開されるわけである。ただ，保育所や幼保連携型認定こども園は長時間保育の実施が前提となっているため，その担当者も含めて職員数は幼稚園に比べて多く，幼児組であっても複数担任となっているケースが見られる。

　これに対して，幼稚園は一学級の上限数も多く，その人数を小学校以上の学校教育と同じく1人の教師が担任することが一般的である。しかし，最大35人の幼児を一人一人把握した上で，それぞれの特性に応じて指導することは容易ではない。幼稚園教育に対して教師間の連携が求められる背景には，こうした幼稚園固有の集団保育上の課題がある。

（2）子どもの育ちと課題の多様化

　近年，幼児期の子どもの育ちも大きく変化しており，個別的な対応が求められるケースも増えている。現行の『幼稚園教育要領』が改訂され

る際，基盤となった2016（平成29）年12月に中央教育審議会が取りまとめた『幼稚園，小学校，中学校，高等学校及び特別支援学校の学習指導要領等の改善及び必要な方策等について（答申）』は，代表的な変化として，幼児の生活体験の不足，基本的な技能等の未習得，忍耐力や自己抑制，自尊心といった社会情動的スキルやいわゆる非認知的能力の育成などの課題を指摘している。

　例えば，3歳入園時にオムツがはずれていない幼児も増えているが，こうした基本的な生活習慣が身に付いていないケースでは，個別的にトイレットトレーニングを行う必要がある。また，自己主張はするものの，教師や他の幼児からのメッセージを受け止めきれず，自己中心的な行動に終始する幼児も見られる。こうした自制心が希薄な幼児の場合，クラスでの集団行動に参加することが難しく，そうした姿が見られる度に，教師はクラス全体の指導を進めるべきか，その幼児に個別的に関わるべきかに悩むわけである。こうした事例以外にも，障害児を受け入れ，統合保育を展開するケースでは，障害児に必然的に個別的な対応も必要となる。

　このように，様々な課題を抱える幼児も含めて保育を展開している場合，1人の教師だけでは対応しきれないことも多いわけである。第13〜14章で触れたように，こうした課題を改善できないままでは，小学校に入学後，いわゆる「小1プロブレム」や「学級崩壊」と称される「集団行動が取れない」「授業中に座っていられない」「先生の話を聞かない」といった問題行動や授業の不成立につながることも予想される。

　さらに，近年，幼稚園に対して，幼児期の教育を担う以外の役割を果たすことも求められている。代表的なものは，保護者の子育てに対する不安を解消し，親がその喜びを感じることができるよう，子育て支援を充実させることである。

　例えば，幼稚園現場で「預かり保育」と呼ばれる「教育課程に係る教育時間の終了後等に行う教育活動」は，こうした子育て支援の一環として，特に実施が期待されている取り組みである。この預かり保育に対して，現行の『幼稚園教育要領』はその通称のまま，単なる「預かり」に終始するのではなく，「教育課程に基づく活動」であることを考慮し，「教育活動の計画」を作成し，その保育を展開していくことを求めている。そのため，教育課程に基づく活動を担当する教師，つまりクラス担任の正教諭との緊密な連携を図ることも求めている。そのため，クラスを担任する教師は「預かり保育」までも視野に入れ，その担当者とも連携していかねばならないわけである。

　こうした幼児の育ちの変化や，幼稚園をめぐる環境の変化も，自ずと教師間の連携を必要とするわけである。

（3）保育の質の向上と教師間連携

　教師は，幼児のよりよい成長・発達を図るため，日々，自らの実践を振り返り，その質を向上させていかねばならない。

　ただ，教師の実践は，幼稚園全体の教育方針や教育環境に基づいて展開されており，1人の教師の努力だけで，その質を維持・向上できるものではない。そのため，文部科学省は，2008（平成20）年に『幼稚園における学校評価ガイドライン』を示し，幼稚園全体で，その教育活動や園運営の状況について評価し，その結果に基づき，改善していくことを求めている。現在『幼稚園における学校評価ガイドライン』は，2011（平成23）年に改訂され，幼稚園に対して，以下の3種類の評価に取り組む

【自己評価】：各学校の教職員が行う評価
【学校関係者評価】：保護者，地域住民等の学校関係者などにより構成

> された評価委員会等が，自己評価の結果について評価することを基本として行う評価
>
> 【第三者評価】：学校と直接関係を有しない専門家等による客観的な評価

ことを求めている。

　このうち，「自己評価」は取り組むことが法的に義務付けられている。これに対して，「学校関係者評価」は努力義務，「第三者評価」は今後の検討課題とされており，当面，幼稚園全体として取り組むべき評価は「自己評価」ということになる。

　そして，この「自己評価」は，園長のリーダーシップのもと，園の全教職員が参加し，教育課程に設定した保育目標や指導計画等に照らして，その達成状況や達成に向けた取り組みの適切さなどについて評価を行うもの，と位置付けられている。したがって，園全体で実施することが求められている「自己評価」を推進するためにも，教師間の連携が必要となるわけである。

2.　ティーム保育の意義と進め方

　『幼稚園教育要領』は，園全体で教師同士が協力し，幼児の指導をより丁寧に展開していくための方法として，ティーム保育の導入を求めている。では，ティーム保育はどのように進めるべきなのであろうか。以下，その意義と進め方の要点を検討してみる。

（1）ティーム保育とは何か

　ティーム保育は，現行の『幼稚園教育要領』より2つ前の改訂時，つ

まり，1998（平成10）年告示の『幼稚園教育要領』において，指導上の工夫の1つとして，初めて例示された幼児期の教育を展開する際の方法である。2000（平成12）年7月に発表された『幼児教育の充実に向けて』（幼児教育の振興に関する調査研究協力者会議中間報告）にも，ティーム保育の導入・実践という項目が設けられるほど，新たな幼児期の教育方法として注目されてきたものである。

　一般には，「複数の教師が協力し合って，1つの幼児集団の保育にあたること」を指す。小学校現場において，学級崩壊，あるいは学習進度に差があり，個別的な指導が求められる児童が増加しているなど，クラス担任1人では対応しきれない状況を踏まえ，他の教師が支援としてクラスに入り，担任教師と協力して指導を展開するティーム・ティーチング（T・T）の保育版と言えるものである。

　このティーム保育について，『幼稚園教育要領解説』は，第1章第4節の「3　指導計画の作成上の留意事項」の（8）の幼稚園全体の教師による協力体制をつくることに関わって，以下のように述べている。

　複数の教師が共同で保育を行い，また，幼児理解や保育の展開について情報や意見を交換することによって，一人一人の様子を広い視野から捉え，きめ細かい援助を行うことが可能になる。

　ティーム保育は，保育の展開，学級編成，教職員組織などの実態に応じて工夫するとともに，それぞれの教師の持ち味を生かしながら行っていくことが大切である。このようなティーム保育などによって指導方法を工夫することは，幼児が人との関わりや体験を一層豊かにしたり，深めたりして，一人一人の特性に応じた指導の充実を図る上で重要である。

　このように，ティーム保育とは，教師同士が共同で保育する方法であ

り，幼児一人一人の特性に応じた指導をきめ細かく行うための指導上の工夫の1つである。前節で指摘した問題状況を前に，担任教師1人では対応しきれないときに，有効な教育方法の1つと言えるだろう。

　また，ある教師の幼児理解や保育の展開を他の教師の情報や意見を踏まえて見直し，改善を図るためにも役立つ方法となる。

　その意味で，ティーム保育は保育の質の向上に有効であるだけでなく，教師一人一人の資質・能力の向上にも繋がる方法と言えるだろう。

（2）ティーム保育の形態

　ティーム保育を推進する場合，その展開には多様な形態が想定される。

　一般的には，担任1人では対応しきれない保育場面ごとに，担任以外の教師の支援を求め，複数体制で保育する形態である。つまり，部分的かつ臨時的にティーム保育を展開するわけである。前述した小学校以降の教育現場で採用されているティーム・ティーチングに最も近い形態と言えるだろう。

　ただ，部分的かつ臨時的にティーム保育を展開する形態は，こうした担任1人では対応しきれない保育場面だけとは限らない。

　例えば，大半の幼稚園は同一学年が複数クラスによって編制されているが，そうした場合，保育内容によってはクラスを超え，同一学年全体で活動を進めるケースもある。運動会や宿泊保育（お泊まり会）など，園全体や学年全体に関わる行事活動に取り組む場合などが典型例である。こうした学年合同で活動を進める際は，必然的に学年の全クラス担任が共同して保育することになる。このように部分的かつ臨時的にティーム保育を展開する形態も，保育内容，あるいは活動別に選択されるケースも想定できるわけである。

　一方，年間を通して，クラスを常時ティーム保育で展開する形態も考

えられる。

　例えば，3歳児のように個人差が大きく，なおかつ，一人遊びも多く見られる時期は，クラス担任そのものを年度当初から複数配置することが望まれる。この場合，年間を通して複数担任制というティーム保育が展開されるわけである。幼稚園によっては，すでに採用しているところもあるだろう。

　さらに，クラス編制を異年齢，つまり縦割りクラスとする場合は，クラスの幼児の個人差もより大きいだけに，複数担当制を採用する園も多い。クラスに障害児がいる場合も特別な配慮が必要となり，加配の教諭が配置されれば，自ずと担任教師とのティーム保育という形態となる。

　このように，ティーム保育の形態は部分的あるいは臨時的に実施する場合もあれば，継続的，あるいは常時，展開していく方法もあり得る。教師は，ティーム保育の必要性を見極めた上で，適切な形態を選択していくことが大切となる。

（3）ティーム保育を展開する際の留意点

　ティーム保育を展開する際，教師間の役割分担の内容，方法に留意しておく必要がある。

　例えば，複数担任制の場合，年間を通してリーダーとなる担任を固定し，一方の教師はサブとしての役割を担うケースもあれば，一週間単位でリーダーとサブが交代するケースもある。誤解を恐れずに言えば，前者の協力体制は上下関係になりがちであるが，後者は対等な関係で保育が展開される可能性が高い。こうした教師間の関係性は，保育の展開に微妙に影響する。基本的に教師間の連携は対等な関係でこそ機能すると考えられるが，形態の違いによって上下関係が生まれるとすれば，教師の協力体制も脆弱となる。互いの持ち味を生かし合う役割分担を工夫す

る必要がある。

　ただ，熟練の教師と初任者がティームを組む場合，あえてリーダーとサブを固定していく方が有効なケースもあるだろう。例えば，初任者育成のため，熟練者の保育を「見て学ぶ」機会を重視したいと思えば，熟練者をリーダー，初任者をサブと固定させた方がよいだろう。また，初任者の育成方法として「見て学ぶ」ことよりも，「為すことで学ぶ」ことを重視したいと考えれば，あえて初任者をリーダーとし，サブとなる熟練者がサポート役に徹するという方法も有効だろう。あるいは，熟練者と初任者が定期的にリーダーとサブを交代する方法もあり得る。

　いずれにしても，ティーム保育を展開する際の役割分担の内容や方法は，ティームを組む教師間の経験差や能力差，個性といった持ち味の違いを踏まえて選択していくことが大切となる。

　さらに，集団で遊ぶ力が身に付き，クラスを越えた幼児とも関わる姿が増えてくる5歳児などの場合，自由遊びの時間帯には全クラスの担任教師が共同で保育することも求められる。こうしたケースでは，遊びの種類，また遊び場（コーナー）などをどの程度予測し，分担していくかということに留意する必要がある。また，ティーム保育中の連絡を密にし，担当する遊びの種類や遊び場を固定するのか，状況に応じて交代していくかの判断も必要となる。「全ての幼児を全ての教師で保育する」といった理念を具現化するためにも留意したい点である。

3. 保育実践の反省・評価と指導計画の改善

　ティーム保育など，教師間で連携・協力して保育を行うことは，教師相互の幼児理解，また指導・援助を高め合う機会ともなる。こうしたメリットを生かすためには，共同で保育した後，互いに保育実践を振り返

り，計画や実践の改善に結び付けていくが大切となる。そこで以下，保育の質，また教師の専門性を向上させるための保育後に重視すべき事項について検討してみる。

（1）自己省察の重要性

　教師が自らの実践を改善していくためには，まずは自らの保育を日々，自己評価していくことが基本となる。ただ，自己評価というと，うまく保育が展開できなかった場面のみを取り上げ，自己否定に陥る教師も見られる。真面目かつ誠実な教師ほど，そうした傾向が見られるようだ。

　もちろん，うまく保育が展開できなかった場面を反省していくことは大切ではあるが，自己否定ばかりでは次なる保育への意欲もわかず，自信も喪失する。こうした状態に陥らないためには，「省察」という視点に立ち，自らの保育実践を振り返ることが大切となる。

　この点について，津守真はその著『保育の体験と思索－子どもの世界の探究』（大日本図書）において，以下のように述べている。

　「時間をへだててふり返ること，すなわち，反省は，英語ではreflectionであり，flexは，身体を折り曲げて後を見るという意味である。実践は，一回限りの，不可逆なできごとであるが，反省によって，人はそのことを道徳規準に照らして評価するのではなく，まして，後悔し残念に思うのではなく，体験として，ほとんど無意識の中にとらえられている体感の認識に何度も立ち返り，そのことの意味を問うのである。意味を見出すことによって，過去は現在になり，そして，未来を生み出す力になる。その精神作業が，反省に考察を加えることに，すなわち，省察である。」

　このように津守は，保育実践と事後の振り返り作業を合わせたところに保育があるとの立場から，事後の振り返りを「反省」だけでなく，「考察」も加えた「省察」と位置付けている。そして，「実践は，一回限りの，

不可逆的なできごと」と述べているように，「実践の一回性」という特徴を踏まえ，「省察」によって実践の意味を深く読み取り，明日の保育に繋げることを求めている。

　こうした自己省察を心掛けることは，保育実践の質や幼児理解の向上はもちろんのこと，教師としての自らの成長に繋げるためにも重要な姿勢である。

（2）保育記録を通した共同研修・研究

　自己省察を実施した後，その妥当性を確認し，幼児理解や保育の質，さらに教師の専門性の向上を図るためには，他の教師と共に振り返る作業も大切となる。いわゆる園内での共同研修である。

　こうした共同研修を実施する際の方法として心がけたいことは，保育記録を通した話し合いである。保育記録に基づく話し合いは，具体的な事例に即して互いの取り組みを検討することに繋がり，単なる印象論で評価し合うことを避けることができる。共同研修を実施する教師同士が対等な立場であることを確認し合った上で，保育記録に基づき，忌憚なく意見交換をする。こうした取り組みが，幼児理解や保育の質，さらに教師の専門性を高めていくのである。

　なお，保育記録は大別すると，文字記録とビデオカメラやICレコーダーなどを用いた視聴覚記録（AV記録）となるが，基本は自己省察に基づく文字記録とするべきであろう。共同で保育している場合，一方の教師が観察者に徹し，文字やAV機器で研修の対象者となる教師を記録することも可能だが，その際も研修の対象者となる教師の意図に基づいて記録することが重要となる。なぜなら，当事者の課題意識に基づかない記録を一方的に示すだけでは，自己省察に繋がりにくいからである。

　また，共同研修を重ねる中，特定の課題が抽出され，継続的に検証し

ていく作業が必要なケースも生じる。その段階を合同研究と呼ぶとすれば，こうした作業が保育課題をより客観的な立場から考察することにもなる。必要に応じて，こうした研究的な取り組みも期待したいものである。

（3）計画の見直しと教師の専門的力量の向上

　園内での共同研修の結果は，実践の改善に繋げるべきものである。

　ただ，実践は教育課程，及び指導計画に基づいて展開される。そのため，実践の改善に当たっては，まず見通しを立てる計画，特に実践に身近な具体的な計画である指導計画を見直すことが重要となる。指導計画を仮説であると認識した上で，共同研修で導かれた成果は発展させ，課題は改善へと繋げていくことを心がけたい。教師間で共通理解したことを指導計画に掲げていけば，実践の充実も図られるはずである。

　また，共同研修を通して，教師の専門的力量を向上させていくことも重要である。互いを尊重し，良さを認め合い，なおかつ得意分野を伸ばし合えば，ティームとしての教師集団の力も向上していくはずである。園長のリーダーシップの下，園全体で取り組んでほしいものである。

学習課題

1　ティーム保育を進める上で，留意すべき点について考えてみよう。
2　教師間の連携を図る上で重視すべき事柄を考えてみよう。
3　保育実践の見直しを，指導計画の改善に繋げていく方法を具体的に考えてみよう。

参考文献

・中央教育審議会『幼稚園，小学校，中学校，高等学校及び特別支援学校の学習指導要領等の改善及び必要な方策等について（答申）』2016 年 12 月
・津守真『保育の体験と思索：子どもの世界の探究』大日本図書，1980 年
・師岡章『保育カリキュラム総論』同文書院，2015 年
・文部科学省『幼稚園教育要領解説』フレーベル館，2018 年
・文部科学省『幼稚園における学校評価ガイドライン』2011 年 11 月
・幼児教育の振興に関する調査研究協力者会議『幼児教育の充実に向けて（幼児教育の振興に関する調査研究協力者会合中間報告）』文部科学省，2000 年

資料

資料1　教育基本法（抄）

（昭和22年3月31日法律第25号　改正：平成18年12月22日法律第120号）

　我々日本国民は，たゆまぬ努力によって築いてきた民主的で文化的な国家を更に発展させるとともに，世界の平和と人類の福祉の向上に貢献することを願うものである。

　我々は，この理想を実現するため，個人の尊厳を重んじ，真理と正義を希求し，公共の精神を尊び，豊かな人間性と創造性を備えた人間の育成を期するとともに，伝統を継承し，新しい文化の創造を目指す教育を推進する。

　ここに，我々は，日本国憲法の精神にのっとり，我が国の未来を切り拓く教育の基本を確立し，その振興を図るため，この法律を制定する。

第一章　教育の目的及び理念

（教育の目的）

第一条　教育は，人格の完成を目指し，平和で民主的な国家及び社会の形成者として必要な資質を備えた心身ともに健康な国民の育成を期して行われなければならない。

（教育の目標）

第二条　教育は，その目的を実現するため，学問の自由を尊重しつつ，次に掲げる目標を達成するよう行われるものとする。

　一　幅広い知識と教養を身に付け，真理を求める態度を養い，豊かな情操と道徳心を培うとともに，健やかな身体を養うこと。

　二　個人の価値を尊重して，その能力を伸ばし，創造性を培い，自主及び自律の精神を養うとともに，職業及び生活との関連を重視し，勤労を重んずる態度を養うこと。

　三　正義と責任，男女の平等，自他の敬愛と協力を重んずるとともに，公共の精神に基づき，主体的に社会の形成に参画し，その発展に寄与する態度を養うこと。

　四　生命を尊び，自然を大切にし，環境の保全に寄与する態度を養うこと。

　五　伝統と文化を尊重し，それらをはぐくんできた我が国と郷土を愛するとともに，他国を尊重し，国際社会の平和と発展に寄与する態度を養うこと。

（生涯学習の理念）

第三条　国民一人一人が，自己の人格を磨き，豊かな人生を送ることができるよう，その生

涯にわたって，あらゆる機会に，あらゆる場所において学習することができ，その成果を適切に生かすことのできる社会の実現が図られなければならない。

（教育の機会均等）

第四条　すべて国民は，ひとしく，その能力に応じた教育を受ける機会を与えられなければならず，人種，信条，性別，社会的身分，経済的地位又は門地によって，教育上差別されない。

2　国及び地方公共団体は，障害のある者が，その障害の状態に応じ，十分な教育を受けられるよう，教育上必要な支援を講じなければならない。

3　国及び地方公共団体は，能力があるにもかかわらず，経済的理由によって修学が困難な者に対して，奨学の措置を講じなければならない。

第二章　教育の実施に関する基本

（義務教育）

第五条　国民は，その保護する子に，別に法律で定めるところにより，普通教育を受けさせる義務を負う。

2　義務教育として行われる普通教育は，各個人の有する能力を伸ばしつつ社会において自立的に生きる基礎を培い，また，国家及び社会の形成者として必要とされる基本的な資質を養うことを目的として行われるものとする。

3　国及び地方公共団体は，義務教育の機会を保障し，その水準を確保するため，適切な役割分担及び相互の協力の下，その実施に責任を負う。

4　国又は地方公共団体の設置する学校における義務教育については，授業料を徴収しない。

（学校教育）

第六条　法律に定める学校は，公の性質を有するものであって，国，地方公共団体及び法律に定める法人のみが，これを設置することができる。

2　前項の学校においては，教育の目標が達成されるよう，教育を受ける者の心身の発達に応じて，体系的な教育が組織的に行われなければならない。この場合において，教育を受ける者が，学校生活を営む上で必要な規律を重んずるとともに，自ら進んで学習に取り組む意欲を高めることを重視して行われなければならない。

（大学）

第七条　大学は，学術の中心として，高い教養と専門的能力を培うとともに，深く真理を探究して新たな知見を創造し，これらの成果を広く社会に提供することにより，社会の発展

に寄与するものとする。

2　大学については，自主性，自律性その他の大学における教育及び研究の特性が尊重され
なければならない。

（私立学校）

第八条　私立学校の有する公の性質及び学校教育において果たす重要な役割にかんがみ，国
及び地方公共団体は，その自主性を尊重しつつ，助成その他の適当な方法によって私立学
校教育の振興に努めなければならない。

（教員）

第九条　法律に定める学校の教員は，自己の崇高な使命を深く自覚し，絶えず研究と修養に
励み，その職責の遂行に努めなければならない。

2　前項の教員については，その使命と職責の重要性にかんがみ，その身分は尊重され，待
遇の適正が期せられるとともに，養成と研修の充実が図られなければならない。

（家庭教育）

第十条　父母その他の保護者は，子の教育について第一義的責任を有するものであって，生
活のために必要な習慣を身に付けさせるとともに，自立心を育成し，心身の調和のとれた
発達を図るよう努めるものとする。

2　国及び地方公共団体は，家庭教育の自主性を尊重しつつ，保護者に対する学習の機会及
び情報の提供その他の家庭教育を支援するために必要な施策を講ずるよう努めなければな
らない。

（幼児期の教育）

第十一条　幼児期の教育は，生涯にわたる人格形成の基礎を培う重要なものであることにか
んがみ，国及び地方公共団体は，幼児の健やかな成長に資する良好な環境の整備その他適
当な方法によって，その振興に努めなければならない。

（社会教育）

第十二条　個人の要望や社会の要請にこたえ，社会において行われる教育は，国及び地方公
共団体によって奨励されなければならない。

2　国及び地方公共団体は，図書館，博物館，公民館その他の社会教育施設の設置，学校の
施設の利用，学習の機会及び情報の提供その他の適当な方法によって社会教育の振興に努
めなければならない。

（学校，家庭及び地域住民等の相互の連携協力）

第十三条　学校，家庭及び地域住民その他の関係者は，教育におけるそれぞれの役割と責任
を自覚するとともに，相互の連携及び協力に努めるものとする。

第三章　教育行政

（教育行政）

第十六条　教育は，不当な支配に服することなく，この法律及び他の法律の定めるところにより行われるべきものであり，教育行政は，国と地方公共団体との適切な役割分担及び相互の協力の下，公正かつ適正に行われなければならない。

2　国は，全国的な教育の機会均等と教育水準の維持向上を図るため，教育に関する施策を総合的に策定し，実施しなければならない。

3　地方公共団体は，その地域における教育の振興を図るため，その実情に応じた教育に関する施策を策定し，実施しなければならない。

4　国及び地方公共団体は，教育が円滑かつ継続的に実施されるよう，必要な財政上の措置を講じなければならない。

（教育振興基本計画）

第十七条　政府は，教育の振興に関する施策の総合的かつ計画的な推進を図るため，教育の振興に関する施策についての基本的な方針及び講ずべき施策その他必要な事項について，基本的な計画を定め，これを国会に報告するとともに，公表しなければならない。

2　地方公共団体は，前項の計画を参酌し，その地域の実情に応じ，当該地方公共団体における教育の振興のための施策に関する基本的な計画を定めるよう努めなければならない。

第四章　法令の制定

第十八条　この法律に規定する諸条項を実施するため，必要な法令が制定されなければならない。

資料2　学校教育法（抄）

（昭和22年3月31日法律第26号　改正：令和元年6月26日法律第44号）

第三章　幼稚園

第二十二条　幼稚園は，義務教育及びその後の教育の基礎を培うものとして，幼児を保育し，幼児の健やかな成長のために適当な環境を与えて，その心身の発達を助長することを目的とする。

第二十三条　幼稚園における教育は，前条に規定する目的を実現するため，次に掲げる目標を達成するよう行われるものとする。

一　健康，安全で幸福な生活のために必要な基本的な習慣を養い，身体諸機能の調和的発達を図ること。

　　二　集団生活を通じて，喜んでこれに参加する態度を養うとともに家族や身近な人への信頼感を深め，自主，自律及び協同の精神並びに規範意識の芽生えを養うこと。

　　三　身近な社会生活，生命及び自然に対する興味を養い，それらに対する正しい理解と態度及び思考力の芽生えを養うこと。

　　四　日常の会話や，絵本，童話等に親しむことを通じて，言葉の使い方を正しく導くとともに，相手の話を理解しようとする態度を養うこと。

　　五　音楽，身体による表現，造形等に親しむことを通じて，豊かな感性と表現力の芽生えを養うこと。

第二十四条　幼稚園においては，第二十二条に規定する目的を実現するための教育を行うほか，幼児期の教育に関する各般の問題につき，保護者及び地域住民その他の関係者からの相談に応じ，必要な情報の提供及び助言を行うなど，家庭及び地域における幼児期の教育の支援に努めるものとする。

第二十五条　幼稚園の教育課程その他の保育内容に関する事項は，第二十二条及び第二十三条の規定に従い，文部科学大臣が定める。

第二十六条　幼稚園に入園することのできる者は，満三歳から，小学校就学の始期に達するまでの幼児とする。

第八章　特別支援教育

第八十一条　幼稚園，小学校，中学校，高等学校及び中等教育学校においては，次項各号のいずれかに該当する幼児，児童及び生徒その他教育上特別の支援を必要とする幼児，児童及び生徒に対し，文部科学大臣の定めるところにより，障害による学習上又は生活上の困難を克服するための教育を行うものとする。

（第二項及び第三項略）

資料3　学校教育法施行規則（抄）

（昭和22年5月23日文部省令第11号　改正：令和3年2月26日文部科学省令第9号）

第三章　幼稚園

第三十七条　幼稚園の毎学年の教育週数は，特別の事情のある場合を除き，三十九週を下つてはならない。

第三十八条　幼稚園の教育課程その他の保育内容については，この章に定めるもののほか，教育課程その他の保育内容の基準として文部科学大臣が別に公示する幼稚園教育要領によるものとする。

資料4　幼稚園設置基準（抄）

（昭和31年12月13日文部省令第32号　改正：平成26年7月31日文部科学省令第23号）

第一章　総則

（趣旨）

第一条　幼稚園設置基準は，学校教育法施行規則（昭和二十二年文部省令第十一号）に定めるもののほか，この省令の定めるところによる。

（基準の向上）

第二条　この省令で定める設置基準は，幼稚園を設置するのに必要な最低の基準を示すものであるから，幼稚園の設置者は，幼稚園の水準の向上を図ることに努めなければならない。

第二章　編制

（一学級の幼児数）

第三条　一学級の幼児数は，三十五人以下を原則とする。

（学級の編制）

第四条　学級は，学年の初めの日の前日において同じ年齢にある幼児で編制することを原則とする。

（教職員）

第五条　幼稚園には，園長のほか，各学級ごとに少なくとも専任の主幹教諭，指導教諭又は教諭（次項において「教諭等」という。）を一人置かなければならない。

2　特別の事情があるときは，教諭等は，専任の副園長又は教頭が兼ね，又は当該幼稚園の学級数の三分の一の範囲内で，専任の助教諭若しくは講師をもつて代えることができる。

3　専任でない園長を置く幼稚園にあつては，前二項の規定により置く主幹教諭，指導教諭，教諭，助教諭又は講師のほか，副園長，教頭，主幹教諭，指導教諭，教諭，助教諭又は講師を一人置くことを原則とする。

4　幼稚園に置く教員等は，教育上必要と認められる場合は，他の学校の教員等と兼ねることができる。

第六条　幼稚園には，養護をつかさどる主幹教諭，養護教諭又は養護助教諭及び事務職員を置くように努めなければならない。

第三章　施設及び設備

（一般的基準）

第七条　幼稚園の位置は，幼児の教育上適切で，通園の際安全な環境にこれを定めなければならない。

2　幼稚園の施設及び設備は，指導上，保健衛生上，安全上及び管理上適切なものでなければならない。

（園地，園舎及び運動場）

第八条　園舎は，二階建以下を原則とする。園舎を二階建とする場合及び特別の事情があるため園舎を三階建以上とする場合にあつては，保育室，遊戯室及び便所の施設は，第一階に置かなければならない。ただし，園舎が耐火建築物で，幼児の待避上必要な施設を備えるものにあつては，これらの施設を第二階に置くことができる。

2　園舎及び運動場は，同一の敷地内又は隣接する位置に設けることを原則とする。

3　園地，園舎及び運動場の面積は，別に定める。

（施設及び設備等）

第九条　幼稚園には，次の施設及び設備を備えなければならない。ただし，特別の事情があるときは，保育室と遊戯室及び職員室と保健室とは，それぞれ兼用することができる。

　　　一　職員室
　　　二　保育室
　　　三　遊戯室
　　　四　保健室
　　　五　便所
　　　六　飲料水用設備，手洗用設備，足洗用設備

2　保育室の数は，学級数を下つてはならない。

3　飲料水用設備は，手洗用設備又は足洗用設備と区別して備えなければならない。

4　飲料水の水質は，衛生上無害であることが証明されたものでなければならない。

第十条　幼稚園には，学級数及び幼児数に応じ，教育上，保健衛生上及び安全上必要な種類及び数の園具及び教具を備えなければならない。

2　前項の園具及び教具は，常に改善し，補充しなければならない。

第十一条　幼稚園には，次の施設及び設備を備えるように努めなければならない。

　　　一　放送聴取設備
　　　二　映写設備
　　　三　水遊び場

　　四　幼児清浄用設備

　　五　給食施設

　　六　図書室

　　七　会議室

（他の施設及び設備の使用）

第十二条　幼稚園は，特別の事情があり，かつ，教育上及び安全上支障がない場合は，他の
　学校等の施設及び設備を使用することができる。

第四章　雑則

（保育所等との合同活動等に関する特例）

第十三条　幼稚園は，次に掲げる場合においては，各学級の幼児と当該幼稚園に在籍しない
　者を共に保育することができる。

　一　当該幼稚園と保育所等（就学前の子どもに関する教育，保育等の総合的な提供の推進
　　に関する法律（平成十八年法律第七十七号）第二条第五項に規定する保育所等をいう。
　　以下同じ。）のそれぞれの用に供される建物及びその附属設備が一体的に設置されてい
　　る場合における当該保育所等において，満三歳以上の子どもに対し学校教育法第二十三
　　条各号に掲げる目標が達成されるよう保育を行うに当たり，当該幼稚園との緊密な連携
　　協力体制を確保する必要があると認められる場合

　二　前号に掲げる場合のほか，経済的社会的条件の変化に伴い幼児の数が減少し，又は幼
　　児が他の幼児と共に活動する機会が減少したことその他の事情により，学校教育法第二
　　十三条第二号に掲げる目標を達成することが困難であると認められることから，幼児の
　　心身の発達を助長するために特に必要があると認められる場合

2　前項の規定により各学級の幼児と当該幼稚園に在籍しない者を共に保育する場合におい
　ては，第三条中「一学級の幼児数」とあるのは「一学級の幼児数（当該幼稚園に在籍しな
　い者であつて当該学級の幼児と共に保育されるものの数を含む。）」と，第五条第四項中
　「他の学校の教員等」とあるのは「他の学校の教員等又は保育所等の保育士等」と，第十
　条第一項中「幼児数」とあるのは「幼児数（当該幼稚園に在籍しない者であつて各学級の
　幼児と共に保育されるものの数を含む。）」と読み替えて，これらの規定を適用する。

附　則　抄

1　この省令は，昭和三十二年二月一日から施行する。

2　園地，園舎及び運動場の面積は，第八条第三項の規定に基き別に定められるまでの間，

園地についてはなお従前の例により，園舎及び運動場については別表第一及び別表第二に定めるところによる。ただし，この省令施行の際現に存する幼稚園については，特別の事情があるときは，当分の間，園舎及び運動場についてもなお従前の例によることができる。

3　第十三条第一項の規定により幼稚園の幼児と保育所等に入所している児童を共に保育し，かつ，当該保育所等と保育室を共用する場合においては，別表第一及び別表第二中「面積」とあるのは，「面積（保育所等の施設及び設備のうち幼稚園と共用する部分の面積を含む。）」と読み替えて，これらの表の規定を適用する。

附　則（平成二六年七月三一日文部科学省令第二三号）

この省令は，就学前の子どもに関する教育，保育等の総合的な提供の推進に関する法律の一部を改正する法律（平成二十四年法律第六十六号）の施行の日から施行する。

別表第1（園舎の面積）

学級数	1学級	2学級以上
面積	180平方メートル	320 + 100 ×（学級数 - 2）平方メートル

別表第2（運動場の面積）

学級数	2学級以下	3学級以上
面積	330 + 30 ×（学級数 - 1）平方メートル	400 + 80 ×（学級数 - 3）平方メートル

216

資料5　幼稚園教育要領

（平成29年3月31日文部科学省告示　平成30年4月1日施行）

前文

　教育は，教育基本法第1条に定めるとおり，人格の完成を目指し，平和で民主的な国家及び社会の形成者として必要な資質を備えた心身ともに健康な国民の育成を期すという目的のもと，同法第2条に掲げる次の目標を達成するよう行なわれなければならない。

1　幅広い知識と教養を身に付け，真理を求める態度を養い，豊かな情操と道徳心を培うとともに，健やかな身体を養うこと。
2　個人の価値を尊重して，その能力を伸ばし，創造性を培い，自主及び自律の精神を養うとともに，職業及び生活との関連を重視し，勤労を重んずる態度を養うこと。
3　正義と責任，男女の平等，自他の敬愛と協力を重んずるとともに，公共の精神に基づき，主体的に社会の形成に参画し，その発展に寄与する態度を養うこと。
4　生命を尊び，自然を大切にし，環境の保全に寄与する態度を養うこと。
5　伝統と文化を尊重し，それらをはぐくんできた我が国と郷土を愛するとともに，他国を尊重し，国際社会の平和と発展に寄与する態度を養うこと。

　また，幼児期の教育については，同法第11条に掲げるとおり，生涯にわたる人格形成の基礎を培う重要なものであることにかんがみ，国及び地方公共団体は，幼児の健やかな成長に資する良好な環境の整備その他適当な方法によって，その振興に努めなければならないこととされている。

　これからの幼稚園には，学校教育の始まりとして，こうした教育の目的及び目標の達成を目指しつつ，一人一人の幼児が，将来，自分のよさや可能性を認識するとともに，あらゆる他者を価値のある存在として尊重し，多様な人々と協働しながら様々な社会的変化を乗り越え，豊かな人生を切り拓き，持続可能な社会の創り手となることができるようにするための基礎を培うことが求められる。このために必要な教育の在り方を具現化するのが，各幼稚園において教育の内容等を組織的かつ計画的に組み立てた教育課程である。

　教育課程を通して，これからの時代に求められる教育を実現していくためには，よりよい学校教育を通してよりよい社会を創るという理念を学校と社会とが共有し，それぞれの幼稚園において，幼児期にふさわしい生活をどのように展開し，どのような資質・能力を育むようにするのかを教育課程において明確にしながら，社会との連携及び協働によりその実現を図っていくという，社会に開かれた教育課程の実現が重要となる。

　幼稚園教育要領とは，こうした理念の実現に向けて必要となる教育課程の基準を大綱的に定めるものである。幼稚園教育要領が果たす役割の一つは，公の性質を有する幼稚園におけ

る教育水準を全国的に確保することである。また，各幼稚園がその特色を生かして創意工夫を重ね，長年にわたり積み重ねられてきた教育実践や学術研究の蓄積を生かしながら，幼児や地域の現状や課題を捉え，家庭や地域社会と協力して，幼稚園教育要領を踏まえた教育活動の更なる充実を図っていくことも重要である。

　幼児の自発的活動としての遊びを生み出すために必要な環境を整え，一人一人の資質・能力を育んでいくことは，教職員をはじめとする幼稚園関係者はもとより，家庭や地域の人々も含め，様々な立場から幼児や幼稚園に関わる全ての大人に期待される役割である。家庭との緊密な連携の下，小学校以降の教育や生涯にわたる学習とのつながりを見通しながら，幼児の自発的な活動としての遊びを通しての総合的な指導をする際に広く活用されるものとなることを期待して，ここに幼稚園教育要領を定める。

第1章　総　則
第1　幼稚園教育の基本
　幼児期の教育は，生涯にわたる人格形成の基礎を培う重要なものであり，幼稚園教育は，学校教育法に規定する目的及び目標を達成するため，幼児期の特性を踏まえ，環境を通して行うものであることを基本とする。

　このため教師は，幼児との信頼関係を十分に築き，幼児が身近な環境に主体的に関わり，環境との関わり方や意味に気付き，これらを取り込もうとして，試行錯誤したり，考えたりするようになる幼児期の教育における見方・考え方を生かし，幼児と共によりよい教育環境を創造するように努めるものとする。これらを踏まえ，次に示す事項を重視して教育を行わなければならない。

1　幼児は安定した情緒の下で自己を十分に発揮することにより発達に必要な体験を得ていくものであることを考慮して，幼児の主体的な活動を促し，幼児期にふさわしい生活が展開されるようにすること。

2　幼児の自発的な活動としての遊びは，心身の調和のとれた発達の基礎を培う重要な学習であることを考慮して，遊びを通しての指導を中心として第2章に示すねらいが総合的に達成されるようにすること。

3　幼児の発達は，心身の諸側面が相互に関連し合い，多様な経過をたどって成し遂げられていくものであること，また，幼児の生活経験がそれぞれ異なることなどを考慮して，幼児一人一人の特性に応じ，発達の課題に即した指導を行うようにすること。

　その際，教師は，幼児の主体的な活動が確保されるよう幼児一人一人の行動の理解と予想

に基づき，計画的に環境を構成しなければならない。この場合において，教師は，幼児と人やものとの関わりが重要であることを踏まえ，教材を工夫し，物的・空間的環境を構成しなければならない。また，幼児一人一人の活動の場面に応じて，様々な役割を果たし，その活動を豊かにしなければならない。

第2　幼稚園教育において育みたい資質・能力及び「幼児期の終わりまでに育ってほしい姿」

1　幼稚園においては，生きる力の基礎を育むため，この章の第1に示す幼稚園教育の基本を踏まえ，次に掲げる資質・能力を一体的に育むよう努めるものとする。

(1) 豊かな体験を通じて，感じたり，気付いたり，分かったり，できるようになったりする「知識及び技能の基礎」

(2) 気付いたことや，できるようになったことなどを使い，考えたり，試したり，工夫したり，表現したりする「思考力，判断力，表現力等の基礎」

(3) 心情，意欲，態度が育つ中で，よりよい生活を営もうとする「学びに向かう力，人間性等」

2　1に示す資質・能力は，第2章に示すねらい及び内容に基づく活動全体によって育むものである。

3　次に示す「幼児期の終わりまでに育ってほしい姿」は，第2章に示すねらい及び内容に基づく活動全体を通して資質・能力が育まれている幼児の幼稚園修了時の具体的な姿であり，教師が指導を行う際に考慮するものである。

(1) 健康な心と体

幼稚園生活の中で，充実感をもって自分のやりたいことに向かって心と体を十分に働かせ，見通しをもって行動し，自ら健康で安全な生活をつくり出すようになる。

(2) 自立心

身近な環境に主体的に関わり様々な活動を楽しむ中で，しなければならないことを自覚し，自分の力で行うために考えたり，工夫したりしながら，諦めずにやり遂げることで達成感を味わい，自信をもって行動するようになる。

(3) 協同性

友達と関わる中で，互いの思いや考えなどを共有し，共通の目的の実現に向けて，考えたり，工夫したり，協力したりし，充実感をもってやり遂げるようになる。

(4) 道徳性・規範意識の芽生え

友達と様々な体験を重ねる中で，してよいことや悪いことが分かり，自分の行動を振り返ったり，友達の気持ちに共感したりし，相手の立場に立って行動するようになる。

また，きまりを守る必要性が分かり，自分の気持ちを調整し，友達と折り合いを付けながら，きまりをつくったり，守ったりするようになる。

(5) 社会生活との関わり

　家族を大切にしようとする気持ちをもつとともに，地域の身近な人と触れ合う中で，人との様々な関わり方に気付き，相手の気持ちを考えて関わり，自分が役に立つ喜びを感じ，地域に親しみをもつようになる。また，幼稚園内外の様々な環境に関わる中で，遊びや生活に必要な情報を取り入れ，情報に基づき判断したり，情報を伝え合ったり，活用したりするなど，情報を役立てながら活動するようになるとともに，公共の施設を大切に利用するなどして，社会とのつながりなどを意識するようになる。

(6) 思考力の芽生え

　身近な事象に積極的に関わる中で，物の性質や仕組みなどを感じ取ったり，気付いたりし，考えたり，予想したり，工夫したりするなど，多様な関わりを楽しむようになる。また，友達の様々な考えに触れる中で，自分と異なる考えがあることに気付き，自ら判断したり，考え直したりするなど，新しい考えを生み出す喜びを味わいながら，自分の考えをよりよいものにするようになる。

(7) 自然との関わり・生命尊重

　自然に触れて感動する体験を通して，自然の変化などを感じ取り，好奇心や探究心をもって考え言葉などで表現しながら，身近な事象への関心が高まるとともに，自然への愛情や畏敬の念をもつようになる。また，身近な動植物に心を動かされる中で，生命の不思議さや尊さに気付き，身近な動植物への接し方を考え，命あるものとしていたわり，大切にする気持ちをもって関わるようになる。

(8) 数量や図形，標識や文字などへの関心・感覚

　遊びや生活の中で，数量や図形，標識や文字などに親しむ体験を重ねたり，標識や文字の役割に気付いたりし，自らの必要感に基づきこれらを活用し，興味や関心，感覚をもつようになる。

(9) 言葉による伝え合い

　先生や友達と心を通わせる中で，絵本や物語などに親しみながら，豊かな言葉や表現を身に付け，経験したことや考えたことなどを言葉で伝えたり，相手の話を注意して聞いたりし，言葉による伝え合いを楽しむようになる。

(10) 豊かな感性と表現

　心を動かす出来事などに触れ感性を働かせる中で，様々な素材の特徴や表現の仕方などに気付き，感じたことや考えたことを自分で表現したり，友達同士で表現する過程を

楽しんだりし，表現する喜びを味わい，意欲をもつようになる。

第3 教育課程の役割と編成等

1 教育課程の役割

各幼稚園においては，教育基本法及び学校教育法その他の法令並びにこの幼稚園教育要領の示すところに従い，創意工夫を生かし，幼児の心身の発達と幼稚園及び地域の実態に即応した適切な教育課程を編成するものとする。

また，各幼稚園においては，6に示す全体的な計画にも留意しながら，「幼児期の終わりまでに育ってほしい姿」を踏まえ教育課程を編成すること，教育課程の実施状況を評価してその改善を図っていくこと，教育課程の実施に必要な人的又は物的な体制を確保するとともにその改善を図っていくことなどを通して，教育課程に基づき組織的かつ計画的に各幼稚園の教育活動の質の向上を図っていくこと（以下「カリキュラム・マネジメント」という。）に努めるものとする。

2 各幼稚園の教育目標と教育課程の編成

教育課程の編成に当たっては，幼稚園教育において育みたい資質・能力を踏まえつつ，各幼稚園の教育目標を明確にするとともに，教育課程の編成についての基本的な方針が家庭や地域とも共有されるよう努めるものとする。

3 教育課程の編成上の基本的事項

(1) 幼稚園生活の全体を通して第2章に示すねらいが総合的に達成されるよう，教育課程に係る教育期間や幼児の生活経験や発達の過程などを考慮して具体的なねらいと内容を組織するものとする。この場合においては，特に，自我が芽生え，他者の存在を意識し，自己を抑制しようとする気持ちが生まれる幼児期の発達の特性を踏まえ，入園から修了に至るまでの長期的な視野をもって充実した生活が展開できるように配慮するものとする。

(2) 幼稚園の毎学年の教育課程に係る教育週数は，特別の事情のある場合を除き，39週を下ってはならない。

(3) 幼稚園の1日の教育課程に係る教育時間は，4時間を標準とする。ただし，幼児の心身の発達の程度や季節などに適切に配慮するものとする。

4 教育課程の編成上の留意事項

教育課程の編成に当たっては，次の事項に留意するものとする。

(1) 幼児の生活は，入園当初の一人一人の遊びや教師との触れ合いを通して幼稚園生活に親しみ，安定していく時期から，他の幼児との関わりの中で幼児の主体的な活動が深ま

り，幼児が互いに必要な存在であることを認識するようになり，やがて幼児同士や学級全体で目的をもって協同して幼稚園生活を展開し，深めていく時期などに至るまでの過程を様々に経ながら広げられていくものであることを考慮し，活動がそれぞれの時期にふさわしく展開されるようにすること。

(2) 入園当初，特に，3歳児の入園については，家庭との連携を緊密にし，生活のリズムや安全面に十分配慮すること。また，満3歳児については，学年の途中から入園することを考慮し，幼児が安心して幼稚園生活を過ごすことができるよう配慮すること。

(3) 幼稚園生活が幼児にとって安全なものとなるよう，教職員による協力体制の下，幼児の主体的な活動を大切にしつつ，園庭や園舎などの環境の配慮や指導の工夫を行うこと。

5　小学校教育との接続に当たっての留意事項

(1) 幼稚園においては，幼稚園教育が，小学校以降の生活や学習の基盤の育成につながることに配慮し，幼児期にふさわしい生活を通して，創造的な思考や主体的な生活態度などの基礎を培うようにするものとする。

(2) 幼稚園教育において育まれた資質・能力を踏まえ，小学校教育が円滑に行われるよう，小学校の教師との意見交換や合同の研究の機会などを設け，「幼児期の終わりまでに育ってほしい姿」を共有するなど連携を図り，幼稚園教育と小学校教育との円滑な接続を図るよう努めるものとする。

6　全体的な計画の作成

各幼稚園においては，教育課程を中心に，第3章に示す教育課程に係る教育時間の終了後等に行う教育活動の計画，学校保健計画，学校安全計画などとを関連させ，一体的に教育活動が展開されるよう全体的な計画を作成するものとする。

第4　指導計画の作成と幼児理解に基づいた評価

1　指導計画の考え方

幼稚園教育は，幼児が自ら意欲をもって環境と関わることによりつくり出される具体的な活動を通して，その目標の達成を図るものである。

幼稚園においてはこのことを踏まえ，幼児期にふさわしい生活が展開され，適切な指導が行われるよう，それぞれの幼稚園の教育課程に基づき，調和のとれた組織的，発展的な指導計画を作成し，幼児の活動に沿った柔軟な指導を行わなければならない。

2　指導計画の作成上の基本的事項

(1) 指導計画は，幼児の発達に即して一人一人の幼児が幼児期にふさわしい生活を展開し，必要な体験を得られるようにするために，具体的に作成するものとする。

(2) 指導計画の作成に当たっては，次に示すところにより，具体的なねらい及び内容を明確に設定し，適切な環境を構成することなどにより活動が選択・展開されるようにするものとする。

　ア　具体的なねらい及び内容は，幼稚園生活における幼児の発達の過程を見通し，幼児の生活の連続性，季節の変化などを考慮して，幼児の興味や関心，発達の実情などに応じて設定すること。

　イ　環境は，具体的なねらいを達成するために適切なものとなるように構成し，幼児が自らその環境に関わることにより様々な活動を展開しつつ必要な体験を得られるようにすること。その際，幼児の生活する姿や発想を大切にし，常にその環境が適切なものとなるようにすること。

　ウ　幼児の行う具体的な活動は，生活の流れの中で様々に変化するものであることに留意し，幼児が望ましい方向に向かって自ら活動を展開していくことができるよう必要な援助をすること。

　その際，幼児の実態及び幼児を取り巻く状況の変化などに即して指導の過程についての評価を適切に行い，常に指導計画の改善を図るものとする。

3　指導計画の作成上の留意事項

指導計画の作成に当たっては，次の事項に留意するものとする。

(1) 長期的に発達を見通した年，学期，月などにわたる長期の指導計画やこれとの関連を保ちながらより具体的な幼児の生活に即した週，日などの短期の指導計画を作成し，適切な指導が行われるようにすること。特に，週，日などの短期の指導計画については，幼児の生活のリズムに配慮し，幼児の意識や興味の連続性のある活動が相互に関連して幼稚園生活の自然な流れの中に組み込まれるようにすること。

(2) 幼児が様々な人やものとの関わりを通して，多様な体験をし，心身の調和のとれた発達を促すようにしていくこと。その際，幼児の発達に即して主体的・対話的で深い学びが実現するようにするとともに，心を動かされる体験が次の活動を生み出すことを考慮し，一つ一つの体験が相互に結び付き，幼稚園生活が充実するようにすること。

(3) 言語に関する能力の発達と思考力等の発達が関連していることを踏まえ，幼稚園生活全体を通して，幼児の発達を踏まえた言語環境を整え，言語活動の充実を図ること。

(4) 幼児が次の活動への期待や意欲をもつことができるよう，幼児の実態を踏まえながら，教師や他の幼児と共に遊びや生活の中で見通しをもったり，振り返ったりするよう工夫すること。

(5) 行事の指導に当たっては，幼稚園生活の自然の流れの中で生活に変化や潤いを与え，幼児が主体的に楽しく活動できるようにすること。なお，それぞれの行事についてはその教育的価値を十分検討し，適切なものを精選し，幼児の負担にならないようにすること。

(6) 幼児期は直接的な体験が重要であることを踏まえ，視聴覚教材やコンピュータなど情報機器を活用する際には，幼稚園生活では得難い体験を補完するなど，幼児の体験との関連を考慮すること。

(7) 幼児の主体的な活動を促すためには，教師が多様な関わりをもつことが重要であることを踏まえ，教師は，理解者，共同作業者など様々な役割を果たし，幼児の発達に必要な豊かな体験が得られるよう，活動の場面に応じて，適切な指導を行うようにすること。

(8) 幼児の行う活動は，個人，グループ，学級全体などで多様に展開されるものであることを踏まえ，幼稚園全体の教師による協力体制を作りながら，一人一人の幼児が興味や欲求を十分に満足させるよう適切な援助を行うようにすること。

4 幼児理解に基づいた評価の実施

　　幼児一人一人の発達の理解に基づいた評価の実施に当たっては，次の事項に配慮するものとする。

(1) 指導の過程を振り返りながら幼児の理解を進め，幼児一人一人のよさや可能性などを把握し，指導の改善に生かすようにすること。その際，他の幼児との比較や一定の基準に対する達成度についての評定によって捉えるものではないことに留意すること。

(2) 評価の妥当性や信頼性が高められるよう創意工夫を行い，組織的かつ計画的な取組を推進するとともに，次年度又は小学校等にその内容が適切に引き継がれるようにすること。

第5　特別な配慮を必要とする幼児への指導

1 障害のある幼児などへの指導

　　障害のある幼児などへの指導に当たっては，集団の中で生活することを通して全体的な発達を促していくことに配慮し，特別支援学校などの助言又は援助を活用しつつ，個々の幼児の障害の状態などに応じた指導内容や指導方法の工夫を組織的かつ計画的に行うものとする。また，家庭，地域及び医療や福祉，保健等の業務を行う関係機関との連携を図り，長期的な視点で幼児への教育的支援を行うために，個別の教育支援計画を作成し活用することに努めるとともに，個々の幼児の実態を的確に把握し，個別の指導計画を作成し活用することに努めるものとする。

2 海外から帰国した幼児や生活に必要な日本語の習得に困難のある幼児の幼稚園生活への適応

海外から帰国した幼児や生活に必要な日本語の習得に困難のある幼児については，安心して自己を発揮できるよう配慮するなど個々の幼児の実態に応じ，指導内容や指導方法の工夫を組織的かつ計画的に行うものとする。

第6　幼稚園運営上の留意事項

1　各幼稚園においては，園長の方針の下に，園務分掌に基づき教職員が適切に役割を分担しつつ，相互に連携しながら，教育課程や指導の改善を図るものとする。また，各幼稚園が行う学校評価については，教育課程の編成，実施，改善が教育活動や幼稚園運営の中核となることを踏まえ，カリキュラム・マネジメントと関連付けながら実施するよう留意するものとする。

2　幼児の生活は，家庭を基盤として地域社会を通じて次第に広がりをもつものであることに留意し，家庭との連携を十分に図るなど，幼稚園における生活が家庭や地域社会と連続性を保ちつつ展開されるようにするものとする。その際，地域の自然，高齢者や異年齢の子供などを含む人材，行事や公共施設などの地域の資源を積極的に活用し，幼児が豊かな生活体験を得られるように工夫するものとする。また，家庭との連携に当たっては，保護者との情報交換の機会を設けたり，保護者と幼児との活動の機会を設けたりなどすることを通じて，保護者の幼児期の教育に関する理解が深まるよう配慮するものとする。

3　地域や幼稚園の実態等により，幼稚園間に加え，保育所，幼保連携型認定こども園，小学校，中学校，高等学校及び特別支援学校などとの間の連携や交流を図るものとする。特に，幼稚園教育と小学校教育の円滑な接続のため，幼稚園の幼児と小学校の児童との交流の機会を積極的に設けるようにするものとする。また，障害のある幼児児童生徒との交流及び共同学習の機会を設け，共に尊重し合いながら協働して生活していく態度を育むよう努めるものとする。

第7　教育課程に係る教育時間終了後等に行う教育活動など

幼稚園は，第3章に示す教育課程に係る教育時間の終了後等に行う教育活動について，学校教育法に規定する目的及び目標並びにこの章の第1に示す幼稚園教育の基本を踏まえ実施するものとする。また，幼稚園の目的の達成に資するため，幼児の生活全体が豊かなものとなるよう家庭や地域における幼児期の教育の支援に努めるものとする。

第2章　ねらい及び内容

この章に示すねらいは，幼稚園教育において育みたい資質・能力を幼児の生活する姿から

捉えたものであり，内容は，ねらいを達成するために指導する事項である。各領域は，これらを幼児の発達の側面から，心身の健康に関する領域「健康」，人との関わりに関する領域「人間関係」，身近な環境との関わりに関する領域「環境」，言葉の獲得に関する領域「言葉」及び感性と表現に関する領域「表現」としてまとめ，示したものである。内容の取扱いは，幼児の発達を踏まえた指導を行うに当たって留意すべき事項である。

　各領域に示すねらいは，幼稚園における生活の全体を通じ，幼児が様々な体験を積み重ねる中で相互に関連をもちながら次第に達成に向かうものであること，内容は，幼児が環境に関わって展開する具体的な活動を通して総合的に指導されるものであることに留意しなければならない。

　また，「幼児期の終わりまでに育ってほしい姿」が，ねらい及び内容に基づく活動全体を通して資質・能力が育まれている幼児の幼稚園修了時の具体的な姿であることを踏まえ，指導を行う際に考慮するものとする。

　なお，特に必要な場合には，各領域に示すねらいの趣旨に基づいて適切な，具体的な内容を工夫し，それを加えても差し支えないが，その場合には，それが第1章の第1に示す幼稚園教育の基本を逸脱しないよう慎重に配慮する必要がある。

健康
〔健康な心と体を育て，自ら健康で安全な生活をつくり出す力を養う。〕

1　ねらい
(1) 明るく伸び伸びと行動し，充実感を味わう。
(2) 自分の体を十分に動かし，進んで運動しようとする。
(3) 健康，安全な生活に必要な習慣や態度を身に付け，見通しをもって行動する。

2　内容
(1) 先生や友達と触れ合い，安定感をもって行動する。
(2) いろいろな遊びの中で十分に体を動かす。
(3) 進んで戸外で遊ぶ。
(4) 様々な活動に親しみ，楽しんで取り組む。
(5) 先生や友達と食べることを楽しみ，食べ物への興味や関心をもつ。
(6) 健康な生活のリズムを身に付ける。
(7) 身の回りを清潔にし，衣服の着脱，食事，排泄などの生活に必要な活動を自分でする。
(8) 幼稚園における生活の仕方を知り，自分たちで生活の場を整えながら見通しをもって行動する。

(9) 自分の健康に関心をもち，病気の予防などに必要な活動を進んで行う。

(10) 危険な場所，危険な遊び方，災害時などの行動の仕方が分かり，安全に気を付けて行動する。

3　内容の取扱い

上記の取扱いに当たっては，次の事項に留意する必要がある。

(1) 心と体の健康は，相互に密接な関連があるものであることを踏まえ，幼児が教師や他の幼児との温かい触れ合いの中で自己の存在感や充実感を味わうことなどを基盤として，しなやかな心と体の発達を促すこと。特に，十分に体を動かす気持ちよさを体験し，自ら体を動かそうとする意欲が育つようにすること。

(2) 様々な遊びの中で，幼児が興味や関心，能力に応じて全身を使って活動することにより，体を動かす楽しさを味わい，自分の体を大切にしようとする気持ちが育つようにすること。その際，多様な動きを経験する中で，体の動きを調整するようにすること。

(3) 自然の中で伸び伸びと体を動かして遊ぶことにより，体の諸機能の発達が促されることに留意し，幼児の興味や関心が戸外にも向くようにすること。その際，幼児の動線に配慮した園庭や遊具の配置などを工夫すること。

(4) 健康な心と体を育てるためには食育を通じた望ましい食習慣の形成が大切であることを踏まえ，幼児の食生活の実情に配慮し，和やかな雰囲気の中で教師や他の幼児と食べる喜びや楽しさを味わったり，様々な食べ物への興味や関心をもったりするなどし，食の大切さに気付き，進んで食べようとする気持ちが育つようにすること。

(5) 基本的な生活習慣の形成に当たっては，家庭での生活経験に配慮し，幼児の自立心を育て，幼児が他の幼児と関わりながら主体的な活動を展開する中で，生活に必要な習慣を身に付け，次第に見通しをもって行動できるようにすること。

(6) 安全に関する指導に当たっては，情緒の安定を図り，遊びを通して安全についての構えを身に付け，危険な場所や事物などが分かり，安全についての理解を深めるようにすること。また，交通安全の習慣を身に付けるようにするとともに，避難訓練などを通して，災害などの緊急時に適切な行動がとれるようにすること。

人間関係

〔他の人々と親しみ，支え合って生活するために，自立心を育て，人と関わる力を養う。〕

1　ねらい

(1) 幼稚園生活を楽しみ，自分の力で行動することの充実感を味わう。

(2) 身近な人と親しみ，関わりを深め，工夫したり，協力したりして一緒に活動する楽し

さを味わい，愛情や信頼感をもつ。

(3) 社会生活における望ましい習慣や態度を身に付ける。

2　内容

(1) 先生や友達と共に過ごすことの喜びを味わう。

(2) 自分で考え，自分で行動する。

(3) 自分でできることは自分でする。

(4) いろいろな遊びを楽しみながら物事をやり遂げようとする気持ちをもつ。

(5) 友達と積極的に関わりながら喜びや悲しみを共感し合う。

(6) 自分の思ったことを相手に伝え，相手の思っていることに気付く。

(7) 友達のよさに気付き，一緒に活動する楽しさを味わう。

(8) 友達と楽しく活動する中で，共通の目的を見いだし，工夫したり，協力したりなどする。

(9) よいことや悪いことがあることに気付き，考えながら行動する。

(10) 友達との関わりを深め，思いやりをもつ。

(11) 友達と楽しく生活する中できまりの大切さに気付き，守ろうとする。

(12) 共同の遊具や用具を大切にし，皆で使う。

(13) 高齢者をはじめ地域の人々などの自分の生活に関係の深いいろいろな人に親しみをもつ。

3　内容の取扱い

上記の取扱いに当たっては，次の事項に留意する必要がある。

(1) 教師との信頼関係に支えられて自分自身の生活を確立していくことが人と関わる基盤となることを考慮し，幼児が自ら周囲に働き掛けることにより多様な感情を体験し，試行錯誤しながら諦めずにやり遂げることの達成感や，前向きな見通しをもって自分の力で行うことの充実感を味わうことができるよう，幼児の行動を見守りながら適切な援助を行うようにすること。

(2) 一人一人を生かした集団を形成しながら人と関わる力を育てていくようにすること。その際，集団の生活の中で，幼児が自己を発揮し，教師や他の幼児に認められる体験をし，自分のよさや特徴に気付き，自信をもって行動できるようにすること。

(3) 幼児が互いに関わりを深め，協同して遊ぶようになるため，自ら行動する力を育てるようにするとともに，他の幼児と試行錯誤しながら活動を展開する楽しさや共通の目的が実現する喜びを味わうことができるようにすること。

(4) 道徳性の芽生えを培うに当たっては，基本的な生活習慣の形成を図るとともに，幼児が他の幼児との関わりの中で他人の存在に気付き，相手を尊重する気持ちをもって行動

できるようにし，また，自然や身近な動植物に親しむことなどを通して豊かな心情が育つようにすること。特に，人に対する信頼感や思いやりの気持ちは，葛藤やつまずきをも体験し，それらを乗り越えることにより次第に芽生えてくることに配慮すること。

(5) 集団の生活を通して，幼児が人との関わりを深め，規範意識の芽生えが培われることを考慮し，幼児が教師との信頼関係に支えられて自己を発揮する中で，互いに思いを主張し，折り合いを付ける体験をし，きまりの必要性などに気付き，自分の気持ちを調整する力が育つようにすること。

(6) 高齢者をはじめ地域の人々などの自分の生活に関係の深いいろいろな人と触れ合い，自分の感情や意志を表現しながら共に楽しみ，共感し合う体験を通して，これらの人々などに親しみをもち，人と関わることの楽しさや人の役に立つ喜びを味わうことができるようにすること。また，生活を通して親や祖父母などの家族の愛情に気付き，家族を大切にしようとする気持ちが育つようにすること。

環境

周囲の様々な環境に好奇心や探究心をもって関わり，それらを生活に取り入れていこうとする力を養う。

1 ねらい

(1) 身近な環境に親しみ，自然と触れ合う中で様々な事象に興味や関心をもつ。

(2) 身近な環境に自分から関わり，発見を楽しんだり，考えたりし，それを生活に取り入れようとする。

(3) 身近な事象を見たり，考えたり，扱ったりする中で，物の性質や数量，文字などに対する感覚を豊かにする。

2 内容

(1) 自然に触れて生活し，その大きさ，美しさ，不思議さなどに気付く。

(2) 生活の中で，様々な物に触れ，その性質や仕組みに興味や関心をもつ。

(3) 季節により自然や人間の生活に変化のあることに気付く。

(4) 自然などの身近な事象に関心をもち，取り入れて遊ぶ。

(5) 身近な動植物に親しみをもって接し，生命の尊さに気付き，いたわったり，大切にしたりする。

(6) 日常生活の中で，我が国や地域社会における様々な文化や伝統に親しむ。

(7) 身近な物を大切にする。

(8) 身近な物や遊具に興味をもって関わり，自分なりに比べたり，関連付けたりしながら

　　考えたり，試したりして工夫して遊ぶ。

(9) 日常生活の中で数量や図形などに関心をもつ。

(10) 日常生活の中で簡単な標識や文字などに関心をもつ。

(11) 生活に関係の深い情報や施設などに興味や関心をもつ。

(12) 幼稚園内外の行事において国旗に親しむ。

3　内容の取扱い

上記の取扱いに当たっては，次の事項に留意する必要がある。

(1) 幼児が，遊びの中で周囲の環境と関わり，次第に周囲の世界に好奇心を抱き，その意味や操作の仕方に関心をもち，物事の法則性に気付き，自分なりに考えることができるようになる過程を大切にすること。また，他の幼児の考えなどに触れて新しい考えを生み出す喜びや楽しさを味わい，自分の考えをよりよいものにしようとする気持ちが育つようにすること。

(2) 幼児期において自然のもつ意味は大きく，自然の大きさ，美しさ，不思議さなどに直接触れる体験を通して，幼児の心が安らぎ，豊かな感情，好奇心，思考力，表現力の基礎が培われることを踏まえ，幼児が自然との関わりを深めることができるよう工夫すること。

(3) 身近な事象や動植物に対する感動を伝え合い，共感し合うことなどを通して自分から関わろうとする意欲を育てるとともに，様々な関わり方を通してそれらに対する親しみや畏敬の念，生命を大切にする気持ち，公共心，探究心などが養われるようにすること。

(4) 文化や伝統に親しむ際には，正月や節句など我が国の伝統的な行事，国歌，唱歌，わらべうたや我が国の伝統的な遊びに親しんだり，異なる文化に触れる活動に親しんだりすることを通じて，社会とのつながりの意識や国際理解の意識の芽生えなどが養われるようにすること。

(5) 数量や文字などに関しては，日常生活の中で幼児自身の必要感に基づく体験を大切にし，数量や文字などに関する興味や関心，感覚が養われるようにすること。

言葉

┌ 経験したことや考えたことなどを自分なりの言葉で表現し，相手の話す言葉を聞こうと ┐
└ する意欲や態度を育て，言葉に対する感覚や言葉で表現する力を養う。 ┘

1　ねらい

(1) 自分の気持ちを言葉で表現する楽しさを味わう。

(2) 人の言葉や話などをよく聞き，自分の経験したことや考えたことを話し，伝え合う喜

びを味わう。

(3) 日常生活に必要な言葉が分かるようになるとともに，絵本や物語などに親しみ，言葉に対する感覚を豊かにし，先生や友達と心を通わせる。

2 内容

(1) 先生や友達の言葉や話に興味や関心をもち，親しみをもって聞いたり，話したりする。

(2) したり，見たり，聞いたり，感じたり，考えたりなどしたことを自分なりに言葉で表現する。

(3) したいこと，してほしいことを言葉で表現したり，分からないことを尋ねたりする。

(4) 人の話を注意して聞き，相手に分かるように話す。

(5) 生活の中で必要な言葉が分かり，使う。

(6) 親しみをもって日常の挨拶をする。

(7) 生活の中で言葉の楽しさや美しさに気付く。

(8) いろいろな体験を通じてイメージや言葉を豊かにする。

(9) 絵本や物語などに親しみ，興味をもって聞き，想像をする楽しさを味わう。

(10) 日常生活の中で，文字などで伝える楽しさを味わう。

3 内容の取扱い

上記の取扱いに当たっては，次の事項に留意する必要がある。

(1) 言葉は，身近な人に親しみをもって接し，自分の感情や意志などを伝え，それに相手が応答し，その言葉を聞くことを通して次第に獲得されていくものであることを考慮して，幼児が教師や他の幼児と関わることにより心を動かされるような体験をし，言葉を交わす喜びを味わえるようにすること。

(2) 幼児が自分の思いを言葉で伝えるとともに，教師や他の幼児などの話を興味をもって注意して聞くことを通して次第に話を理解するようになっていき，言葉による伝え合いができるようにすること。

(3) 絵本や物語などで，その内容と自分の経験とを結び付けたり，想像を巡らせたりするなど，楽しみを十分に味わうことによって，次第に豊かなイメージをもち，言葉に対する感覚が養われるようにすること。

(4) 幼児が生活の中で，言葉の響きやリズム，新しい言葉や表現などに触れ，これらを使う楽しさを味わえるようにすること。その際，絵本や物語に親しんだり，言葉遊びなどをしたりすることを通して，言葉が豊かになるようにすること。

(5) 幼児が日常生活の中で，文字などを使いながら思ったことや考えたことを伝える喜びや楽しさを味わい，文字に対する興味や関心をもつようにすること。

表現

感じたことや考えたことを自分なりに表現することを通して，豊かな感性や表現する力を養い，創造性を豊かにする。

1　ねらい

(1) いろいろなものの美しさなどに対する豊かな感性をもつ。

(2) 感じたことや考えたことを自分なりに表現して楽しむ。

(3) 生活の中でイメージを豊かにし，様々な表現を楽しむ。

2　内容

(1) 生活の中で様々な音，形，色，手触り，動きなどに気付いたり，感じたりするなどして楽しむ。

(2) 生活の中で美しいものや心を動かす出来事に触れ，イメージを豊かにする。

(3) 様々な出来事の中で，感動したことを伝え合う楽しさを味わう。

(4) 感じたこと，考えたことなどを音や動きなどで表現したり，自由にかいたり，つくったりなどする。

(5) いろいろな素材に親しみ，工夫して遊ぶ。

(6) 音楽に親しみ，歌を歌ったり，簡単なリズム楽器を使ったりなどする楽しさを味わう。

(7) かいたり，つくったりすることを楽しみ，遊びに使ったり，飾ったりなどする。

(8) 自分のイメージを動きや言葉などで表現したり，演じて遊んだりするなどの楽しさを味わう。

3　内容の取扱い

上記の取扱いに当たっては，次の事項に留意する必要がある。

(1) 豊かな感性は，身近な環境と十分に関わる中で美しいもの，優れたもの，心を動かす出来事などに出会い，そこから得た感動を他の幼児や教師と共有し，様々に表現することなどを通して養われるようにすること。その際，風の音や雨の音，身近にある草や花の形や色など自然の中にある音，形，色などに気付くようにすること。

(2) 幼児の自己表現は素朴な形で行われることが多いので，教師はそのような表現を受容し，幼児自身の表現しようとする意欲を受け止めて，幼児が生活の中で幼児らしい様々な表現を楽しむことができるようにすること。

(3) 生活経験や発達に応じ，自ら様々な表現を楽しみ，表現する意欲を十分に発揮させることができるように，遊具や用具などを整えたり，様々な素材や表現の仕方に親しんだり，他の幼児の表現に触れられるよう配慮したりし，表現する過程を大切にして自己表現を楽しめるように工夫すること。

第3章　教育課程に係る教育時間の終了後等に行う教育活動などの留意事項

1　地域の実態や保護者の要請により，教育課程に係る教育時間の終了後等に希望する者を
　対象に行う教育活動については，幼児の心身の負担に配慮するものとする。また，次の点
　にも留意するものとする。

　(1) 教育課程に基づく活動を考慮し，幼児期にふさわしい無理のないものとなるようにす
　　　ること。その際，教育課程に基づく活動を担当する教師と緊密な連携を図るようにする
　　　こと。

　(2) 家庭や地域での幼児の生活も考慮し，教育課程に係る教育時間の終了後等に行う教育
　　　活動の計画を作成するようにすること。その際，地域の人々と連携するなど，地域の
　　　様々な資源を活用しつつ，多様な体験ができるようにすること。

　(3) 家庭との緊密な連携を図るようにすること。その際，情報交換の機会を設けたりする
　　　など，保護者が，幼稚園と共に幼児を育てるという意識が高まるようにすること。

　(4) 地域の実態や保護者の事情とともに幼児の生活のリズムを踏まえつつ，例えば実施日
　　　数や時間などについて，弾力的な運用に配慮すること。

　(5) 適切な責任体制と指導体制を整備した上で行うようにすること。

2　幼稚園の運営に当たっては，子育ての支援のために保護者や地域の人々に機能や施設を
　開放して，園内体制の整備や関係機関との連携及び協力に配慮しつつ，幼児期の教育に関
　する相談に応じたり，情報を提供したり，幼児と保護者との登園を受け入れたり，保護者
　同士の交流の機会を提供したりするなど，幼稚園と家庭が一体となって幼児と関わる取組
　を進め，地域における幼児期の教育のセンターとしての役割を果たすよう努めるものとす
　る。その際，心理や保健の専門家，地域の子育て経験者等と連携・協働しながら取り組む
　よう配慮するものとする。

資料6　幼保連携型認定こども園教育・保育要領

（平成29年3月31日内閣府・文部科学省・厚生労働省告示　平成30年4月1日施行）

第1章　総則

第1　幼保連携型認定こども園における教育及び保育の基本及び目標等

1　幼保連携型認定こども園における教育及び保育の基本

　　乳幼児期の教育及び保育は，子どもの健全な心身の発達を図りつつ生涯にわたる人格形
　成の基礎を培う重要なものであり，幼保連携型認定こども園における教育及び保育は，就
　学前の子どもに関する教育，保育等の総合的な提供の推進に関する法律（平成18年法律

第77号。以下「認定こども園法」という。）第2条第7項に規定する目的及び第9条に掲げる目標を達成するため，乳幼児期全体を通して，その特性及び保護者や地域の実態を踏まえ，環境を通して行うものであることを基本とし，家庭や地域での生活を含めた園児の生活全体が豊かなものとなるように努めなければならない。

　このため保育教諭等は，園児との信頼関係を十分に築き，園児が自ら安心して身近な環境に主体的に関わり，環境との関わり方や意味に気付き，これらを取り込もうとして，試行錯誤したり，考えたりするようになる幼児期の教育における見方・考え方を生かし，その活動が豊かに展開されるよう環境を整え，園児と共によりよい教育及び保育の環境を創造するように努めるものとする。これらを踏まえ，次に示す事項を重視して教育及び保育を行わなければならない。

(1) 乳幼児期は周囲への依存を基盤にしつつ自立に向かうものであることを考慮して，周囲との信頼関係に支えられた生活の中で，園児一人一人が安心感と信頼感をもっていろいろな活動に取り組む体験を十分に積み重ねられるようにすること。

(2) 乳幼児期においては生命の保持が図られ安定した情緒の下で自己を十分に発揮することにより発達に必要な体験を得ていくものであることを考慮して，園児の主体的な活動を促し，乳幼児期にふさわしい生活が展開されるようにすること。

(3) 乳幼児期における自発的な活動としての遊びは，心身の調和のとれた発達の基礎を培う重要な学習であることを考慮して，遊びを通しての指導を中心として第2章に示すねらいが総合的に達成されるようにすること。

(4) 乳幼児期における発達は，心身の諸側面が相互に関連し合い，多様な経過をたどって成し遂げられていくものであること，また，園児の生活経験がそれぞれ異なることなどを考慮して，園児一人一人の特性や発達の過程に応じ，発達の課題に即した指導を行うようにすること。

　その際，保育教諭等は，園児の主体的な活動が確保されるよう，園児一人一人の行動の理解と予想に基づき，計画的に環境を構成しなければならない。この場合において，保育教諭等は，園児と人やものとの関わりが重要であることを踏まえ，教材を工夫し，物的・空間的環境を構成しなければならない。また，園児一人一人の活動の場面に応じて，様々な役割を果たし，その活動を豊かにしなければならない。

　なお，幼保連携型認定こども園における教育及び保育は，園児が入園してから修了するまでの在園期間全体を通して行われるものであり，この章の第3に示す幼保連携型認定こども園として特に配慮すべき事項を十分に踏まえて行うものとする。

2　幼保連携型認定こども園における教育及び保育の目標

　幼保連携型認定こども園は，家庭との連携を図りながら，この章の第1の1に示す幼保連携型認定こども園における教育及び保育の基本に基づいて一体的に展開される幼保連携型認定こども園における生活を通して，生きる力の基礎を育成するよう認定こども園法第9条に規定する幼保連携型認定こども園の教育及び保育の目標の達成に努めなければならない。幼保連携型認定こども園は，このことにより，義務教育及びその後の教育の基礎を培うとともに，子どもの最善の利益を考慮しつつ，その生活を保障し，保護者と共に園児を心身ともに健やかに育成するものとする。

　なお，認定こども園法第9条に規定する幼保連携型認定こども園の教育及び保育の目標については，発達や学びの連続性及び生活の連続性の観点から，小学校就学の始期に達するまでの時期を通じ，その達成に向けて努力すべき目当てとなるものであることから，満3歳未満の園児の保育にも当てはまることに留意するものとする。

3　幼保連携型認定こども園の教育及び保育において育みたい資質・能力及び「幼児期の終わりまでに育ってほしい姿」

(1) 幼保連携型認定こども園においては，生きる力の基礎を育むため，この章の1に示す幼保連携型認定こども園の教育及び保育の基本を踏まえ，次に掲げる資質・能力を一体的に育むよう努めるものとする。

　ア　豊かな体験を通じて，感じたり，気付いたり，分かったり，できるようになったりする「知識及び技能の基礎」

　イ　気付いたことや，できるようになったことなどを使い，考えたり，試したり，工夫したり，表現したりする「思考力，判断力，表現力等の基礎」

　ウ　心情，意欲，態度が育つ中で，よりよい生活を営もうとする「学びに向かう力，人間性等」

(2) (1)に示す資質・能力は，第2章に示すねらい及び内容に基づく活動全体によって育むものである。

(3) 次に示す「幼児期の終わりまでに育ってほしい姿」は，第2章に示すねらい及び内容に基づく活動全体を通して資質・能力が育まれている園児の幼保連携型認定こども園修了時の具体的な姿であり，保育教諭等が指導を行う際に考慮するものである。

　ア　健康な心と体

　　　幼保連携型認定こども園における生活の中で，充実感をもって自分のやりたいことに向かって心と体を十分に働かせ，見通しをもって行動し，自ら健康で安全な生活をつくり出すようになる。

　イ　自立心

身近な環境に主体的に関わり様々な活動を楽しむ中で，しなければならないことを自覚し，自分の力で行うために考えたり，工夫したりしながら，諦めずにやり遂げることで達成感を味わい，自信をもって行動するようになる。

ウ　協同性

友達と関わる中で，互いの思いや考えなどを共有し，共通の目的の実現に向けて，考えたり，工夫したり，協力したりし，充実感をもってやり遂げるようになる。

エ　道徳性・規範意識の芽生え

友達と様々な体験を重ねる中で，してよいことや悪いことが分かり，自分の行動を振り返ったり，友達の気持ちに共感したりし，相手の立場に立って行動するようになる。また，きまりを守る必要性が分かり，自分の気持ちを調整し，友達と折り合いを付けながら，きまりをつくったり，守ったりするようになる。

オ　社会生活との関わり

家族を大切にしようとする気持ちをもつとともに，地域の身近な人と触れ合う中で，人との様々な関わり方に気付き，相手の気持ちを考えて関わり，自分が役に立つ喜びを感じ，地域に親しみをもつようになる。また，幼保連携型認定こども園内外の様々な環境に関わる中で，遊びや生活に必要な情報を取り入れ，情報に基づき判断したり，情報を伝え合ったり，活用したりするなど，情報を役立てながら活動するようになるとともに，公共の施設を大切に利用するなどして，社会とのつながりなどを意識するようになる。

カ　思考力の芽生え

身近な事象に積極的に関わる中で，物の性質や仕組みなどを感じ取ったり，気付いたりし，考えたり，予想したり，工夫したりするなど，多様な関わりを楽しむようになる。また，友達の様々な考えに触れる中で，自分と異なる考えがあることに気付き，自ら判断したり，考え直したりするなど，新しい考えを生み出す喜びを味わいながら，自分の考えをよりよいものにするようになる。

キ　自然との関わり・生命尊重

自然に触れて感動する体験を通して，自然の変化などを感じ取り，好奇心や探究心をもって考え言葉などで表現しながら，身近な事象への関心が高まるとともに，自然への愛情や畏敬の念をもつようになる。また，身近な動植物に心を動かされる中で，生命の不思議さや尊さに気付き，身近な動植物への接し方を考え，命あるものとしていたわり，大切にする気持ちをもって関わるようになる。

ク　数量や図形，標識や文字などへの関心・感覚

遊びや生活の中で，数量や図形，標識や文字などに親しむ体験を重ねたり，標識や文字の役割に気付いたりし，自らの必要感に基づきこれらを活用し，興味や関心，感覚をもつようになる。

ケ　言葉による伝え合い

保育教諭等や友達と心を通わせる中で，絵本や物語などに親しみながら，豊かな言葉や表現を身に付け，経験したことや考えたことなどを言葉で伝えたり，相手の話を注意して聞いたりし，言葉による伝え合いを楽しむようになる。

コ　豊かな感性と表現

心を動かす出来事などに触れ感性を働かせる中で，様々な素材の特徴や表現の仕方などに気付き，感じたことや考えたことを自分で表現したり，友達同士で表現する過程を楽しんだりし，表現する喜びを味わい，意欲をもつようになる。

第2　教育及び保育の内容並びに子育ての支援等に関する全体的な計画等

1　教育及び保育の内容並びに子育ての支援等に関する全体的な計画の作成等

（1）教育及び保育の内容並びに子育ての支援等に関する全体的な計画の役割

各幼保連携型認定こども園においては，教育基本法（平成18年法律第120号），児童福祉法（昭和22年法律第164号）及び認定こども園法その他の法令並びにこの幼保連携型認定こども園教育・保育要領の示すところに従い，教育と保育を一体的に提供するため，創意工夫を生かし，園児の心身の発達と幼保連携型認定こども園，家庭及び地域の実態に即応した適切な教育及び保育の内容並びに子育ての支援等に関する全体的な計画を作成するものとする。

教育及び保育の内容並びに子育ての支援等に関する全体的な計画とは，教育と保育を一体的に捉え，園児の入園から修了までの在園期間の全体にわたり，幼保連携型認定こども園の目標に向かってどのような過程をたどって教育及び保育を進めていくかを明らかにするものであり，子育ての支援と有機的に連携し，園児の園生活全体を捉え，作成する計画である。

各幼保連携型認定こども園においては，「幼児期の終わりまでに育ってほしい姿」を踏まえ教育及び保育の内容並びに子育ての支援等に関する全体的な計画を作成すること，その実施状況を評価して改善を図っていくこと，また実施に必要な人的又は物的な体制を確保するとともにその改善を図っていくことなどを通して，教育及び保育の内容並びに子育ての支援等に関する全体的な計画に基づき組織的かつ計画的に各幼保連携型認定こども園の教育及び保育活動の質の向上を図っていくこと（以下「カリキュラム・

マネジメント」という。）に努めるものとする。

(2) 各幼保連携型認定こども園の教育及び保育の目標と教育及び保育の内容並びに子育ての支援等に関する全体的な計画の作成

　　教育及び保育の内容並びに子育ての支援等に関する全体的な計画の作成に当たっては，幼保連携型認定こども園の教育及び保育において育みたい資質・能力を踏まえつつ，各幼保連携型認定こども園の教育及び保育の目標を明確にするとともに，教育及び保育の内容並びに子育ての支援等に関する全体的な計画の作成についての基本的な方針が家庭や地域とも共有されるよう努めるものとする。

(3) 教育及び保育の内容並びに子育ての支援等に関する全体的な計画の作成上の基本的事項

　ア　幼保連携型認定こども園における生活の全体を通して第2章に示すねらいが総合的に達成されるよう，教育課程に係る教育期間や園児の生活経験や発達の過程などを考慮して具体的なねらいと内容を組織するものとする。この場合においては，特に，自我が芽生え，他者の存在を意識し，自己を抑制しようとする気持ちが生まれるなどの乳幼児期の発達の特性を踏まえ，入園から修了に至るまでの長期的な視野をもって充実した生活が展開できるように配慮するものとする。

　イ　幼保連携型認定こども園の満3歳以上の園児の教育課程に係る教育週数は，特別の事情のある場合を除き，39週を下ってはならない。

　ウ　幼保連携型認定こども園の1日の教育課程に係る教育時間は，4時間を標準とする。ただし，園児の心身の発達の程度や季節などに適切に配慮するものとする。

　エ　幼保連携型認定こども園の保育を必要とする子どもに該当する園児に対する教育及び保育の時間（満3歳以上の保育を必要とする子どもに該当する園児については，この章の第2の1の（3）ウに規定する教育時間を含む。）は，1日につき8時間を原則とし，園長がこれを定める。ただし，その地方における園児の保護者の労働時間その他家庭の状況等を考慮するものとする。

(4) 教育及び保育の内容並びに子育ての支援等に関する全体的な計画の実施上の留意事項

　　各幼保連携型認定こども園においては，園長の方針の下に，園務分掌に基づき保育教諭等職員が適切に役割を分担しつつ，相互に連携しながら，教育及び保育の内容並びに子育ての支援等に関する全体的な計画や指導の改善を図るものとする。また，各幼保連携型認定こども園が行う教育及び保育等に係る評価については，教育及び保育の内容並びに子育ての支援等に関する全体的な計画の作成，実施，改善が教育及び保育活動や園運営の中核となることを踏まえ，カリキュラム・マネジメントと関連付けながら実施するよう留意するものとする。

(5) 小学校教育との接続に当たっての留意事項

　　ア　幼保連携型認定こども園においては，その教育及び保育が，小学校以降の生活や学習の基盤の育成につながることに配慮し，乳幼児期にふさわしい生活を通して，創造的な思考や主体的な生活態度などの基礎を培うようにするものとする。

　　イ　幼保連携型認定こども園の教育及び保育において育まれた資質・能力を踏まえ，小学校教育が円滑に行われるよう，小学校の教師との意見交換や合同の研究の機会などを設け，「幼児期の終わりまでに育ってほしい姿」を共有するなど連携を図り，幼保連携型認定こども園における教育及び保育と小学校教育との円滑な接続を図るよう努めるものとする。

2　指導計画の作成と園児の理解に基づいた評価

(1) 指導計画の考え方

　　幼保連携型認定こども園における教育及び保育は，園児が自ら意欲をもって環境と関わることによりつくり出される具体的な活動を通して，その目標の達成を図るものである。

　　幼保連携型認定こども園においてはこのことを踏まえ，乳幼時期にふさわしい生活が展開され，適切な指導が行われるよう，調和のとれた組織的，発展的な指導計画を作成し，園児の活動に沿った柔軟な指導を行わなければならない。

(2) 指導計画の作成上の基本的事項

　　ア　指導計画は，園児の発達に即して園児一人一人が乳幼児期にふさわしい生活を展開し，必要な体験を得られるようにするために，具体的に作成するものとする。

　　イ　指導計画の作成に当たっては，次に示すところにより，具体的なねらい及び内容を明確に設定し，適切な環境を構成することなどにより活動が選択・展開されるようにするものとする。

　　　(ア)　具体的なねらい及び内容は，幼保連携型認定こども園の生活における園児の発達の過程を見通し，園児の生活の連続性，季節の変化などを考慮して，園児の興味や関心，発達の実情などに応じて設定すること。

　　　(イ)　環境は，具体的なねらいを達成するために適切なものとなるように構成し，園児が自らその環境に関わることにより様々な活動を展開しつつ必要な体験を得られるようにすること。その際，園児の生活する姿や発想を大切にし，常にその環境が適切なものとなるようにすること。

　　　(ウ)　園児の行う具体的な活動は，生活の流れの中で様々に変化するものであることに留意し，園児が望ましい方向に向かって自ら活動を展開していくことができるよう必要な援助をすること。

　　　その際，園児の実態及び園児を取り巻く状況の変化などに即して指導の過程についての評価を適切に行い，常に指導計画の改善を図るものとする。

(3) 指導計画の作成上の留意事項

　　指導計画の作成に当たっては，次の事項に留意するものとする。

ア　園児の生活は，入園当初の一人一人の遊びや保育教諭等との触れ合いを通して幼保連携型認定こども園の生活に親しみ，安定していく時期から，他の園児との関わりの中で園児の主体的な活動が深まり，園児が互いに必要な存在であることを認識するようになる。その後，園児同士や学級全体で目的をもって協同して幼保連携型認定こども園の生活を展開し，深めていく時期などに至るまでの過程を様々に経ながら広げられていくものである。これらを考慮し，活動がそれぞれの時期にふさわしく展開されるようにすること。

　　また，園児の入園当初の教育及び保育に当たっては，既に在園している園児に不安や動揺を与えないようにしつつ，可能な限り個別的に対応し，園児が安定感を得て，次第に幼保連携型認定こども園の生活になじんでいくよう配慮すること。

イ　長期的に発達を見通した年，学期，月などにわたる長期の指導計画やこれとの関連を保ちながらより具体的な園児の生活に即した週，日などの短期の指導計画を作成し，適切な指導が行われるようにすること。特に，週，日などの短期の指導計画については，園児の生活のリズムに配慮し，園児の意識や興味の連続性のある活動が相互に関連して幼保連携型認定こども園の生活の自然な流れの中に組み込まれるようにすること。

ウ　園児が様々な人やものとの関わりを通して，多様な体験をし，心身の調和のとれた発達を促すようにしていくこと。その際，園児の発達に即して主体的・対話的で深い学びが実現するようにするとともに，心を動かされる体験が次の活動を生み出すことを考慮し，一つ一つの体験が相互に結び付き，幼保連携型認定こども園の生活が充実するようにすること。

エ　言語に関する能力の発達と思考力等の発達が関連していることを踏まえ，幼保連携型認定こども園における生活全体を通して，園児の発達を踏まえた言語環境を整え，言語活動の充実を図ること。

オ　園児が次の活動への期待や意欲をもつことができるよう，園児の実態を踏まえながら，保育教諭等や他の園児と共に遊びや生活の中で見通しをもったり，振り返ったりするよう工夫すること。

カ　行事の指導に当たっては，幼保連携型認定こども園の生活の自然な流れの中で生活

に変化や潤いを与え，園児が主体的に楽しく活動できるようにすること。なお，それ
ぞれの行事については教育及び保育における価値を十分検討し，適切なものを精選
し，園児の負担にならないようにすること。

キ　乳幼児期は直接的な体験が重要であることを踏まえ，視聴覚教材やコンピュータな
ど情報機器を活用する際には，幼保連携型認定こども園の生活では得難い体験を補完
するなど，園児の体験との関連を考慮すること。

ク　園児の主体的な活動を促すためには，保育教諭等が多様な関わりをもつことが重要
であることを踏まえ，保育教諭等は，理解者，共同作業者など様々な役割を果たし，
園児の情緒の安定や発達に必要な豊かな体験が得られるよう，活動の場面に応じて，
園児の人権や園児一人一人の個人差等に配慮した適切な指導を行うようにすること。

ケ　園児の行う活動は，個人，グループ，学級全体などで多様に展開されるものである
ことを踏まえ，幼保連携型認定こども園全体の職員による協力体制を作りながら，園
児一人一人が興味や欲求を十分に満足させるよう適切な援助を行うようにすること。

コ　園児の生活は，家庭を基盤として地域社会を通じて次第に広がりをもつものである
ことに留意し，家庭との連携を十分に図るなど，幼保連携型認定こども園における生
活が家庭や地域社会と連続性を保ちつつ展開されるようにするものとする。その際，
地域の自然，高齢者や異年齢の子どもなどを含む人材，行事や公共施設などの地域の
資源を積極的に活用し，園児が豊かな生活体験を得られるように工夫するものとす
る。また，家庭との連携に当たっては，保護者との情報交換の機会を設けたり，保護
者と園児との活動の機会を設けたりなどすることを通じて，保護者の乳幼児期の教育
及び保育に関する理解が深まるよう配慮するものとする。

サ　地域や幼保連携型認定こども園の実態等により，幼保連携型認定こども園間に加
え，幼稚園，保育所等の保育施設，小学校，中学校，高等学校及び特別支援学校など
との間の連携や交流を図るものとする。特に，小学校教育との円滑な接続のため，幼
保連携型認定こども園の園児と小学校の児童との交流の機会を積極的に設けるように
するものとする。また，障害のある園児児童生徒との交流及び共同学習の機会を設
け，共に尊重し合いながら協働して生活していく態度を育むよう努めるものとする。

(4) 園児の理解に基づいた評価の実施

園児一人一人の発達の理解に基づいた評価の実施に当たっては，次の事項に配慮する
ものとする。

ア　指導の過程を振り返りながら園児の理解を進め，園児一人一人のよさや可能性など
を把握し，指導の改善に生かすようにすること。その際，他の園児との比較や一定の

基準に対する達成度についての評定によって捉えるものではないことに留意すること。

　　イ　評価の妥当性や信頼性が高められるよう創意工夫を行い，組織的かつ計画的な取組を推進するとともに，次年度又は小学校等にその内容が適切に引き継がれるようにすること。

3　特別な配慮を必要とする園児への指導

　(1)　障害のある園児などへの指導

　　　障害のある園児などへの指導に当たっては，集団の中で生活することを通して全体的な発達を促していくことに配慮し，適切な環境の下で，障害のある園児が他の園児との生活を通して共に成長できるよう，特別支援学校などの助言又は援助を活用しつつ，個々の園児の障害の状態などに応じた指導内容や指導方法の工夫を組織的かつ計画的に行うものとする。また，家庭，地域及び医療や福祉，保健等の業務を行う関係機関との連携を図り，長期的な視点で園児への教育及び保育的支援を行うために，個別の教育及び保育支援計画を作成し活用することに努めるとともに，個々の園児の実態を的確に把握し，個別の指導計画を作成し活用することに努めるものとする。

　(2)　海外から帰国した園児や生活に必要な日本語の習得に困難のある園児の幼保連携型認定こども園の生活への適応

　　　海外から帰国した園児や生活に必要な日本語の習得に困難のある園児については，安心して自己を発揮できるよう配慮するなど個々の園児の実態に応じ，指導内容や指導方法の工夫を組織的かつ計画的に行うものとする。

第3　幼保連携型認定こども園として特に配慮すべき事項

　幼保連携型認定こども園における教育及び保育を行うに当たっては，次の事項について特に配慮しなければならない。

1　当該幼保連携型認定こども園に入園した年齢により集団生活の経験年数が異なる園児がいることに配慮する等，０歳から小学校就学前までの一貫した教育及び保育を園児の発達や学びの連続性を考慮して展開していくこと。特に満３歳以上については入園する園児が多いことや同一学年の園児で編制される学級の中で生活することなどを踏まえ，家庭や他の保育施設等との連携や引継ぎを円滑に行うとともに，環境の工夫をすること。

2　園児の一日の生活の連続性及びリズムの多様性に配慮するとともに，保護者の生活形態を反映した園児の在園時間の長短，入園時期や登園日数の違いを踏まえ，園児一人一人の状況に応じ，教育及び保育の内容やその展開について工夫をすること。特に入園及び年度

当初においては，家庭との連携の下，園児一人一人の生活の仕方やリズムに十分に配慮して一日の自然な生活の流れをつくり出していくようにすること。

3　環境を通して行う教育及び保育の活動の充実を図るため，幼保連携型認定こども園における教育及び保育の環境の構成に当たっては，乳幼児期の特性及び保護者や地域の実態を踏まえ，次の事項に留意すること。

(1) 0歳から小学校就学前までの様々な年齢の園児の発達の特性を踏まえ，満3歳未満の園児については特に健康，安全や発達の確保を十分に図るとともに，満3歳以上の園児については同一学年の園児で編制される学級による集団活動の中で遊びを中心とする園児の主体的な活動を通して発達や学びを促す経験が得られるよう工夫をすること。特に，満3歳以上の園児同士が共に育ち，学び合いながら，豊かな体験を積み重ねることができるよう工夫をすること。

(2) 在園時間が異なる多様な園児がいることを踏まえ，園児の生活が安定するよう，家庭や地域，幼保連携型認定こども園における生活の連続性を確保するとともに，一日の生活のリズムを整えるよう工夫をすること。特に満3歳未満の園児については睡眠時間等の個人差に配慮するとともに，満3歳以上の園児については集中して遊ぶ場と家庭的な雰囲気の中でくつろぐ場との適切な調和等の工夫をすること。

(3) 家庭や地域において異年齢の子どもと関わる機会が減少していることを踏まえ，満3歳以上の園児については，学級による集団活動とともに，満3歳未満の園児を含む異年齢の園児による活動を，園児の発達の状況にも配慮しつつ適切に組み合わせて設定するなどの工夫をすること。

(4) 満3歳以上の園児については，特に長期的な休業中，園児が過ごす家庭や園などの生活の場が異なることを踏まえ，それぞれの多様な生活経験が長期的な休業などの終了後等の園生活に生かされるよう工夫をすること。

4　指導計画を作成する際には，この章に示す指導計画の作成上の留意事項を踏まえるとともに，次の事項にも特に配慮すること。

(1) 園児の発達の個人差，入園した年齢の違いなどによる集団生活の経験年数の差，家庭環境等を踏まえ，園児一人一人の発達の特性や課題に十分留意すること。特に満3歳未満の園児については，大人への依存度が極めて高い等の特性があることから，個別的な対応を図ること。また，園児の集団生活への円滑な接続について，家庭等との連携及び協力を図る等十分留意すること。

(2) 園児の発達の連続性を考慮した教育及び保育を展開する際には，次の事項に留意すること。

　　ア　満3歳未満の園児については，園児一人一人の生育歴，心身の発達，活動の実態等に即して，個別的な計画を作成すること。

　　イ　満3歳以上の園児については，個の成長と，園児相互の関係や協同的な活動が促されるよう考慮すること。

　　ウ　異年齢で構成されるグループ等での指導に当たっては，園児一人一人の生活や経験，発達の過程などを把握し，適切な指導や環境の構成ができるよう考慮すること。

（3）一日の生活のリズムや在園時間が異なる園児が共に過ごすことを踏まえ，活動と休息，緊張感と解放感等の調和を図るとともに，園児に不安や動揺を与えないようにする等の配慮を行うこと。その際，担当の保育教諭等が替わる場合には，園児の様子等引継ぎを行い，十分な連携を図ること。

（4）午睡は生活のリズムを構成する重要な要素であり，安心して眠ることのできる安全な午睡環境を確保するとともに，在園時間が異なることや，睡眠時間は園児の発達の状況や個人によって差があることから，一律とならないよう配慮すること。

（5）長時間にわたる教育及び保育については，園児の発達の過程，生活のリズム及び心身の状態に十分配慮して，保育の内容や方法，職員の協力体制，家庭との連携などを指導計画に位置付けること。

5　生命の保持や情緒の安定を図るなど養護の行き届いた環境の下，幼保連携型認定こども園における教育及び保育を展開すること。

（1）園児一人一人が，快適にかつ健康で安全に過ごせるようにするとともに，その生理的欲求が十分に満たされ，健康増進が積極的に図られるようにするため，次の事項に留意すること。

　　ア　園児一人一人の平常の健康状態や発育及び発達の状態を的確に把握し，異常を感じる場合は，速やかに適切に対応すること。

　　イ　家庭との連携を密にし，学校医等との連携を図りながら，園児の疾病や事故防止に関する認識を深め，保健的で安全な環境の維持及び向上に努めること。

　　ウ　清潔で安全な環境を整え，適切な援助や応答的な関わりを通して，園児の生理的欲求を満たしていくこと。また，家庭と協力しながら，園児の発達の過程等に応じた適切な生活のリズムがつくられていくようにすること。

　　エ　園児の発達の過程等に応じて，適度な運動と休息をとることができるようにすること。また，食事，排泄，睡眠，衣類の着脱，身の回りを清潔にすることなどについて，園児が意欲的に生活できるよう適切に援助すること。

（2）園児一人一人が安定感をもって過ごし，自分の気持ちを安心して表すことができるよ

うにするとともに，周囲から主体として受け止められ主体として育ち，自分を肯定する気持ちが育まれていくようにし，くつろいで共に過ごし，心身の疲れが癒やされるようにするため，次の事項に留意すること。

ア　園児一人一人の置かれている状態や発達の過程などを的確に把握し，園児の欲求を適切に満たしながら，応答的な触れ合いや言葉掛けを行うこと。

イ　園児一人一人の気持ちを受容し，共感しながら，園児との継続的な信頼関係を築いていくこと。

ウ　保育教諭等との信頼関係を基盤に，園児一人一人が主体的に活動し，自発性や探索意欲などを高めるとともに，自分への自信をもつことができるよう成長の過程を見守り，適切に働き掛けること。

エ　園児一人一人の生活のリズム，発達の過程，在園時間などに応じて，活動内容のバランスや調和を図りながら，適切な食事や休息がとれるようにすること。

6　園児の健康及び安全は，園児の生命の保持と健やかな生活の基本であり，幼保連携型認定こども園の生活全体を通して健康や安全に関する管理や指導，食育の推進等に十分留意すること。

7　保護者に対する子育ての支援に当たっては，この章に示す幼保連携型認定こども園における教育及び保育の基本及び目標を踏まえ，子どもに対する学校としての教育及び児童福祉施設としての保育並びに保護者に対する子育ての支援について相互に有機的な連携が図られるようにすること。また，幼保連携型認定こども園の目的の達成に資するため，保護者が子どもの成長に気付き子育ての喜びが感じられるよう，幼保連携型認定こども園の特性を生かした子育ての支援に努めること。

第2章　ねらい及び内容並びに配慮事項

この章に示すねらいは，幼保連携型認定こども園の教育及び保育において育みたい資質・能力を園児の生活する姿から捉えたものであり，内容は，ねらいを達成するために指導する事項である。各視点や領域は，この時期の発達の特徴を踏まえ，教育及び保育のねらい及び内容を乳幼児の発達の側面から，乳児は三つの視点として，幼児は五つの領域としてまとめ，示したものである。内容の取扱いは，園児の発達を踏まえた指導を行うに当たって留意すべき事項である。

各視点や領域に示すねらいは，幼保連携型認定こども園における生活の全体を通じ，園児が様々な体験を積み重ねる中で相互に関連をもちながら次第に達成に向かうものであること，内容は，園児が環境に関わって展開する具体的な活動を通して総合的に指導されるもの

であることに留意しなければならない。

　また,「幼児期の終わりまでに育ってほしい姿」が, ねらい及び内容に基づく活動全体を
通して資質・能力が育まれている園児の幼保連携型認定こども園修了時の具体的な姿である
ことを踏まえ, 指導を行う際に考慮するものとする。

　なお, 特に必要な場合には, 各視点や領域に示すねらいの趣旨に基づいて適切な, 具体的
な内容を工夫し, それを加えても差し支えないが, その場合には, それが第1章の第1に示
す幼保連携型認定こども園の教育及び保育の基本及び目標を逸脱しないよう慎重に配慮する
必要がある。

第1　乳児期の園児の保育に関するねらい及び内容

基本的事項

1　乳児期の発達については, 視覚, 聴覚などの感覚や, 座る, はう, 歩くなどの運動機能
　　が著しく発達し, 特定の大人との応答的な関わりを通じて, 情緒的な絆が形成されると
　　いった特徴がある。これらの発達の特徴を踏まえて, 乳児期の園児の保育は, 愛情豊か
　　に, 応答的に行われることが特に必要である。

2　本項においては, この時期の発達の特徴を踏まえ, 乳児期の園児の保育のねらい及び内
　　容については, 身体的発達に関する視点「健やかに伸び伸びと育つ」, 社会的発達に関す
　　る視点「身近な人と気持ちが通じ合う」及び精神的発達に関する視点「身近なものと関わ
　　り感性が育つ」としてまとめ, 示している。

ねらい及び内容

健やかに伸び伸びと育つ

〔健康な心と体を育て, 自ら健康で安全な生活をつくり出す力の基盤を培う。〕

1　ねらい

　(1)　身体感覚が育ち, 快適な環境に心地よさを感じる。

　(2)　伸び伸びと体を動かし, はう, 歩くなどの運動をしようとする。

　(3)　食事, 睡眠等の生活のリズムの感覚が芽生える。

2　内容

　(1)　保育教諭等の愛情豊かな受容の下で, 生理的・心理的欲求を満たし, 心地よく生活を
　　　する。

　(2)　一人一人の発育に応じて, はう, 立つ, 歩くなど, 十分に体を動かす。

　(3)　個人差に応じて授乳を行い, 離乳を進めていく中で, 様々な食品に少しずつ慣れ, 食

べることを楽しむ。

(4) 一人一人の生活のリズムに応じて，安全な環境の下で十分に午睡をする。

(5) おむつ交換や衣服の着脱などを通じて，清潔になることの心地よさを感じる。

3　内容の取扱い

上記の取扱いに当たっては，次の事項に留意する必要がある。

(1) 心と体の健康は，相互に密接な関連があるものであることを踏まえ，温かい触れ合いの中で，心と体の発達を促すこと。特に，寝返り，お座り，はいはい，つかまり立ち，伝い歩きなど，発育に応じて，遊びの中で体を動かす機会を十分に確保し，自ら体を動かそうとする意欲が育つようにすること。

(2) 健康な心と体を育てるためには望ましい食習慣の形成が重要であることを踏まえ，離乳食が完了期へと徐々に移行する中で，様々な食品に慣れるようにするとともに，和やかな雰囲気の中で食べる喜びや楽しさを味わい，進んで食べようとする気持ちが育つようにすること。なお，食物アレルギーのある園児への対応については，学校医等の指示や協力の下に適切に対応すること。

身近な人と気持ちが通じ合う

受容的・応答的な関わりの下で，何かを伝えようとする意欲や身近な大人との信頼関係を育て，人と関わる力の基盤を培う。

1　ねらい

(1) 安心できる関係の下で，身近な人と共に過ごす喜びを感じる。

(2) 体の動きや表情，発声等により，保育教諭等と気持ちを通わせようとする。

(3) 身近な人と親しみ，関わりを深め，愛情や信頼感が芽生える。

2　内容

(1) 園児からの働き掛けを踏まえた，応答的な触れ合いや言葉掛けによって，欲求が満たされ，安定感をもって過ごす。

(2) 体の動きや表情，発声，喃語等を優しく受け止めてもらい，保育教諭等とのやり取りを楽しむ。

(3) 生活や遊びの中で，自分の身近な人の存在に気付き，親しみの気持ちを表す。

(4) 保育教諭等による語り掛けや歌い掛け，発声や喃語等への応答を通じて，言葉の理解や発語の意欲が育つ。

(5) 温かく，受容的な関わりを通じて，自分を肯定する気持ちが芽生える。

3　内容の取扱い

上記の取扱いに当たっては，次の事項に留意する必要がある。

(1) 保育教諭等との信頼関係に支えられて生活を確立していくことが人と関わる基盤となることを考慮して，園児の多様な感情を受け止め，温かく受容的・応答的に関わり，一人一人に応じた適切な援助を行うようにすること。

(2) 身近な人に親しみをもって接し，自分の感情などを表し，それに相手が応答する言葉を聞くことを通して，次第に言葉が獲得されていくことを考慮して，楽しい雰囲気の中での保育教諭等との関わり合いを大切にし，ゆっくりと優しく話し掛けるなど，積極的に言葉のやり取りを楽しむことができるようにすること。

身近なものと関わり感性が育つ

身近な環境に興味や好奇心をもって関わり，感じたことや考えたことを表現する力の基盤を培う。

1　ねらい

(1) 身の回りのものに親しみ，様々なものに興味や関心をもつ。

(2) 見る，触れる，探索するなど，身近な環境に自分から関わろうとする。

(3) 身体の諸感覚による認識が豊かになり，表情や手足，体の動き等で表現する。

2　内容

(1) 身近な生活用具，玩具や絵本などが用意された中で，身の回りのものに対する興味や好奇心をもつ。

(2) 生活や遊びの中で様々なものに触れ，音，形，色，手触りなどに気付き，感覚の働きを豊かにする。

(3) 保育教諭等と一緒に様々な色彩や形のものや絵本などを見る。

(4) 玩具や身の回りのものを，つまむ，つかむ，たたく，引っ張るなど，手や指を使って遊ぶ。

(5) 保育教諭等のあやし遊びに機嫌よく応じたり，歌やリズムに合わせて手足や体を動かして楽しんだりする。

3　内容の取扱い

上記の取扱いに当たっては，次の事項に留意する必要がある。

(1) 玩具などは，音質，形，色，大きさなど園児の発達状態に応じて適切なものを選び，その時々の園児の興味や関心を踏まえるなど，遊びを通して感覚の発達が促されるものとなるように工夫すること。なお，安全な環境の下で，園児が探索意欲を満たして自由に遊べるよう，身の回りのものについては常に十分な点検を行うこと。

(2) 乳児期においては，表情，発声，体の動きなどで，感情を表現することが多いことから，これらの表現しようとする意欲を積極的に受け止めて，園児が様々な活動を楽しむことを通して表現が豊かになるようにすること。

第2　満1歳以上満3歳未満の園児の保育に関するねらい及び内容基本的事項

1　この時期においては，歩き始めから，歩く，走る，跳ぶなどへと，基本的な運動機能が次第に発達し，排泄の自立のための身体的機能も整うようになる。つまむ，めくるなどの指先の機能も発達し，食事，衣類の着脱なども，保育教諭等の援助の下で自分で行うようになる。発声も明瞭になり，語彙も増加し，自分の意思や欲求を言葉で表出できるようになる。このように自分でできることが増えてくる時期であることから，保育教諭等は，園児の生活の安定を図りながら，自分でしようとする気持ちを尊重し，温かく見守るとともに，愛情豊かに，応答的に関わることが必要である。

2　本項においては，この時期の発達の特徴を踏まえ，保育のねらい及び内容について，心身の健康に関する領域「健康」，人との関わりに関する領域「人間関係」，身近な環境との関わりに関する領域「環境」，言葉の獲得に関する領域「言葉」及び感性と表現に関する領域「表現」としてまとめ，示している。

ねらい及び内容
健康
〔健康な心と体を育て，自ら健康で安全な生活をつくり出す力を養う。〕

1　ねらい

(1) 明るく伸び伸びと生活し，自分から体を動かすことを楽しむ。

(2) 自分の体を十分に動かし，様々な動きをしようとする。

(3) 健康，安全な生活に必要な習慣に気付き，自分でしてみようとする気持ちが育つ。

2　内容

(1) 保育教諭等の愛情豊かな受容の下で，安定感をもって生活をする。

(2) 食事や午睡，遊びと休息など，幼保連携型認定こども園における生活のリズムが形成される。

(3) 走る，跳ぶ，登る，押す，引っ張るなど全身を使う遊びを楽しむ。

(4) 様々な食品や調理形態に慣れ，ゆったりとした雰囲気の中で食事や間食を楽しむ。

(5) 身の回りを清潔に保つ心地よさを感じ，その習慣が少しずつ身に付く。

(6) 保育教諭等の助けを借りながら，衣類の着脱を自分でしようとする。

(7) 便器での排泄に慣れ，自分で排泄ができるようになる。

3　内容の取扱い

上記の取扱いに当たっては，次の事項に留意する必要がある。

(1) 心と体の健康は，相互に密接な関連があるものであることを踏まえ，園児の気持ちに配慮した温かい触れ合いの中で，心と体の発達を促すこと。特に，一人一人の発育に応じて，体を動かす機会を十分に確保し，自ら体を動かそうとする意欲が育つようにすること。

(2) 健康な心と体を育てるためには望ましい食習慣の形成が重要であることを踏まえ，ゆったりとした雰囲気の中で食べる喜びや楽しさを味わい，進んで食べようとする気持ちが育つようにすること。なお，食物アレルギーのある園児への対応については，学校医等の指示や協力の下に適切に対応すること。

(3) 排泄の習慣については，一人一人の排尿間隔等を踏まえ，おむつが汚れていないときに便器に座らせるなどにより，少しずつ慣れさせるようにすること。

(4) 食事，排泄，睡眠，衣類の着脱，身の回りを清潔にすることなど，生活に必要な基本的な習慣については，一人一人の状態に応じ，落ち着いた雰囲気の中で行うようにし，園児が自分でしようとする気持ちを尊重すること。また，基本的な生活習慣の形成に当たっては，家庭での生活経験に配慮し，家庭との適切な連携の下で行うようにすること。

人間関係

〔他の人々と親しみ，支え合って生活するために，自立心を育て，人と関わる力を養う。〕

1　ねらい

(1) 幼保連携型認定こども園での生活を楽しみ，身近な人と関わる心地よさを感じる。

(2) 周囲の園児等への興味・関心が高まり，関わりをもとうとする。

(3) 幼保連携型認定こども園の生活の仕方に慣れ，きまりの大切さに気付く。

2　内容

(1) 保育教諭等や周囲の園児等との安定した関係の中で，共に過ごす心地よさを感じる。

(2) 保育教諭等の受容的・応答的な関わりの中で，欲求を適切に満たし，安定感をもって過ごす。

(3) 身の回りに様々な人がいることに気付き，徐々に他の園児と関わりをもって遊ぶ。

(4) 保育教諭等の仲立ちにより，他の園児との関わり方を少しずつ身につける。

(5) 幼保連携型認定こども園の生活の仕方に慣れ，きまりがあることや，その大切さに気付く。

(6) 生活や遊びの中で，年長児や保育教諭等の真似をしたり，ごっこ遊びを楽しんだりする。

3 内容の取扱い

上記の取扱いに当たっては，次の事項に留意する必要がある。

(1) 保育教諭等との信頼関係に支えられて生活を確立するとともに，自分で何かをしようとする気持ちが旺盛になる時期であることに鑑み，そのような園児の気持ちを尊重し，温かく見守るとともに，愛情豊かに，応答的に関わり，適切な援助を行うようにすること。

(2) 思い通りにいかない場合等の園児の不安定な感情の表出については，保育教諭等が受容的に受け止めるとともに，そうした気持ちから立ち直る経験や感情をコントロールすることへの気付き等につなげていけるように援助すること。

(3) この時期は自己と他者との違いの認識がまだ十分ではないことから，園児の自我の育ちを見守るとともに，保育教諭等が仲立ちとなって，自分の気持ちを相手に伝えることや相手の気持ちに気付くことの大切さなど，友達の気持ちや友達との関わり方を丁寧に伝えていくこと。

環境

> 周囲の様々な環境に好奇心や探究心をもって関わり，それらを生活に取り入れていこうとする力を養う。

1 ねらい

(1) 身近な環境に親しみ，触れ合う中で，様々なものに興味や関心をもつ。

(2) 様々なものに関わる中で，発見を楽しんだり，考えたりしようとする。

(3) 見る，聞く，触るなどの経験を通して，感覚の働きを豊かにする。

2 内容

(1) 安全で活動しやすい環境での探索活動等を通して，見る，聞く，触れる，嗅ぐ，味わうなどの感覚の働きを豊かにする。

(2) 玩具，絵本，遊具などに興味をもち，それらを使った遊びを楽しむ。

(3) 身の回りの物に触れる中で，形，色，大きさ，量などの物の性質や仕組みに気付く。

(4) 自分の物と人の物の区別や，場所的感覚など，環境を捉える感覚が育つ。

(5) 身近な生き物に気付き，親しみをもつ。

(6) 近隣の生活や季節の行事などに興味や関心をもつ。

3 内容の取扱い

上記の取扱いに当たっては，次の事項に留意する必要がある。

(1) 玩具などは，音質，形，色，大きさなど園児の発達状態に応じて適切なものを選び，

遊びを通して感覚の発達が促されるように工夫すること。

(2) 身近な生き物との関わりについては，園児が命を感じ，生命の尊さに気付く経験へとつながるものであることから，そうした気付きを促すような関わりとなるようにすること。

(3) 地域の生活や季節の行事などに触れる際には，社会とのつながりや地域社会の文化への気付きにつながるものとなることが望ましいこと。その際，幼保連携型認定こども園内外の行事や地域の人々との触れ合いなどを通して行うこと等も考慮すること。

言葉

⎰ 経験したことや考えたことなどを自分なりの言葉で表現し，相手の話す言葉を聞こうと ⎱
⎱ する意欲や態度を育て，言葉に対する感覚や言葉で表現する力を養う。 ⎰

1　ねらい

(1) 言葉遊びや言葉で表現する楽しさを感じる。

(2) 人の言葉や話などを聞き，自分でも思ったことを伝えようとする。

(3) 絵本や物語等に親しむとともに，言葉のやり取りを通じて身近な人と気持ちを通わせる。

2　内容

(1) 保育教諭等の応答的な関わりや話し掛けにより，自ら言葉を使おうとする。

(2) 生活に必要な簡単な言葉に気付き，聞き分ける。

(3) 親しみをもって日常の挨拶に応じる。

(4) 絵本や紙芝居を楽しみ，簡単な言葉を繰り返したり，模倣をしたりして遊ぶ。

(5) 保育教諭等とごっこ遊びをする中で，言葉のやり取りを楽しむ。

(6) 保育教諭等を仲立ちとして，生活や遊びの中で友達との言葉のやり取りを楽しむ。

(7) 保育教諭等や友達の言葉や話に興味や関心をもって，聞いたり，話したりする。

3　内容の取扱い

上記の取扱いに当たっては，次の事項に留意する必要がある。

(1) 身近な人に親しみをもって接し，自分の感情などを伝え，それに相手が応答し，その言葉を聞くことを通して，次第に言葉が獲得されていくものであることを考慮して，楽しい雰囲気の中で保育教諭等との言葉のやり取りができるようにすること。

(2) 園児が自分の思いを言葉で伝えるとともに，他の園児の話などを聞くことを通して，次第に話を理解し，言葉による伝え合いができるようになるよう，気持ちや経験等の言語化を行うことを援助するなど，園児同士の関わりの仲立ちを行うようにすること。

(3) この時期は，片言から，二語文，ごっこ遊びでのやり取りができる程度へと，大きく言葉の習得が進む時期であることから，それぞれの園児の発達の状況に応じて，遊びや

関わりの工夫など，保育の内容を適切に展開することが必要であること。

表現

> 感じたことや考えたことを自分なりに表現することを通して，豊かな感性や表現する力を養い，創造性を豊かにする。

1 ねらい

(1) 身体の諸感覚の経験を豊かにし，様々な感覚を味わう。

(2) 感じたことや考えたことなどを自分なりに表現しようとする。

(3) 生活や遊びの様々な体験を通して，イメージや感性が豊かになる。

2 内容

(1) 水，砂，土，紙，粘土など様々な素材に触れて楽しむ。

(2) 音楽，リズムやそれに合わせた体の動きを楽しむ。

(3) 生活の中で様々な音，形，色，手触り，動き，味，香りなどに気付いたり，感じたりして楽しむ。

(4) 歌を歌ったり，簡単な手遊びや全身を使う遊びを楽しんだりする。

(5) 保育教諭等からの話や，生活や遊びの中での出来事を通して，イメージを豊かにする。

(6) 生活や遊びの中で，興味のあることや経験したことなどを自分なりに表現する。

3 内容の取扱い

上記の取扱いに当たっては，次の事項に留意する必要がある。

(1) 園児の表現は，遊びや生活の様々な場面で表出されているものであることから，それらを積極的に受け止め，様々な表現の仕方や感性を豊かにする経験となるようにすること。

(2) 園児が試行錯誤しながら様々な表現を楽しむことや，自分の力でやり遂げる充実感などに気付くよう，温かく見守るとともに，適切に援助を行うようにすること。

(3) 様々な感情の表現等を通じて，園児が自分の感情や気持ちに気付くようになる時期であることに鑑み，受容的な関わりの中で自信をもって表現をすることや，諦めずに続けた後の達成感等を感じられるような経験が蓄積されるようにすること。

(4) 身近な自然や身の回りの事物に関わる中で，発見や心が動く経験が得られるよう，諸感覚を働かせることを楽しむ遊びや素材を用意するなど保育の環境を整えること。

第3 満3歳以上の園児の教育及び保育に関するねらい及び内容基本的事項

1 この時期においては，運動機能の発達により，基本的な動作が一通りできるようになるとともに，基本的な生活習慣もほぼ自立できるようになる。理解する語彙数が急激に増加

し，知的興味や関心も高まってくる。仲間と遊び，仲間の中の一人という自覚が生じ，集団的な遊びや協同的な活動も見られるようになる。これらの発達の特徴を踏まえて，この時期の教育及び保育においては，個の成長と集団としての活動の充実が図られるようにしなければならない。

2　本項においては，この時期の発達の特徴を踏まえ，教育及び保育のねらい及び内容について，心身の健康に関する領域「健康」，人との関わりに関する領域「人間関係」，身近な環境との関わりに関する領域「環境」，言葉の獲得に関する領域「言葉」及び感性と表現に関する領域「表現」としてまとめ，示している。

ねらい及び内容

健康

〔健康な心と体を育て，自ら健康で安全な生活をつくり出す力を養う。〕

1　ねらい

(1) 明るく伸び伸びと行動し，充実感を味わう。

(2) 自分の体を十分に動かし，進んで運動しようとする。

(3) 健康，安全な生活に必要な習慣や態度を身に付け，見通しをもって行動する。

2　内容

(1) 保育教諭等や友達と触れ合い，安定感をもって行動する。

(2) いろいろな遊びの中で十分に体を動かす。

(3) 進んで戸外で遊ぶ。

(4) 様々な活動に親しみ，楽しんで取り組む。

(5) 保育教諭等や友達と食べることを楽しみ，食べ物への興味や関心をもつ。

(6) 健康な生活のリズムを身に付ける。

(7) 身の回りを清潔にし，衣服の着脱，食事，排泄などの生活に必要な活動を自分でする。

(8) 幼保連携型認定こども園における生活の仕方を知り，自分たちで生活の場を整えながら見通しをもって行動する。

(9) 自分の健康に関心をもち，病気の予防などに必要な活動を進んで行う。

(10) 危険な場所，危険な遊び方，災害時などの行動の仕方が分かり，安全に気を付けて行動する。

3　内容の取扱い

上記の取扱いに当たっては，次の事項に留意する必要がある。

(1) 心と体の健康は，相互に密接な関連があるものであることを踏まえ，園児が保育教諭

等や他の園児との温かい触れ合いの中で自己の存在感や充実感を味わうことなどを基盤として，しなやかな心と体の発達を促すこと。特に，十分に体を動かす気持ちよさを体験し，自ら体を動かそうとする意欲が育つようにすること。

(2) 様々な遊びの中で，園児が興味や関心，能力に応じて全身を使って活動することにより，体を動かす楽しさを味わい，自分の体を大切にしようとする気持ちが育つようにすること。その際，多様な動きを経験する中で，体の動きを調整するようにすること。

(3) 自然の中で伸び伸びと体を動かして遊ぶことにより，体の諸機能の発達が促されることに留意し，園児の興味や関心が戸外にも向くようにすること。その際，園児の動線に配慮した園庭や遊具の配置などを工夫すること。

(4) 健康な心と体を育てるためには食育を通じた望ましい食習慣の形成が大切であることを踏まえ，園児の食生活の実情に配慮し，和やかな雰囲気の中で保育教諭等や他の園児と食べる喜びや楽しさを味わったり，様々な食べ物への興味や関心をもったりするなどし，食の大切さに気付き，進んで食べようとする気持ちが育つようにすること。

(5) 基本的な生活習慣の形成に当たっては，家庭での生活経験に配慮し，園児の自立心を育て，園児が他の園児と関わりながら主体的な活動を展開する中で，生活に必要な習慣を身に付け，次第に見通しをもって行動できるようにすること。

(6) 安全に関する指導に当たっては，情緒の安定を図り，遊びを通して安全についての構えを身に付け，危険な場所や事物などが分かり，安全についての理解を深めるようにすること。また，交通安全の習慣を身に付けるようにするとともに，避難訓練などを通して，災害などの緊急時に適切な行動がとれるようにすること。

人間関係

〔他の人々と親しみ，支え合って生活するために，自立心を育て，人と関わる力を養う。〕

1 ねらい

(1) 幼保連携型認定こども園の生活を楽しみ，自分の力で行動することの充実感を味わう。

(2) 身近な人と親しみ，関わりを深め，工夫したり，協力したりして一緒に活動する楽しさを味わい，愛情や信頼感をもつ。

(3) 社会生活における望ましい習慣や態度を身に付ける。

2 内容

(1) 保育教諭等や友達と共に過ごすことの喜びを味わう。

(2) 自分で考え，自分で行動する。

(3) 自分でできることは自分でする。

(4) いろいろな遊びを楽しみながら物事をやり遂げようとする気持ちをもつ。

(5) 友達と積極的に関わりながら喜びや悲しみを共感し合う。

(6) 自分の思ったことを相手に伝え，相手の思っていることに気付く。

(7) 友達のよさに気付き，一緒に活動する楽しさを味わう。

(8) 友達と楽しく活動する中で，共通の目的を見いだし，工夫したり，協力したりなどする。

(9) よいことや悪いことがあることに気付き，考えながら行動する。

(10) 友達との関わりを深め，思いやりをもつ。

(11) 友達と楽しく生活する中できまりの大切さに気付き，守ろうとする。

(12) 共同の遊具や用具を大切にし，皆で使う。

(13) 高齢者をはじめ地域の人々などの自分の生活に関係の深いいろいろな人に親しみをもつ。

3　内容の取扱い

上記の取扱いに当たっては，次の事項に留意する必要がある。

(1) 保育教諭等との信頼関係に支えられて自分自身の生活を確立していくことが人と関わる基盤となることを考慮し，園児が自ら周囲に働き掛けることにより多様な感情を体験し，試行錯誤しながら諦めずにやり遂げることの達成感や，前向きな見通しをもって自分の力で行うことの充実感を味わうことができるよう，園児の行動を見守りながら適切な援助を行うようにすること。

(2) 一人一人を生かした集団を形成しながら人と関わる力を育てていくようにすること。その際，集団の生活の中で，園児が自己を発揮し，保育教諭等や他の園児に認められる体験をし，自分のよさや特徴に気付き，自信をもって行動できるようにすること。

(3) 園児が互いに関わりを深め，協同して遊ぶようになるため，自ら行動する力を育てるようにするとともに，他の園児と試行錯誤しながら活動を展開する楽しさや共通の目的が実現する喜びを味わうことができるようにすること。

(4) 道徳性の芽生えを培うに当たっては，基本的な生活習慣の形成を図るとともに，園児が他の園児との関わりの中で他人の存在に気付き，相手を尊重する気持ちをもって行動できるようにし，また，自然や身近な動植物に親しむことなどを通して豊かな心情が育つようにすること。特に，人に対する信頼感や思いやりの気持ちは，葛藤やつまずきをも体験し，それらを乗り越えることにより次第に芽生えてくることに配慮すること。

(5) 集団の生活を通して，園児が人との関わりを深め，規範意識の芽生えが培われることを考慮し，園児が保育教諭等との信頼関係に支えられて自己を発揮する中で，互いに思いを主張し，折り合いを付ける体験をし，きまりの必要性などに気付き，自分の気持ち

を調整する力が育つようにすること。

(6) 高齢者をはじめ地域の人々などの自分の生活に関係の深いいろいろな人と触れ合い，自分の感情や意志を表現しながら共に楽しみ，共感し合う体験を通して，これらの人々などに親しみをもち，人と関わることの楽しさや人の役に立つ喜びを味わうことができるようにすること。また，生活を通して親や祖父母などの家族の愛情に気付き，家族を大切にしようとする気持ちが育つようにすること。

環境

周囲の様々な環境に好奇心や探究心をもって関わり，それらを生活に取り入れていこうとする力を養う。

1 ねらい

(1) 身近な環境に親しみ，自然と触れ合う中で様々な事象に興味や関心をもつ。

(2) 身近な環境に自分から関わり，発見を楽しんだり，考えたりし，それを生活に取り入れようとする。

(3) 身近な事象を見たり，考えたり，扱ったりする中で，物の性質や数量，文字などに対する感覚を豊かにする。

2 内容

(1) 自然に触れて生活し，その大きさ，美しさ，不思議さなどに気付く。

(2) 生活の中で，様々な物に触れ，その性質や仕組みに興味や関心をもつ。

(3) 季節により自然や人間の生活に変化のあることに気付く。

(4) 自然などの身近な事象に関心をもち，取り入れて遊ぶ。

(5) 身近な動植物に親しみをもって接し，生命の尊さに気付き，いたわったり，大切にしたりする。

(6) 日常生活の中で，我が国や地域社会における様々な文化や伝統に親しむ。

(7) 身近な物を大切にする。

(8) 身近な物や遊具に興味をもって関わり，自分なりに比べたり，関連付けたりしながら考えたり，試したりして工夫して遊ぶ。

(9) 日常生活の中で数量や図形などに関心をもつ。

(10) 日常生活の中で簡単な標識や文字などに関心をもつ。

(11) 生活に関係の深い情報や施設などに興味や関心をもつ。

(12) 幼保連携型認定こども園内外の行事において国旗に親しむ。

3 内容の取扱い

上記の取扱いに当たっては，次の事項に留意する必要がある。

(1) 園児が，遊びの中で周囲の環境と関わり，次第に周囲の世界に好奇心を抱き，その意味や操作の仕方に関心をもち，物事の法則性に気付き，自分なりに考えることができるようになる過程を大切にすること。また，他の園児の考えなどに触れて新しい考えを生み出す喜びや楽しさを味わい，自分の考えをよりよいものにしようとする気持ちが育つようにすること。

(2) 幼児期において自然のもつ意味は大きく，自然の大きさ，美しさ，不思議さなどに直接触れる体験を通して，園児の心が安らぎ，豊かな感情，好奇心，思考力，表現力の基礎が培われることを踏まえ，園児が自然との関わりを深めることができるよう工夫すること。

(3) 身近な事象や動植物に対する感動を伝え合い，共感し合うことなどを通して自分から関わろうとする意欲を育てるとともに，様々な関わり方を通してそれらに対する親しみや畏敬の念，生命を大切にする気持ち，公共心，探究心などが養われるようにすること。

(4) 文化や伝統に親しむ際には，正月や節句など我が国の伝統的な行事，国歌，唱歌，わらべうたや我が国の伝統的な遊びに親しんだり，異なる文化に触れる活動に親しんだりすることを通じて，社会とのつながりの意識や国際理解の意識の芽生えなどが養われるようにすること。

(5) 数量や文字などに関しては，日常生活の中で園児自身の必要感に基づく体験を大切にし，数量や文字などに関する興味や関心，感覚が養われるようにすること。

言葉

経験したことや考えたことなどを自分なりの言葉で表現し，相手の話す言葉を聞こうとする意欲や態度を育て，言葉に対する感覚や言葉で表現する力を養う。

1 ねらい

(1) 自分の気持ちを言葉で表現する楽しさを味わう。

(2) 人の言葉や話などをよく聞き，自分の経験したことや考えたことを話し，伝え合う喜びを味わう。

(3) 日常生活に必要な言葉が分かるようになるとともに，絵本や物語などに親しみ，言葉に対する感覚を豊かにし，保育教諭等や友達と心を通わせる。

2　内容

(1) 保育教諭等や友達の言葉や話に興味や関心をもち，親しみをもって聞いたり，話したりする。

(2) したり，見たり，聞いたり，感じたり，考えたりなどしたことを自分なりに言葉で表現する。

(3) したいこと，してほしいことを言葉で表現したり，分からないことを尋ねたりする。

(4) 人の話を注意して聞き，相手に分かるように話す。

(5) 生活の中で必要な言葉が分かり，使う。

(6) 親しみをもって日常の挨拶をする。

(7) 生活の中で言葉の楽しさや美しさに気付く。

(8) いろいろな体験を通じてイメージや言葉を豊かにする。

(9) 絵本や物語などに親しみ，興味をもって聞き，想像をする楽しさを味わう。

(10) 日常生活の中で，文字などで伝える楽しさを味わう。

3　内容の取扱い

上記の取扱いに当たっては，次の事項に留意する必要がある。

(1) 言葉は，身近な人に親しみをもって接し，自分の感情や意志などを伝え，それに相手が応答し，その言葉を聞くことを通して次第に獲得されていくものであることを考慮して，園児が保育教諭等や他の園児と関わることにより心を動かされるような体験をし，言葉を交わす喜びを味わえるようにすること。

(2) 園児が自分の思いを言葉で伝えるとともに，保育教諭等や他の園児などの話を興味をもって注意して聞くことを通して次第に話を理解するようになっていき，言葉による伝え合いができるようにすること。

(3) 絵本や物語などで，その内容と自分の経験とを結び付けたり，想像を巡らせたりするなど，楽しみを十分に味わうことによって，次第に豊かなイメージをもち，言葉に対する感覚が養われるようにすること。

(4) 園児が生活の中で，言葉の響きやリズム，新しい言葉や表現などに触れ，これらを使う楽しさを味わえるようにすること。その際，絵本や物語に親しんだり，言葉遊びなどをしたりすることを通して，言葉が豊かになるようにすること。

(5) 園児が日常生活の中で，文字などを使いながら思ったことや考えたことを伝える喜びや楽しさを味わい，文字に対する興味や関心をもつようにすること。

表現

感じたことや考えたことを自分なりに表現することを通して，豊かな感性や表現する力を養い，創造性を豊かにする。

1　ねらい

(1) いろいろなものの美しさなどに対する豊かな感性をもつ。

(2) 感じたことや考えたことを自分なりに表現して楽しむ。

(3) 生活の中でイメージを豊かにし，様々な表現を楽しむ。

2　内容

(1) 生活の中で様々な音，形，色，手触り，動きなどに気付いたり，感じたりするなどして楽しむ。

(2) 生活の中で美しいものや心を動かす出来事に触れ，イメージを豊かにする。

(3) 様々な出来事の中で，感動したことを伝え合う楽しさを味わう。

(4) 感じたこと，考えたことなどを音や動きなどで表現したり，自由にかいたり，つくったりなどする。

(5) いろいろな素材に親しみ，工夫して遊ぶ。

(6) 音楽に親しみ，歌を歌ったり，簡単なリズム楽器を使ったりなどする楽しさを味わう。

(7) かいたり，つくったりすることを楽しみ，遊びに使ったり，飾ったりなどする。

(8) 自分のイメージを動きや言葉などで表現したり，演じて遊んだりするなどの楽しさを味わう。

3　内容の取扱い

上記の取扱いに当たっては，次の事項に留意する必要がある。

(1) 豊かな感性は，身近な環境と十分に関わる中で美しいもの，優れたもの，心を動かす出来事などに出会い，そこから得た感動を他の園児や保育教諭等と共有し，様々に表現することなどを通して養われるようにすること。その際，風の音や雨の音，身近にある草や花の形や色など自然の中にある音，形，色などに気付くようにすること。

(2) 幼児期の自己表現は素朴な形で行われることが多いので，保育教諭等はそのような表現を受容し，園児自身の表現しようとする意欲を受け止めて，園児が生活の中で園児らしい様々な表現を楽しむことができるようにすること。

(3) 生活経験や発達に応じ，自ら様々な表現を楽しみ，表現する意欲を十分に発揮させることができるように，遊具や用具などを整えたり，様々な素材や表現の仕方に親しんだり，他の園児の表現に触れられるよう配慮したりし，表現する過程を大切にして自己表

現を楽しめるように工夫すること。

第4　教育及び保育の実施に関する配慮事項

1　満3歳未満の園児の保育の実施については，以下の事項に配慮するものとする。

(1)　乳児は疾病への抵抗力が弱く，心身の機能の未熟さに伴う疾病の発生が多いことから，一人一人の発育及び発達状態や健康状態についての適切な判断に基づく保健的な対応を行うこと。また，一人一人の園児の生育歴の違いに留意しつつ，欲求を適切に満たし，特定の保育教諭等が応答的に関わるように努めること。更に，乳児期の園児の保育に関わる職員間の連携や学校医との連携を図り，第3章に示す事項を踏まえ，適切に対応すること。栄養士及び看護師等が配置されている場合は，その専門性を生かした対応を図ること。乳児期の園児の保育においては特に，保護者との信頼関係を築きながら保育を進めるとともに，保護者からの相談に応じ支援に努めていくこと。なお，担当の保育教諭等が替わる場合には，園児のそれまでの生育歴や発達の過程に留意し，職員間で協力して対応すること。

(2)　満1歳以上満3歳未満の園児は，特に感染症にかかりやすい時期であるので，体の状態，機嫌，食欲などの日常の状態の観察を十分に行うとともに，適切な判断に基づく保健的な対応を心掛けること。また，探索活動が十分できるように，事故防止に努めながら活動しやすい環境を整え，全身を使う遊びなど様々な遊びを取り入れること。更に，自我が形成され，園児が自分の感情や気持ちに気付くようになる重要な時期であることに鑑み，情緒の安定を図りながら，園児の自発的な活動を尊重するとともに促していくこと。なお，担当の保育教諭等が替わる場合には，園児のそれまでの経験や発達の過程に留意し，職員間で協力して対応すること。

2　幼保連携型認定こども園における教育及び保育の全般において以下の事項に配慮するものとする。

(1)　園児の心身の発達及び活動の実態などの個人差を踏まえるとともに，一人一人の園児の気持ちを受け止め，援助すること。

(2)　園児の健康は，生理的・身体的な育ちとともに，自主性や社会性，豊かな感性の育ちとがあいまってもたらされることに留意すること。

(3)　園児が自ら周囲に働き掛け，試行錯誤しつつ自分の力で行う活動を見守りながら，適切に援助すること。

(4)　園児の入園時の教育及び保育に当たっては，できるだけ個別的に対応し，園児が安定感を得て，次第に幼保連携型認定こども園の生活になじんでいくようにするとともに，

　既に入園している園児に不安や動揺を与えないようにすること。

(5) 園児の国籍や文化の違いを認め，互いに尊重する心を育てるようにすること。

(6) 園児の性差や個人差にも留意しつつ，性別などによる固定的な意識を植え付けることがないようにすること。

第3章　健康及び安全

　幼保連携型認定こども園における園児の健康及び安全は，園児の生命の保持と健やかな生活の基本となるものであり，第1章及び第2章の関連する事項と併せ，次に示す事項について適切に対応するものとする。その際，養護教諭や看護師，栄養教諭や栄養士等が配置されている場合には，学校医等と共に，これらの者がそれぞれの専門性を生かしながら，全職員が相互に連携し，組織的かつ適切な対応を行うことができるような体制整備や研修を行うことが必要である。

第1　健康支援

1　健康状態や発育及び発達の状態の把握

(1) 園児の心身の状態に応じた教育及び保育を行うために，園児の健康状態や発育及び発達の状態について，定期的・継続的に，また，必要に応じて随時，把握すること。

(2) 保護者からの情報とともに，登園時及び在園時に園児の状態を観察し，何らかの疾病が疑われる状態や傷害が認められた場合には，保護者に連絡するとともに，学校医と相談するなど適切な対応を図ること。

(3) 園児の心身の状態等を観察し，不適切な養育の兆候が見られる場合には，市町村（特別区を含む。以下同じ。）や関係機関と連携し，児童福祉法第25条に基づき，適切な対応を図ること。また，虐待が疑われる場合には，速やかに市町村又は児童相談所に通告し，適切な対応を図ること。

2　健康増進

(1) 認定こども園法第27条において準用する学校保健安全法（昭和33年法律第56号）第5条の学校保健計画を作成する際は，教育及び保育の内容並びに子育ての支援等に関する全体的な計画に位置づくものとし，全ての職員がそのねらいや内容を踏まえ，園児一人一人の健康の保持及び増進に努めていくこと。

(2) 認定こども園法第27条において準用する学校保健安全法第13条第1項の健康診断を行ったときは，認定こども園法第27条において準用する学校保健安全法第14条の措置を行い，教育及び保育に活用するとともに，保護者が園児の状態を理解し，日常生活に活用できるようにすること。

3 疾病等への対応

(1) 在園時に体調不良や傷害が発生した場合には，その園児の状態等に応じて，保護者に連絡するとともに，適宜，学校医やかかりつけ医等と相談し，適切な処置を行うこと。

(2) 感染症やその他の疾病の発生予防に努め，その発生や疑いがある場合には必要に応じて学校医，市町村，保健所等に連絡し，その指示に従うとともに，保護者や全ての職員に連絡し，予防等について協力を求めること。また，感染症に関する幼保連携型認定こども園の対応方法等について，あらかじめ関係機関の協力を得ておくこと。

(3) アレルギー疾患を有する園児に関しては，保護者と連携し，医師の診断及び指示に基づき，適切な対応を行うこと。また，食物アレルギーに関して，関係機関と連携して，当該幼保連携型認定こども園の体制構築など，安全な環境の整備を行うこと。

(4) 園児の疾病等の事態に備え，保健室の環境を整え，救急用の薬品，材料等を適切な管理の下に常備し，全ての職員が対応できるようにしておくこと。

第2 食育の推進

1 幼保連携型認定こども園における食育は，健康な生活の基本としての食を営む力の育成に向け，その基礎を培うことを目標とすること。

2 園児が生活と遊びの中で，意欲をもって食に関わる体験を積み重ね，食べることを楽しみ，食事を楽しみ合う園児に成長していくことを期待するものであること。

3 乳幼児期にふさわしい食生活が展開され，適切な援助が行われるよう，教育及び保育の内容並びに子育ての支援等に関する全体的な計画に基づき，食事の提供を含む食育の計画を作成し，指導計画に位置付けるとともに，その評価及び改善に努めること。

4 園児が自らの感覚や体験を通して，自然の恵みとしての食材や食の循環・環境への意識，調理する人への感謝の気持ちが育つように，園児と調理員等との関わりや，調理室など食に関する環境に配慮すること。

5 保護者や地域の多様な関係者との連携及び協働の下で，食に関する取組が進められること。また，市町村の支援の下に，地域の関係機関等との日常的な連携を図り，必要な協力が得られるよう努めること。

6 体調不良，食物アレルギー，障害のある園児など，園児一人一人の心身の状態等に応じ，学校医，かかりつけ医等の指示や協力の下に適切に対応すること。

第3　環境及び衛生管理並びに安全管理

1　環境及び衛生管理

(1) 認定こども園法第27条において準用する学校保健安全法第6条の学校環境衛生基準に基づき幼保連携型認定こども園の適切な環境の維持に努めるとともに，施設内外の設備，用具等の衛生管理に努めること。

(2) 認定こども園法第27条において準用する学校保健安全法第6条の学校環境衛生基準に基づき幼保連携型認定こども園の施設内外の適切な環境の維持に努めるとともに，園児及び全職員が清潔を保つようにすること。また，職員は衛生知識の向上に努めること。

2　事故防止及び安全対策

(1) 在園時の事故防止のために，園児の心身の状態等を踏まえつつ，認定こども園法第27条において準用する学校保健安全法第27条の学校安全計画の策定等を通じ，全職員の共通理解や体制づくりを図るとともに，家庭や地域の関係機関の協力の下に安全指導を行うこと。

(2) 事故防止の取組を行う際には，特に，睡眠中，プール活動・水遊び中，食事中等の場面では重大事故が発生しやすいことを踏まえ，園児の主体的な活動を大切にしつつ，施設内外の環境の配慮や指導の工夫を行うなど，必要な対策を講じること。

(3) 認定こども園法第27条において準用する学校保健安全法第29条の危険等発生時対処要領に基づき，事故の発生に備えるとともに施設内外の危険箇所の点検や訓練を実施すること。また，外部からの不審者等の侵入防止のための措置や訓練など不測の事態に備え必要な対応を行うこと。更に，園児の精神保健面における対応に留意すること。

第4　災害への備え

1　施設・設備等の安全確保

(1) 認定こども園法第27条において準用する学校保健安全法第29条の危険等発生時対処要領に基づき，災害等の発生に備えるとともに，防火設備，避難経路等の安全性が確保されるよう，定期的にこれらの安全点検を行うこと。

(2) 備品，遊具等の配置，保管を適切に行い，日頃から，安全環境の整備に努めること。

2　災害発生時の対応体制及び避難への備え

(1) 火災や地震などの災害の発生に備え，認定こども園法第27条において準用する学校保健安全法第29条の危険等発生時対処要領を作成する際には，緊急時の対応の具体的内容及び手順，職員の役割分担，避難訓練計画等の事項を盛り込むこと。

(2) 定期的に避難訓練を実施するなど，必要な対応を図ること。

(3) 災害の発生時に，保護者等への連絡及び子どもの引渡しを円滑に行うため，日頃から保護者との密接な連携に努め，連絡体制や引渡し方法等について確認をしておくこと。

3　地域の関係機関等との連携

(1) 市町村の支援の下に，地域の関係機関との日常的な連携を図り，必要な協力が得られるよう努めること。

(2) 避難訓練については，地域の関係機関や保護者との連携の下に行うなど工夫すること。

第4章　子育ての支援

　幼保連携型認定こども園における保護者に対する子育ての支援は，子どもの利益を最優先して行うものとし，第1章及び第2章等の関連する事項を踏まえ，子どもの育ちを家庭と連携して支援していくとともに，保護者及び地域が有する子育てを自ら実践する力の向上に資するよう，次の事項に留意するものとする。

第1　子育ての支援全般に関わる事項

1　保護者に対する子育ての支援を行う際には，各地域や家庭の実態等を踏まえるとともに，保護者の気持ちを受け止め，相互の信頼関係を基本に，保護者の自己決定を尊重すること。

2　教育及び保育並びに子育ての支援に関する知識や技術など，保育教諭等の専門性や，園児が常に存在する環境など，幼保連携型認定こども園の特性を生かし，保護者が子どもの成長に気付き子育ての喜びを感じられるように努めること。

3　保護者に対する子育ての支援における地域の関係機関等との連携及び協働を図り，園全体の体制構築に努めること。

4　子どもの利益に反しない限りにおいて，保護者や子どものプライバシーを保護し，知り得た事柄の秘密を保持すること。

第2　幼保連携型認定こども園の園児の保護者に対する子育ての支援

1　日常の様々な機会を活用し，園児の日々の様子の伝達や収集，教育及び保育の意図の説明などを通じて，保護者との相互理解を図るよう努めること。

2　教育及び保育の活動に対する保護者の積極的な参加は，保護者の子育てを自ら実践する力の向上に寄与するだけでなく，地域社会における家庭や住民の子育てを自ら実践する力の向上及び子育ての経験の継承につながるきっかけとなる。これらのことから，保護者の

参加を促すとともに，参加しやすいよう工夫すること。

3　保護者の生活形態が異なることを踏まえ，全ての保護者の相互理解が深まるように配慮すること。その際，保護者同士が子育てに対する新たな考えに出会い気付き合えるよう工夫すること。

4　保護者の就労と子育ての両立等を支援するため，保護者の多様化した教育及び保育の需要に応じて病児保育事業など多様な事業を実施する場合には，保護者の状況に配慮するとともに，園児の福祉が尊重されるよう努め，園児の生活の連続性を考慮すること。

5　地域の実態や保護者の要請により，教育を行う標準的な時間の終了後等に希望する園児を対象に一時預かり事業などとして行う活動については，保育教諭間及び家庭との連携を密にし，園児の心身の負担に配慮すること。その際，地域の実態や保護者の事情とともに園児の生活のリズムを踏まえつつ，必要に応じて，弾力的な運用を行うこと。

6　園児に障害や発達上の課題が見られる場合には，市町村や関係機関と連携及び協力を図りつつ，保護者に対する個別の支援を行うよう努めること。

7　外国籍家庭など，特別な配慮を必要とする家庭の場合には，状況等に応じて個別の支援を行うよう努めること。

8　保護者に育児不安等が見られる場合には，保護者の希望に応じて個別の支援を行うよう努めること。

9　保護者に不適切な養育等が疑われる場合には，市町村や関係機関と連携し，要保護児童対策地域協議会で検討するなど適切な対応を図ること。また，虐待が疑われる場合には，速やかに市町村又は児童相談所に通告し，適切な対応を図ること。

第3　地域における子育て家庭の保護者等に対する支援

1　幼保連携型認定こども園において，認定こども園法第2条第12項に規定する子育て支援事業を実施する際には，当該幼保連携型認定こども園がもつ地域性や専門性などを十分に考慮して当該地域において必要と認められるものを適切に実施すること。また，地域の子どもに対する一時預かり事業などの活動を行う際には，一人一人の子どもの心身の状態などを考慮するとともに，教育及び保育との関連に配慮するなど，柔軟に活動を展開できるようにすること。

2　市町村の支援を得て，地域の関係機関等との積極的な連携及び協働を図るとともに，子育ての支援に関する地域の人材の積極的な活用を図るよう努めること。また，地域の要保護児童への対応など，地域の子どもを巡る諸課題に対し，要保護児童対策地域協議会など関係機関等と連携及び協力して取り組むよう努めること。

3 幼保連携型認定こども園は，地域の子どもが健やかに育成される環境を提供し，保護者に対する総合的な子育ての支援を推進するため，地域における乳幼児期の教育及び保育の中心的な役割を果たすよう努めること。

索引

●配列は五十音順，＊は人名を示す。

分担執筆者紹介

佐久間路子（さくま・みちこ）

・執筆章→3・8

1970 年　東京都に生まれる

2003 年　お茶の水女子大学大学院人間文化研究科人間発達学専攻修
　　　　　了，博士（人文科学）

現在　　白梅学園大学子ども学部教授

主な著書　子育て支援の心理学（共著　有斐閣）
　　　　　心理学のポイント・シリーズ 発達心理学（編著　学文社）
　　　　　子どもの理解と援助（共著　北大路書房）
　　　　　子ども家庭支援の心理学（共著　北大路書房）
　　　　　乳幼児のこころ（編著　有斐閣）
　　　　　保育の心理学（共著　光生館）
　　　　　よくわかる情動発達（編著　ミネルヴァ書房）

田中　浩二（たなか・こうじ）

・執筆章→11・12

1971 年	山口県に生まれる
2010 年	九州大学大学院医学系学府環境社会医学専攻博士課程単位取得満期退学，博士（保健医療学）
現在	東京成徳短期大学特任教授
	社会福祉法人きずなのあ保育園副園長
主な著書	事例でわかる！保育所保育指針・幼稚園教育要領（共著　第一法規）
	すぐに役立つ！保育の計画・記録・評価（共著　フレーベル館）
	保育所児童保育要録書き方ガイドbook（共著　学研教育出版）
	ICF及びICF-CYの活用（共著　ジアース教育出版）
	家庭支援論（共著　アイ・ケイ・コーポレーション）
	乳児保育　0歳・1歳・2歳（共著　光生館）
	子どもの生活を支える社会的養護（共著　ミネルヴァ書房）
	写真で学ぶ！保育現場のリスクマネジメント（単著　中央法規出版）

編著者紹介

師岡　章（もろおか・あきら）

・執筆章→1・2・4・5・6・7・
9・10・13・14・15

1958 年　埼玉県に生まれる
1996 年　東京学芸大学大学院教育学研究科学校教育専攻幼児教育学
　　　　　講座修了，修士（教育学）
現在　　　白梅学園大学子ども学部教授
主な著書　ごっこ遊びの探究（共著　新読書社）
　　　　　保育内容総論（共著　同文書院）
　　　　　新保育課程・教育課程論（共著　同文書院）
　　　　　保育指導法（編著　同文書院）
　　　　　食を育む（総監修　フレーベル館）
　　　　　保育者論（共著　ミネルヴァ書房）
　　　　　よくわかる　NEW 保育・教育実習テキスト（編著　診断と
　　　　　治療社）
　　　　　保育者と保護者のいい関係（単著　新読書社）
　　　　　食育と保育（単著　メイト）
　　　　　0〜2歳指導計画の書き方・作り方（編著　成美堂出版）
　　　　　保育カリキュラム総論（単著　同文書院）
　　　　　子どもらしさを大切にする保育（単著　新読書社）
　　　　　若手保育者の育成法（単著　フレーベル館）

放送大学教材　1529668-1-2211（ラジオ）

改訂版　幼児教育の指導法

発　行　　2022 年 3 月 20 日　第 1 刷
編著者　　師岡　章
発行所　　一般財団法人　放送大学教育振興会
　　　　　〒 105-0001　東京都港区虎ノ門 1-14-1　郵政福祉琴平ビル
　　　　　電話　03（3502）2750

市販用は放送大学教材と同じ内容です。定価はカバーに表示してあります。
落丁本・乱丁本はお取り替えいたします。

Printed in Japan　ISBN978-4-595-32313-3　C1337